国家科技支撑计划课题

村镇建设用地再开发规划编制技术研究（2013BAJ13B04）

"十二五"国家重点图书出版规划项目

国家自然科学基金青年基金项目

回流劳动力县域城镇化的影响机理与模拟研究（编号：41401180）

土地利用与空间规划丛书 ‖ 主编 曹小曙

产业转移、土地流转
与农村劳动力回流

殷江滨 著

陕西师范大学 出版总社

图书代号　ZZ15N0302

图书在版编目（CIP）数据

产业转移、土地流转与农村劳动力回流 / 殷江滨著. —西安：陕西师范大学出版总社有限公司，2015.5
（土地利用与空间规划丛书/ 曹小曙主编）
ISBN 978-7-5613-8120-5

Ⅰ.①产…　Ⅱ.①殷…　Ⅲ.①产业转移—研究—中国
②农村—土地流转—研究—中国 ③农村劳动力—研究—中国
Ⅳ.①F121.3 ②F321.1 ③F323.6

中国版本图书馆CIP数据核字（2015）第074646号

产业转移、土地流转与农村劳动力回流

殷江滨　著

选题策划/ 刘东风　郭永新
责任编辑/ 郭永新　李　恒
责任校对/ 谢勇蝶　王丽敏
装帧设计/ 蒋宏工作室
出版发行/ 陕西师范大学出版总社
　　　　　（西安市长安南路199号，邮编710062）
网　　址/ http://www.snupg.com
印　　刷/ 西安建科印务有限责任公司
开　　本/ 720mm×1020mm　1/16
印　　张/ 15.25
插　　页/ 2
字　　数/ 190千
版　　次/ 2015年5月第1版
印　　次/ 2015年5月第1次印刷
书　　号/ ISBN 978-7-5613-8120-5
定　　价/ 48.00元

读者购书、书店添货或发现印装质量问题，请与本公司营销部联系、调换。
电话：(029)85307864　85303629　传真：(029)85303879

总　序

　　在人类出现之前，地球环境的变化是受自然力量支配的。在人类出现之后，人类就开始干预地球环境的演变过程，其突出的表现就是对土地、矿产等自然资源的利用和对地球环境的影响。人类最初对土地的干预是微不足道的，但随着生产力的发展，人类对土地的影响越来越全面、复杂而且深刻。农业革命使人从旷野走向了城市，工业革命使人从农村走向了工厂，信息革命使人走向以互联网与新能源相结合的第三次工业革命新时代。

　　在农业社会中，人类的发展主要依靠土地资源，在工业时代则主要依靠能源，而在信息化时代将主要依靠信息和数据。尽管当今的科学技术水平已经取得了前所未有的进步，但人类仍无法脱离地球而生存。地球的资源是有限的，而人类的消费是无限的。人类过于频繁地索取地球资源，给地球带来了巨大的生态负担及负面效应。中国改革开放以来的经济发展，是建立在大量消耗土地、能源等资源的第二次工业革命基础之上的，但随着第三次工业革命的兴起，目前的发展模式已走到了尽头，迫切需要以土地使用的低碳排放甚至零排放为目标的新发展模式。如何整体推进改革发展，目前尚未找到整体性、系统性、长期性的适应中国特色的土地利用发展方式及模式。从基础数据、监测监管、转型升级、规划设计、建设管理到效益效应评估等问题，依然处于摸着石头过河的状态，因此革命性土地变革的顶层设计必不可少。

农业发展的基本支撑是耕地资源，保护耕地资源从根本上讲是为了促进农业产业的发展，因为只有农业产业的发展才能使农民真正富裕起来。在不断变化的环境中，农业土地利用要持续发展，需要技术、政策和管理方式不断适应变化，从而可以调整土地利用方式，改进土地利用系统，优化土地利用效益。耕地补充是中国发展过程中长期而艰巨的任务，已经从第一阶段的数量补充提升到现在质量、数量并重的第二阶段，发达地区已进入景观生态修复和生物多样性恢复的第三阶段。耕地红线与国家发展、粮食安全、农民权益等多方面的问题有着交织互动的关系，单纯的行政手段和纯粹的市场机制均不能完全解决问题。

中国自改革开放以来，城乡发展均处于规模扩张过程，诱发了众多的矛盾与冲突。有限的土地资源与无限的发展需求之间的矛盾将会在中国社会发展中长期存在。节约、集约用地就是在这种状态下所产生的解决问题的办法，但节约、集约用地并不是最终目的，高效利用、促进发展、生态和谐才是终极目标。长期以来，我国经济发展主要以廉价土地和廉价劳动力的粗放式带动为主，致使土地的集约化程度较低，并使建设用地规模量迫近未来的指标。但建设用地在促进经济发展中依然起着其他资源所不能替代的作用，建设用地的永续利用将伴随着人类社会的发展而长期存在。目前，仅仅关注存量土地的利用与利用效益是不够的，使存量土地在发展方式转变中起到革命性的变革作用，才是发达地区应该为国家的发展战略起表率作用的根本。

建设用地再开发贯穿于一个城市与区域发展的长期过程。然而，目前以房地产开发为导向的土地再开发模式以追求短期的投资回报率为目标，没有为城市整体经济发展和社会进步发挥基础性作用，呈现出强烈的经济利益驱动性特征；在操作上也存在制度缺失、利益失衡、空间失序和社会阶层不平等等现象。由此催生的更新规划失控、房价高涨、社区解体、居住分异和社会不公平等一系列问题，正威胁着城市与区域长远发展的未来。

中共十八届三中全会指出，山、水、林、田、湖是一个生命共同体，人的命脉在田，田的命脉在水，水的命脉在山，山的命脉在土，土的命脉在树。应该将海也作为生命共同体的组成部分，而山、水、林、田、湖、海的命脉最终在人，人不是生命共同体的主人，而是生命共同体的组成要素。土地利用中人类的影响是必然的，表现在生态环境与人类社会经济的协调、多层次多领域人的参与和干预、人际关系的协调、人类土地利用的历史经验及教训等方面。土地利用惠及民生实际上也代表着人类社会对待土地的态度，生活中人们一方面尊敬土地，而另一方面在一定程度上又轻视土地。

伴随着科学技术的发展，人类终于能够将地球作为一个整体进行观测和研究。其中，对国土疆域面积、地理区域划分、地形地貌特征、道路交通网络、江河湖海分布、土地利用与土地覆被、城乡布局与扩展、生产力空间布局、灾害分布等地理国情有了科学的认识。

农业土地，特别是耕地和高标准基本农田的建设与持续利用，建设用地的再开发持续利用，离不开持续投入与经营。因此，规划作为投入与经营的先决条件是必不可少的。人们在实践中逐步认识到，城市地区的城乡规划与土地规划的剥离造成了越来越多的问题，事实上在乡村地区此类问题也越来越突出，以居民点为核心的乡村规划与以农用地为核心的土地规划，如何相互融合，已经到了需要我们深刻反思的阶段。以"三规合一"和"多规融合"为理想出发点的规划变革已经出现。乡村地区的各种规划融合与统一，特别是以农用地为核心的规划思想是未来发展的方向。目前，我们面临的难题是，传统的以地学、农学等为基础的土地方面的研究，已无法满足日益变化的土地功能多样化的现实需求，迫切需要贯穿地学、农学、测绘工程、农田水利工程、土地规划与管理等人类干预土地利用全过程的研究人才与团队。

　　"土地利用与空间规划丛书"的编撰宗旨是：遵循土地利用理论的历史演化、理论基础、方法构建、案例验证、规范标准、实施应用、评估持续的总体思路，从传统的以经济发展为导向的再开发，走向生态控制下的统筹经济发展与生态保护的再开发，从以项目为导向的碎片化的再开发，走向区域与城乡统筹的再开发。围绕我国村镇建设的要求，贯彻国家城乡统筹全面发展与新农村建设的方针政策，以规划技术为重要手段，全面提升村镇功能，促进发展方式转变，改善人居环境，实现土地可持续利用。在全球视野、国家战略、地方实践基础上进行继承创新与集成创新，系统地提出村镇建设用地再开发的空间管制体系与方法，为美丽中国的精致化建设与精细化管理提供重要的技术支撑。

陕西省"百人计划"陕西师范大学特聘教授

中山大学教授、博士生导师

曹小曙

2014年11月

前　言

　　人口流动是关乎国家经济和社会发展的重大问题。改革开放以来，中国经济的非均衡发展推动了农村劳动力向沿海发达地区的大规模流动。然而，近年来全国城乡外部环境发生了明显变化。一方面，欠发达地区由于农村土地流转、农业税免收等改革和大量承接区际产业转移，就业机会明显增加；另一方面，大城市产业转型升级步伐加快，对劳动力的人力资本要求提高，低技能的农村劳动力面临被淘汰的境地。外部环境的改变促使劳动力回流的现象，越来越受到社会各界的广泛关注。

　　与其他劳动力相比，回流劳动力具有何种特征，回流现象的发生机制是什么？近年来如火如荼的产业转移和农村土地流转能否解释外出劳动力的回流？回流劳动力对于家乡城镇化的发展将产生哪些影响？对于这些问题的回答，不仅有助于丰富人口流动与城镇化理论，还将为国家和地区经济发展提供决策参考。

　　基于这一背景，本书选择广东省西部山区云浮市为案例，立足于云浮4县（市）512户的问卷调查、县域政府部门和企业访谈资料，以劳动力流动为核心，构建新时期的中国劳动力流动分析框架。在区际产业转移、农村土地流转改革实践等背景下，结合劳动力个人及家庭等内部因素，考察农村外出劳动力回流的动力机制，并探讨在新的劳动力流动格局下回流对于县域城镇化发展的含义。

本书的写作基础为笔者于2012年完成的博士论文《广东省欠发达地区农村劳动力回流及其对县域城镇化的影响》。全书从劳动力流动背景及现状特征入手，先后考察云浮市产业转移背景下的县域经济发展状况、农村土地流转改革与实践，通过建立劳动力回流决策模型，探讨产业转移、土地流转和劳动力自身属性对回流就业决策的影响。全书分为六大部分，共十章。

第一部分包括前两章，为研究总论和相关文献的综述。通过对研究背景的梳理，提出科学问题，阐明研究的理论与现实意义，界定相关概念，介绍全书的技术路线，详细说明研究区域及数据来源。分别从宏观和微观角度入手提出本研究的理论基础，通过对国内外实证研究的梳理，提出本研究的切入点。

第二部分为第三章，为理论框架部分。通过分析改革开放以来我国人口流动的模式变化及新时期内外部环境变化，提出新时期人口流动新模式，以此为基础，提出本研究的三个理论假说。

第三部分包括第四、五、六章，为特征研究。首先对研究区农村劳动力的人口流动总体趋势与回流劳动力特征进行介绍，再分析近年来产业转移特征及其对县域经济的影响，最后介绍云浮市农村土地流转改革及实践现状。

第四部分包括第七、八章，为影响机理的探讨。通过建立多元Logistic模型，考察产业转移、土地流转及劳动力个体和家庭因素对回流就业决策的影响，并与外出就业进行对比，探讨回流决策的影响机理。再将劳动力进行细分，考察新老两代农村劳动力在回流就业决策中的代际差异。

第五部分为第九章，为劳动力回流对县域城镇化的影响分析。从城镇人口规模、就业、居住和公共服务需求等方面入手，考察回流劳动力的行为取向与空间特征对家乡城镇化的影响。

第六部分为结论与展望。进行总结，提出主要创新点以及今后需进一步进行的工作。

殷江滨

2014年10月

目　　录

目录
contents

第一章 总论

一、研究背景与意义

1.研究背景

城镇化是中国现代化进程和经济持续增长的核心命题。2013年，中国城镇化水平达到53.7%[①]，正处于城镇化的快速发展时期，也是城镇化进程的关键阶段。积极稳妥地推进城镇化上升为国家重大战略。在面对国际金融危机深层次影响和国内外复杂形势的情况下，城镇化战略被赋予新的内涵。推进城镇化战略，成为扩大国内需求、调整经济结构和转变经济发展方式的重要抓手，成为带动区域协调发展、统筹城乡发展、实现社会和谐的有效途径（李克强，2010）。

县域城镇化在国家城镇化战略格局中占据重要地位。长期以

[①] 在国家城镇化战略格局中占据重要地位。长期以来，国家在城市发展方向上均强调发展。

来，国家在城市发展方向上均强调发展中小城市与小城镇[①]。正所谓"小城镇，大问题"，作为农村地区的中心，县域城镇被赋予解决农村大量剩余劳动力，带动农村经济，协调城乡关系，化解农村深层次矛盾，实现农村城市化和农业现代化的伟大使命（费孝通，1984；周干峙，1988）。改革开放初期，乡镇企业的兴起虽然促进了农村城镇化的发展，但也主要限于东部沿海地区和少数大城市周边地区（许学强，胡华颖，1988；林青松，威廉·伯德，1989），且人口的城市化远远滞后于非农化（崔功豪，马润潮，1999）。20世纪90年代中期以后，乡镇企业市场竞争能力的减弱，限制了其对农村劳动力的进一步吸纳，小城镇的增长逐渐放缓（顾朝林 等，2008），大城市的增长完全主导了我国的城市化进程。1998—2008年间，200万人以上的城市数量增长了一倍以上，100万~200万人的城市和50万~100万人的城市数量分别有30%、40%的增长，相反，50万人以下的中小城市数量有明显的下降（王小鲁，2010）。

县域城镇的增长缓慢主要由于自身发展动力不足。改革开放后，随着商品经济和市场经济的推行，那些在计划经济时期以国营工商业、"五小"工业为主要动力的县域城镇已难以应对市场竞争的冲击。而由于资源与区位条件的限制，沿海地区以外的大部分小城镇也难以参与到全球化进程中去，其发展主要依赖自身资本积累。与此同时，在经济发展巨大的地区差距驱动下，内陆农村人口加快向沿海地区城市迁移，从而导致当地小城镇发展动力的丧失（顾朝林 等，

---

① 新中国成立后，毛泽东在对工业和城市建设发表的多次讲话中强调"控制大城市规模和发展小城镇"（周一星，1990）；1955年，国家建委召开座谈会，集中研究了"如何发展中小城市，不发展大城市，城市不宜过分集中"等20个问题（秦尊文，2004）；1980年全国城市规划工作会议正式把"控制大城市规模，合理发展中等城市，积极发展小城市"作为国家的城市发展总方针（周一星，于艇，1988）。

产业转移、土地流转与农村劳动力回流
土地利用与空间规划丛书

1999；蔡昉，2000）。

然而，进入21世纪以来，推进地区经济与城镇化发展的许多因素都发生了重大变化。其中资本要素方面，沿海地区产业加速向内陆地区转移。劳动力要素方面，农村外出劳动力回流现象增加，从而与劳动力外出一起形成双向流动格局，此外，新生代农民工开始成为农民工的主体。两大生产要素在流动方向与内在特征上的变化将对我国的城镇化进程产生深远影响。

（1）沿海地区产业转移步伐加快，欠发达地区县域经济迎来发展新契机。

近年来，随着改革开放的不断深入和经济一体化的快速发展，在土地、劳动力成本上升，人民币升值，原材料价格上涨等压力和2008年全球金融危机的冲击下，我国沿海发达地区企业逐渐加快向内陆地区转移。国家和地方政府纷纷将这次产业的区际转移看作产业转型升级、实现跨越发展的重要机遇，并出台政策引导和推动产业转移。2010年，国务院出台《关于中西部地区承接产业转移的指导意见》，先后批复设立了安徽皖江城市带、广西桂东、重庆沿江、湖南湘南、湖北荆州、晋陕豫黄河金三角地区等国家级承接产业转移示范区（覃成林，熊雪如，2012）。据统计，2007—2011年，四川省实际利用内资每年以超千亿元的规模递增。2009—2011年，重庆市实际利用内资三年分别迈上1000亿、2000亿、4000亿元台阶，2011年达到4920亿元，年均增速超过80%。[1]2011年，湖北省全年实际利用内资超过2000亿元。[2]2012年上半年，安徽省仅1亿元以上在建省外投资项目就达4115个，实际到位资金2428.1亿元，同比增长20.2%，实际到位资金约

---

① 《西部承接产业转移层次明显提升》，http://finance.people.com.cn/n/2012/0819/c1004-18775426.html，2012-08-19。

② 《湖北大气场承接产业大转移》，http://news.hexun.com/2012-02-08/137949882.html，2012-02-08。

占同期全省固定资产投资的35.7%。①承接产业转移正成为推动地区经济增长的重要动力。

沿海发达地区产业除主要向中西部省份转移外，沿海省份中的落后地区也是转移的重点，尤其，是在省内区域发展差异较大的地区，如江苏、广东等地。广东省早在2005年就出台《关于我省山区及东西两翼与珠江三角洲联手推进产业转移的意见（试行）》，2008年开始实施产业和劳动力"双转移"战略，通过产业转移工业园的设立，推动珠三角企业向东西两翼和粤北地区转移，促进发达地区的"腾笼换鸟"和欠发达地区的经济起飞。江苏省2005年出台《关于加快南北产业转移的意见》，并通过南北共建园区建设，推动苏南产业向苏北转移。浙江省则实施山海协作工程，推动省内产业有序转移。

县（县级市）是欠发达地区承接产业转移的重要载体。2011年，江西省政府表彰的23个利用省外资金先进县（市、区）中，有20个为县（县级市）。②2012年上半年，安徽省1亿元以上利用省外资金实际到位资金2428.1亿元，其中，投资于县（县级市）的实际到位资金1278.5亿元，占全省总量的52.7%。截至2011年6月，江苏省30个南北共建开发区中，有20个位于县（县级市）。③发达地区产业转移在县（县级市）的集聚，对于长期以来增长乏力的县域经济的发展无疑是一个重要机遇。

随着区际产业转移规模的不断增大，落后地区在承接外来产业时的选择性不断增强，许多地区已经历了"引资"向"选资"的转变。在产业转移初期，以纺织服装、玩具等为代表的劳动密集型产

---

① 《2012年1—6月份全省利用省外资金情况》，http://www.ahjh.gov.cn/display.asp?id=4292，2012-08-02。

② 《关于表彰2011年度全省开放型经济先进单位的通报》，http://xxgk.jiangxi.gov.cn/rsxx/bzjl/201203/t20120312_698672.htm，2012-03-12。

③ 《南北挂钩共建苏北开发区名录》，http://www.jsxiaoguo.com/trend/TrendDetail/57ece7dd-b21d-c894-5682-08cf7fa4c46f/，2012-10-24。

产业转移、土地流转与农村劳动力回流
土地利用与空间规划丛书

业是转移的重点。①以江西省为例，据估计，2000—2005年，由省外转移到江西的劳动密集型产业资金约1530亿元，占全省利用省外资金的60%左右，年均增长91%。②但近年来全省承接外省转移的产业门类悄然发生改变，陶瓷、钢材等资本密集型产业逐渐成为产业转移的重点。③在全国层面也是如此，此前以纺织、服装为主的劳动密集型产业逐渐转向以机械、电子信息为主的资本密集型和技术密集型产业，由以能源、矿产资源采掘为主的初加工转向资源精深加工。④

在沿海地区产业大规模向内陆地区转移的背景下，欠发达地区县域经济发展迎来难得机遇。作为经济增长的伴随现象，县域城镇化也将获得快速发展。但在产业转移影响下，县域经济的内在格局及发展前景如何？其对县域城镇化尤其是对县域劳动力的吸引将产生怎样的影响？这些问题尚有待进一步探讨。

（2）土地流转改革如火如荼，为人口输出地区发展注入新活力。

土地问题一直是中国经济社会发展的核心问题。几乎每次重大的社会变革都与土地密不可分。改革开放后，分田到户、家庭联产承包责任制的推行，极大地解放了农村生产力，释放了农业剩余劳动力，为国民经济快速发展提供了基础条件。农村土地流转在经历了改革初期的明令禁止后，20世纪90年代逐渐解禁，进入新世纪以后，土地流转改革步伐加快。2003年《中华人民共和国农村土地承包法》正式实施，明确了"通过家庭承包取得的土地承包经营权可以依法采取

①《沿海劳动密集型产业转移 区域分工版图重构》，http://www.china.com.cn/chinese/jingji/1222688.htm，2006-05-29。

②《江西承接产业转移促就业 劳动密集型产业成主力》，http://www.jxgdw.com/news/jxsz/2005-09-10/3000064529.html，2005-09-10。

③《佛山陶瓷产业转移促江西陶瓷业发展迅速》，http://www.bmlink.com/news/699121.html，2010-12-27。

④《西部承接产业转移层次明显提升》，http://finance.people.com.cn/n/2012/0819/c1004-18775426.html，2012-08-19。

第一章
总论

转包、出租、互换、转让或者其他方式流转"的法律规定，为农村土地流转实践奠定了法律基础，标志着中国土地承包经营流转制度的正式确立（刘淑春，2008）。随后，《农村土地承包经营权流转管理办法》等法规和政策文件对土地流转问题进行了更为细致的阐述。各地方政府也出台相关政策规定，保障土地流转工作的开展。

政策的规范和引导无疑加快了农村土地流转进程。据统计，截至2011年上半年，全国土地承包经营权流转总面积达2.07亿亩，占承包耕地总面积的16.2%，签订流转合同2259万份，累计有800多个县（市）12 000多个乡镇建立了土地承包经营权流转服务中心。①到2013年底，全国承包耕地流转面积达到3.4亿亩，是2008年底的3.1倍，流转比例达26%，比2008年底提高了17.1个百分点。②

农村土地流转的最直接效应是为农业规模经营创造了条件。根据农业部的统计，截至2013年底，全国经营面积在50亩以上的专业大户超过287万户，家庭农场超过87万个。在安徽合肥，截至2011年10月，全市共流转土地面积达154万亩，占全市耕地面积的30%，50亩以上规模流转总面积64.6万亩，占耕地面积的13%。流转主体逐步由单纯的农民向龙头企业、合作社、种养大户等新型流转主体转变。目前，全市土地流转类合作社达103家，12.4万亩，在市级备案的土地流转面积达千亩以上，共有4万亩。③在吉林榆树，5家农业龙头企业租赁农民土地建设生产原料基地，利用自身资金、科技等优势发展规模生产，流转土地的农户2600户，流转土地面积4.4万亩。④

---

①《我国城镇化发展过程中土地流转问题研究》，http://www.govinfo.so/news_info.php?id=12779，2013-05-17。

②《农业部：2013年底承包耕地流转3.4亿亩，流转比例达26%》，http://www.chinagrain.cn/liangyou/2014/2/24/201422414104596326.shtml，2014-02-24。

③《合肥市土地流转成效显著》，http://www.ahnw.gov.cn/2006nwkx/html/201111/%7BE12F0AE3-59EE-4F6B-ADE4-65690C5BC71C%7D.shtml，2011-11-17。

④《吉林省城镇化进程中土地流转模式及成效》，http://www.ceh.com.cn/xwpd/2013/11/267674.shtml，2013-11-21。

土地流转减少了土地撂荒现象的发生，解决了农村人口外出务工的后顾之忧，而许多流转出土地的农民也可通过雇佣的方式进入农业企业务工，获取相对稳定的收入。可以说，通过土地流转，农村土地资源经营权得以重新配置，推动土地集中和农村劳动力进一步转移，为传统人口输出地区的经济发展注入了新的活力。

（3）农村劳动力回流开始增多，新生代农民工成为外出劳动力的主体。

近年来，促进沿海地区经济和城镇化快速发展的城乡人口流动格局出现了新的变化，即出现农村外出劳动力加快向家乡回流的现象。劳动力回流与劳动力的持续外出一起，构成了农村劳动力双向流动和双向就业的新局面（蔡昉，2001；韩俊，2009）。2007年，国务院发展研究中心对全国百县回乡农民工调查显示，回流劳动力占具有外出务工经历劳动力（回流劳动力与外出劳动力之和）的18.4%（韩俊，2009）。笔者于2010—2011年对地处广东省西部山区的云浮市的农户进行调查，发现该地区农村劳动力回流的比重高达35.7%。2009年，国家统计局调查显示，与2005年相比，东部地区吸纳外出农民工占外出农民工总数的比重由75.4%下降到62.5%，中部地区由12.3%提高到17%，西部地区由12%提高到20.2%（国务院发展研究中心课题组，2011）。四川省人力资源和社会保障厅统计发现，2008年到2011年，四川农村劳动力跨省转移所占比例从58.7%逐年降至55.6%、54.6%和52.4%，截至2012年6月底，这一比例已经下降至48.2%。[①]

越来越多的外出劳动力回流后并非回乡务农，而是从事务工经商等非农业活动。他们在空间上也表现出明显的由农村向城镇集中的趋势，为县域小城镇的发展带来了新的动力。由于在外务工过程中积

---

① 《全国多地再现农民工返乡潮，调查称规模小于08年》，http://news.xinhuanet.com/2012-08/23/c_123621223.htm，2012-08-23。

累了一定的资金、知识和技能，回流劳动力往往被认为更有可能实现职业的转换，从事非农产业（王西玉 等，2003；Piracha，Vadean，2010）。随着近年来中西部地区大量承接产业转移，许多农村外出劳动力开始选择在家门口就业。如2007年国务院发展研究中心开展的百县农民工回乡创业调查显示，回乡农民工半数选择在离家较近的小城镇创业和居住。

中国农村劳动力出现的另一个重要变化是劳动力内部出现的分化现象，即新生代农民工不断增多，并逐渐成为农村外出劳动力的主体。2005年全国1%人口抽样调查数据显示，我国新生代农民工占农民工总量的34.6%。2010年，国家人口计生委流动人口动态监测调查数据表明，16~30岁的新生代农民工比重已达47.0%（段成荣，马学阳，2011）。同年，国家统计局在10个省进行的新生代农民工专项调查发现，新生代农民工总人数为8487万，占全部外出农民工总数的58.4%。新生代农民工群体的增多已引起中央政府的重视，2010年中央一号文件首次提出，要"采取有针对性的措施，着力解决新生代农民工问题"[3]。

许多研究表明，与老一代农民工相比，新生代农民工在受教育程度、务农经历、迁移动机、就业分布、发展意愿等方面都存在显著差异。他们文化程度更高，务农经历更少（张永丽，黄祖辉，2008），外出的首要目的是为了"见世面"、实现知识和技能积累，而不仅仅是为了赚钱以抚养家庭（王春光，2001；许传新，2010）。他们在就业行业上更加向制造业集中，而从建筑、批发零

---

① 《中国内陆省份农民工回流明显，家门口务工多优势》，http://www.chinanews.com/gn/2012/02-02/3638467.shtml，2012-02-02。
② 《新生代农民工的数量、结构和特点》，http://www.stats.gov.cn/ztjc/ztfx/fxbg/201103/t20110310_16148.html，2011-03-11。
③ 《授权发布：2010年中央一号文件（全文）》，http://news.xinhuanet.com/politics/2010-01/31/content_12907829.htm，2010-01-31。

产业转移、土地流转与农村劳动力回流
土地利用与空间规划丛书

售等行业大量退出（段成荣，马学阳，2011）。他们具有更好的城市适应能力和更强的市民化意愿，更渴望融入城市，成为城市的一员（刘传江，2010）。值得注意的是，在一系列内外部因素的作用下，已有部分新生代农民工选择回流家乡。[①]但他们回乡并不是为了务农，而是务工。他们对家乡非农产业和小城镇发展有着一定的偏好，更愿意在家乡附近的县城或者小城镇居住并从事非农产业（张永丽，黄祖辉，2008）。在新生代农民工未来定居模式的选择中，最现实理性的定居模式就是选择一个"中转站"，在介于农村和大都市的中小城市定居。[②]

在中国农村劳动力呈现城乡双向流动新局面的背景下，劳动力回流对于县域城镇化发展的重要意义不言而喻。而随着新生代农民工向家乡回流现象的不断增多，其在务工心态、就业选择、生活追求方面表现的强烈的市民化特征不仅有助于县域城镇人口的增长，更能提高县域城镇的公共服务水平和生活品质，推动县域城镇的内涵化发展。

2.研究问题

就业结构的非农化转换和农村人口向城镇的集中是城镇化的核心体现（钱纳里，赛尔昆，1988）。总体上，影响农村人口向城镇流动的因素主要有两个：外部因素和内部因素。外部因素如地区经济发展水平、社会环境、自然条件等；内部因素如个人年龄、性别、家庭成员特征、家庭资源禀赋等。

外部因素中，地区经济发展水平得到许多研究者的特别关注，地区经济发展水平越高，往往越能吸引农村劳动力的流入（Lewis，

---

① 《新一代农民工何去何从？》，http://www.ftchinese.com/story/001044542，2012-05-15。

② 《全国总工会关于新生代农民工问题研究报告》，http://news.xinhuanet.com/2010-06/21/c_12240721_9.htm，2010-06-21。

1954；Todaro，1969）。如研究背景中所述，在沿海地区产业加快向外转移的趋势下，欠发达地区县域经济将有望实现快速发展。但外来产业转移对县域经济将产生怎样具体的影响？尤其是对县域产业结构、产业空间布局等方面将产生何种作用？产业转移对县域产业结构、产业空间布局的影响均对县域农村劳动力的流动就业具有重要意义，并对县域城镇化产生深远影响。在产业转移的推动下，县域非农就业机会随之增多，这对于县域农村劳动力的外出与回流就业将产生怎样的影响，是否抑制了劳动力的外出就业，并吸引了已在外务工劳动力的回流就业？

除产业区际转移推动的经济发展外，近年来如火如荼的农村土地流转也为地方经济注入了新活力。土地流转一方面，进一步释放了农业劳动力，为农民外出务工解决了后顾之忧；另一方面，通过土地的适度集中，为农村外出劳动力中拥有较多资本积累的能人回流，实现农业规模经营提供了可能。那么，在当前中国农村经济社会背景下，土地流转对于农村劳动力流动，尤其是外出人口的回流具有怎样的影响，能否解释回流现象的发生，也是本书有待研究的一个重点问题。

面对同样的外部环境，劳动力个体由于个人年龄、文化程度、家庭特征等内部因素的影响而表现出不同的城乡流动行为（Sjaastad，1962；Stark，Taylor，1991）。人口的城镇化过程正是由不同的劳动力个体的流动行为所组成。如前所述，中国农村劳动力已从城乡单向流动转变为双向流动的新局面。那么，对于劳动力的外出与回流就业而言，劳动力的个人及家庭等内部因素是怎样影响其流动就业的决策的？劳动力的年龄、文化程度等个人因素，家庭儿童数、家庭土地和劳动力资源禀赋是否对劳动力外出与回流就业产生了显著影响？而随着劳动力内部的分化，新生代与老一代劳动力在流动就业行为上又存在怎样的差别？

产业转移、土地流转与农村劳动力回流
土地利用与空间规划丛书

在产业转移、农村土地流转等外部环境和劳动力个人及家庭特征等内部因素的影响下，在县域城镇集中的农村外出与回流就业劳动力在行业选择、就业空间、居住空间、生活消费行为、公共服务需求等方面具有怎样的特征？这些特征对于县域城镇的发展规模、内在结构与发展前景等具有怎样的影响？在这些行为特征影响下，县域城镇化发展存在怎样的问题？

在内外部因素综合作用的研究框架下，对农村劳动力在县域城镇就业的影响因素的重点考察以及对县域城镇化发展影响的探讨，构成了本书研究的主要问题。

3.研究意义

（1）理论意义。

劳动力流动问题历来是学术界关注的重点问题之一。但从现有文献看，多数研究仍将劳动力流动置于西方传统的城市与农村的二元分析框架下，忽略了中国国民经济与城镇发展过程中的另一重要环节，即农村工业和小城镇的存在，这在很大程度上与长期以来欠发达地区县域经济增长缓慢、县域农村剩余人口主要向县外大城市流动、县域城镇增长乏力有关。在沿海地区产业加快向内陆地区转移的影响下，欠发达地区县域经济有望实现快速增长，在这一背景下，将县域非农经济和县域城镇作为吸收农村劳动力的重要载体，从而形成新的劳动力流动三元分析框架，有利于推动劳动力流动理论的发展。

聚焦于农村劳动力的回流问题，探讨产业转移、土地流转等宏观经济背景和劳动力微观个体特征如何影响外出者的回流行为决策，是对劳动力回流动力机制研究的一个发展。与此同时，通过分析回流者的就业、居住、公共服务等行为及其空间特点，初步探讨了劳动力回流对于家乡城镇化发展的效应，是拓展城镇地理研究的一个有益尝试。

充分考虑农村劳动力中出现的分化趋势，考察新老两代农民工在回流决策及回流后居住与就业等行为方面的代际差异，发掘其背后的作用机制，总结不同年龄层次农村劳动力的流动规律，对于开拓新的研究领域，深化人口流动与城镇化理论具有重要意义。

（2）现实意义。

在区际产业转移规模不断扩大、速度不断加快的背景下，外来资本对于长期以来增长缓慢的县域经济的发展是个难得机遇。但具体而言，产业转移对于县域经济和县域农村劳动力流动具有怎样的影响尚不明确。产业转移对于县域产业结构、产业空间布局的作用，外来资本对于农村劳动力将产生多大的吸引力，在推进县域城镇化进程中产生了怎样的影响均有待进一步研究。对于这些问题的讨论有助于地方政府在承接产业转移时，采用有针对性的措施，实现县域经济与县域城镇化的健康发展。

近年来在政策的引导和规范化影响下，农村土地流转步伐明显加快。土地流转进一步释放了农业劳动力，为农业适度规模经营创造了条件。但其对农村劳动力流动具有何种影响，土地流转是否促进了外出务工劳动力的回流，仍有待实证研究来证实。本书通过对这一问题的探讨，探析土地流转与农村劳动力流动相互作用的规律，有助于为新时期深化土地流转改革提供思路。

在宏观背景和个体微观特征综合作用下，考察农村劳动力通过外出与回流就业在县域城镇集中的影响因素，有助于掌握现阶段县域城镇就业劳动力的个人及家庭特征，分析其在就业、居住及生活消费等方面的行为及其对县域城镇化发展的影响。同时，考虑劳动力内部异质性，充分认识新生代劳动力在行为选择上表现的差异，这些对政府如何充分结合劳动力特征，在县域经济发展与城镇建设过程中有的放矢地制定相关政策具有参考价值。

二、相关概念界定

1.外出务工

外出务工指农村劳动力离开户籍所在地村（居）委会，在村外连续就业半年以上的行为。具体就业行为不仅包括进厂务工，还包括从事其他非农业活动。外出务工分为县外务工和县内务工两类。其中，县外务工指离开本县，在县外就业半年以上的行为；县内务工则指离开本村，在本县其他地区就业半年以上的行为。

2.回流就业

回流就业指曾经在外务工半年以上，现已返回户籍所在地县域范围内，就业半年以上的行为。回流就业与外出就业为互斥关系。回流就业既包括回到农村务农，也包括从事第二、三产业等非农活动。其中，回流非农就业除了进入本县企业务工，也包括经商、跑运输等创业行为。

3.新生代农民工

"新生代农民工"的概念最早由刘传江（2010）提出，当时称为"新生代农村流动人口"，主要指那些年龄在25岁以下，出生于20世纪70年代末80年代初，成长和受教育于80年代，基本上于90年代外出务工经商的农村劳动力人群。此后对新生代农民工的研究逐渐增多，在概念界定上主要依据劳动者出生年份而定，如刘传江（2008，2010）、段成荣和马学阳（2011）均将1980年以后出生的农民工视为新生代农民工，悦中山等人（2009）则以1975年为界划分新老两代农民工。本书参照张永丽和黄祖辉（2008）的方法，依据成长背景和社会阅历的差异，以1978年改革开放为界，将出生在1978年及以后、调查时年龄在33岁及以下的农民工界定为新生代农民工，1978年以前出生、调查时年龄在33岁以上的农民工界定为老一代农民工。

4.县域城镇化

与城镇化概念相比，县域城镇化主要体现在其空间尺度上，即在县（县级市）层面。本书以劳动力流动为核心，城镇化不仅表现为劳动力就业结构的非农化，还表现为已实现就业结构转换的农村劳动力在就业空间、居住空间、生活消费行为、农村土地流转经营等方面向市民转变的城镇化行为。

三、研究设计

1.技术路线

本书以农村劳动力流动就业及其城镇化含义为核心，构建新时期的中国劳动力流动分析框架。在区际产业转移、农村土地流转改革等背景下，考察城乡外部环境和劳动力个人及家庭等内部因素对劳动力回流的影响，探讨在新的劳动力流动格局下回流对于县域城镇化发展的含义。

在研究思路上，本书在理论基础与实证研究综述基础上，提出理论分析框架。实证分析部分，首先对案例地——广东省云浮市劳动力流动的背景进行分析，重点介绍云浮市近年来在承接产业转移、土地流转改革等方面的情况；然后，将县域经济发展水平、土地流转、交通区位条件、劳动力个人及家庭因素一起纳入劳动力流动就业行为决策模型，考察产业转移、土地流转等外部环境和个人及家庭属性变化对于劳动力外出与回流就业的影响；最后，从劳动力规模、行业、就业空间、居住空间、公共服务需求等方面，探讨在内外部因素影响下的农村劳动力回流对县域城镇化发展的影响（图1-1）。

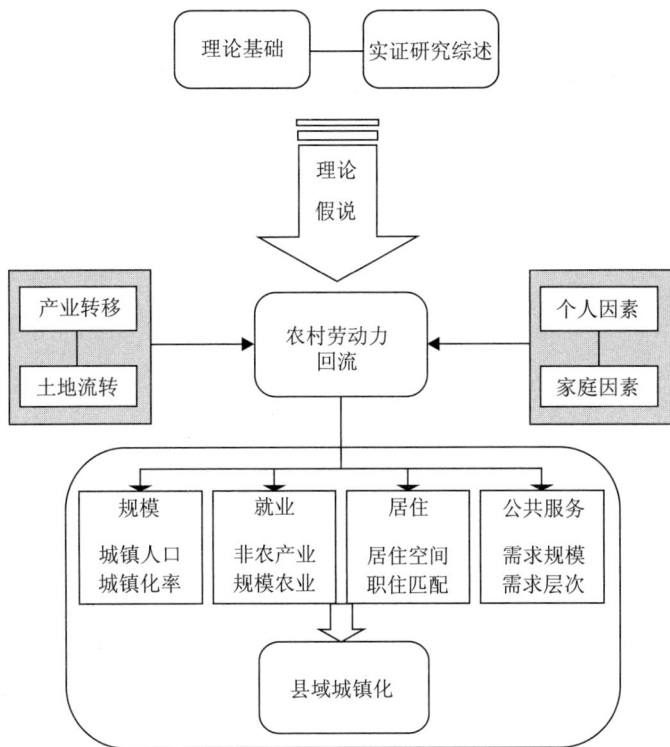

图1-1 技术路线图

2.结构安排

全书共分为十章：

第一章：总论。通过现象提出研究问题，阐明研究意义，对书中的相关概念进行界定，并提出本书的分析思路与技术路线，简要介绍研究区域及数据的来源：云浮农户调查和县域经济调查。

第二章：文献综述。在对人口流动推拉理论、二元经济理论等劳动力流动宏观理论和人力资本理论、新迁移经济理论等微观理论进行回顾的基础上，对国内外劳动力流动的影响因素、劳动力流动与城镇化发展的关系、中国农村劳动力回流原因及其影响、改革开放以来中国人口流动与城镇化进程以及新生代农民工的城镇化等实证研究进行综述，并提出本书研究的切入点及主要内容。

第三章：理论框架。以传统推拉模型为基础，充分考虑外来产业转移、土地流转改革等外部环境与劳动力个人及家庭属性等特征变化，将县域经济发展水平、土地流转等纳入劳动力流动决策中，形成新时期劳动力流动模式的分析框架，在此基础上，提出本书的理论假说。

第四章：云浮市农村劳动力流动背景与基本特征。首先，简要分析近年来广东省人口流动的总体趋势；然后，对案例地——广东省云浮市的区域发展特征和近年来的人口流动趋势做相应介绍；最后，运用农户调查数据，对云浮农村劳动力外出与回流的总体格局进行分析，并分别对外出劳动力和回流劳动力的基本特征进行总结，从整体上掌握劳动力的流动规律。

第五章：产业转移背景下的云浮县域经济发展。首先，介绍近年来云浮市承接产业转移情况；然后，分别从财税激励和县域主体功能区规划出发，考察云浮承接产业转移过程中的产业行业选择与空间布局特点；最后，探讨产业转移对县域经济发展的影响。

第六章：云浮市农村土地流转改革及现状特征。在阐明土地流转与农村人口流动关系的基础上，介绍近年来云浮开展的土地流转制度改革，并运用政府统计的相关数据，对现阶段云浮土地流转的现状特征进行梳理。

第七章：劳动力外出与回流的影响因素。综合考虑产业转移影响下的县域经济发展、土地流转、村庄到县域城镇的家庭区位条件、劳动力个人及家庭因素对劳动力流动的影响，构建劳动力回流的多元Logistic模型，探讨上述因素对劳动力回流的作用。同时，构建劳动力外出就业模型，将回流就业与外出就业的动因进行对比分析。

第八章：劳动力外出与回流影响因素的代际差异。将农村劳动力进行进一步划分，分别探讨新生代和老一代农村劳动力在外出与回流就业决策的影响因素，对比两者的异同，以求更为准确地掌握劳动力流动就业的规律。

第九章：劳动力回流对县域城镇化的影响。从劳动力规模、就业、居住和公共服务需求四个方面，探讨劳动力回流对县域城镇化的影响。其中，就业方面，分为回流后的非农就业和规模农业两类；公共服务需求方面，分为城镇住房、职业教育等公共服务"量"的需求和基础教育、医疗、商业服务设施等"质"的需求两类。

第十章：研究结论与展望。对全部内容进行总结，提出本书的主要创新点以及今后需进一步进行的工作。

四、研究区域与数据

本研究选择广东省云浮市为案例地，涉及3县1市：云安县、郁南县、新兴县和罗定市（县级）。云浮市地处广东省西部山区，由于自然条件与区位等因素限制，与省内的珠三角地区相比，云浮经济发展水平依然较低。许多劳动力选择外出到珠三角地区务工，并伴随着部分外出劳动力的返乡就业。以沿海和中西部地区的20个省（自治区）的145个地级市作为样本，其中包括广东、江苏、福建等沿海省份的山区城市和广大中西部经济欠发达地区的地级市，计算得出样本城市2009年总体人均GDP为14 901元，仅高出同年云浮市人均GDP625元，表明云浮市的经济发展在全国具有一定的典型性。

本书研究数据主要来自笔者在广东省云浮市所做的农户调查和县域经济调查。

（1）农户调查。

云浮市农户调查主要针对各县（市）农村家庭。调研由笔者牵头，由各地县委政策研究室抽调人员组成调研组。调研组首先于2010

年10月对新兴县的3个村庄进行了为期一周的预调查。在对调研中遇到的问题进行分析，对调查方式与调查问卷进行调整和完善后，于2011年2—3月对各县（市）进行了正式调研。

　　农户调查以户为单位，采取入户一对一问卷访谈的方式，考虑到问卷内容相对较多，故由调研员根据问卷提问，农户回答，调研人员填写，以保证调查结果的准确性。调查根据各县人口总量确定访谈比例，根据到县城的距离，每县至少选择3个镇，再根据到所选镇镇区的距离，每镇至少选择1个自然村。最后共调查全市5县（市、区）的32个村（居）委会，根据研究需要，剔除云浮市区样本，最后进入研究的为4县（市）20镇（街）的28个村（居）委会（图1-2），访谈问卷520份，其中有效问卷512份，涉及农户512户，人口2502人。

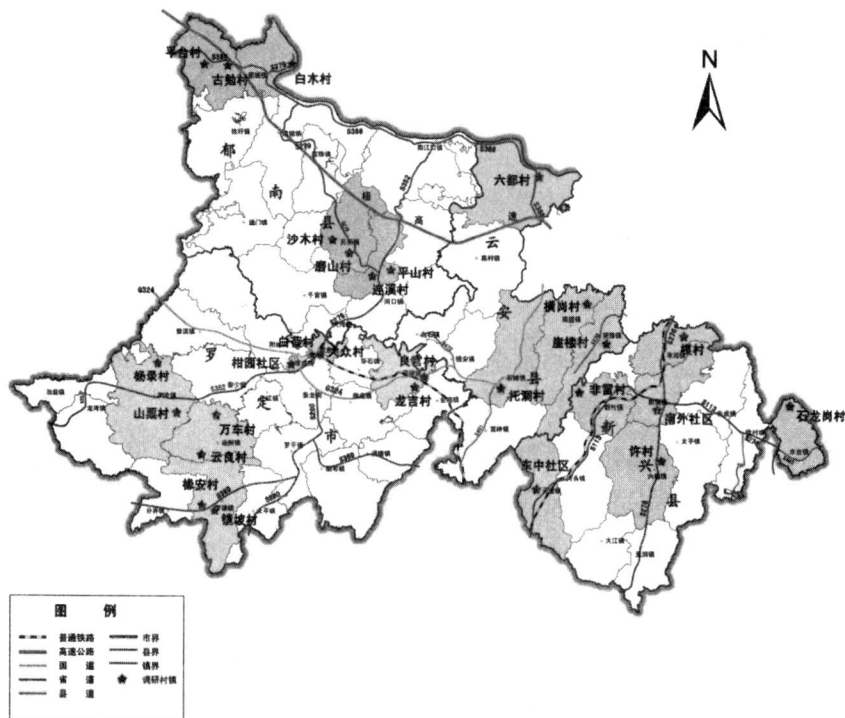

图1-2　云浮农户调研村庄分布图

产业转移、土地流转与农村劳动力回流
土地利用与空间规划丛书

农户调查问卷包含个人和家庭两个层面。个人层面主要了解劳动力年龄、性别、文化程度、就业状态及就业经历、居住状况等。家庭层面包括家庭成员构成、耕地面积、土地流转、收入与消费状况、子女教育、医疗和家庭住房状况等。

（2）县域经济调查。

县域经济调查包括政府部门访谈和企业访谈两部分。其中，政府部门访谈主要针对各县（市）政府职能部门、镇政府及镇财政所等。访谈时间为2011年3月和10月。县级政府职能部门主要涉及招商局、经贸局、财政局、统计局、发改局、县委办公室等。考虑到云浮市近年来开始实施的主体功能区划改革，对访谈镇的选择参考各镇的主体功能，在三类主体功能区中各选择1个镇，各县选择3个镇进行调研（表1-1）。

表1-1　各县（市）部门访谈主要单位

县（市）	访谈部门
云安县	招商局、财政局、统计局、县委办公室 六都镇、镇安镇、前锋镇政府
郁南县	经贸局、财政局、统计局、县委办公室 都城镇、南江口镇、桂圩镇政府
新兴县	招商局、财政局、统计局、县委办公室 新城镇、东成镇、太平镇政府
罗定市	发改局、招商局、经贸局、财政局、统计局 双东街道办、围底镇、泗纶镇政府

（资料来源：笔者整理）

县级政府职能部门访谈中，通过对发改局、县委办公室等部门的访谈，主要了解近年来全县经济发展重点及主要方向。对招商局、经贸局的访谈主要了解各地承接产业转移和招商引资形势、产业转移园企业入园情况、本地对外来投资的优惠政策等。对财政局的访谈主要了解县域财政运行情况，掌握近年来县级财政收支情况，国税、地税完成情况和财税共享激励及保障机制的实施情况等。对统计局的访谈主要掌握各地历年国民经济发展数据，并收集相关统计资料（表1-2）。

对镇政府和镇财政所的访谈中，主要了解各镇经济发展现状，近年来产业发展重点的变化，尤其是主体功能区实践对发展重点和方向的影响，县镇财政关系及镇财政收支情况，县镇之间、镇镇之间的财税共享实施情况，财政激励、绩效考核改革对镇政府行为的影响等（表1-2）。

表1-2　各县（市）部门访谈主要内容

访谈单位	主要访谈内容
发改局、县委办公室	近年来全县经济发展重点与方向
财政局	县域财政运行，近年来县级财政收支情况，国税、地税完成情况数据，财税共享激励和保障机制实施情况等
招商局、经贸局	全县承接产业转移（招商引资）情况，外来投资优惠条件、产业转移园企业入园情况等
统计局	历年统计年鉴、国民经济统计资料
镇政府、镇财政所	镇经济发展现状、发展重点的变化、财税激励与保障方案等

（资料来源：笔者整理）

县域企业访谈主要了解企业发展概况、企业未来发展设想、地方对企业的扶持政策、企业员工情况（包括总体规模、来源地构成、年龄结构、文化程度状况、工资水平等）。所选企业均为各地有一定代表性的企业，其中包括原有的主导型企业，也包括通过产业转移或招商引资等途径引进的外地企业，各地共调查企业11家。

第二章　文献综述

一、理论基础

　　劳动力流动是城镇化的重要体现。城镇化本质上就是人口在空间上的集聚，并由此带来的经济、文化与生活方式等的变迁过程。可以说，对劳动力流动的解释是理解城镇化的关键。结合本研究拟解决的主要问题，本节围绕劳动力流动与城镇化，从宏观与微观两类视角出发梳理劳动力流动的相关理论，将其作为本研究进一步深入的理论基础。其中，宏观视角下的劳动力流动理论强调宏观经济条件对于劳动力流动的影响，主要包括推拉理论、二元经济理论等。而微观视角下的劳动力流动理论则从劳动力个体或家庭行为角度，揭示劳动力流动决策产生的动机，主要包括人力资本理论和新迁移经济理论。

1. 宏观视角

（1）推拉理论。

无论是研究劳动力从农村向城市的流出还是从城市的回流，推拉理论（push-pull theory）都是一个有力的分析框架。推拉理论将迁出地和迁入地的宏观经济条件看作影响迁移的关键因素，认为劳动力流动的发生原因是原居地的推力或排斥力与迁入地的拉力或吸引力的交互作用。

推拉理论最早可追溯至19世纪80年代，当时正值英国工业化与城镇化快速发展时期，人口流动频繁。英国人口统计学家Ravenstein分析了1881年英格兰及威尔士人口普查资料中的人口流动情形，并参考了20多个国家的资料后，提出了人口流动的七大规律。其中，在阐述流动的动机时，Ravenstein认为，压迫性法律、沉重的赋税、不佳的气候、不和谐的社会环境等均是促使人们迁移的原因，但经济动机最为重要，不同区域的经济差距使得人们产生改善现状的动机，并相信迁移之后可以改变现状（Ravenstein，1885）。虽然当时他并没有特别阐明推拉理论，也未提出这一名词，但却包含了这一思想，被认为是人口流动推拉理论的根源。他认为在19世纪末期的英国，想要获得一个好环境的需求比想要逃离一个差的处境受到更多的重视。换言之，拉力对于迁移的影响比推力大。

Bogue（1959）系统地提出了推拉理论。他认为人口流动的发生，是因为流动者受到原住地的推力以及迁入地的拉力交互作用后的结果。其中，推力可能是迁出地环境品质恶劣，自然资源枯竭，劳动力过剩，生活成本过高，较低的经济收入水准。拉力源于迁入地有较多的工作机会或是较高的生活水准等。人口流动就是由这两股力量前拉后推所决定的。流动者会综合其对迁入地和迁出地环境的认识，最后做出是否流动的理性选择。

在前人研究基础上，Lee（1966）完善了推拉理论。首先，Lee认为迁入地与迁出地均具有影响人口流动的推力和拉力，如就迁入地而言，与家人的分离、陌生的生产生活环境、激烈的社会竞争等就构成了影响流动者的推力，相应的，迁出地在这些方面就形成了对流动者的拉力，流动者正是在这两股推力和两股拉力作用下做出是否流动的选择。其次，Lee还将中间障碍因素（intervening obstacles）引入到推拉模型中，形成新的人口流动推拉模型。中间障碍因素包括距离的障碍、流动成本、收入损失、法律管制等。最后，Lee开始考虑个人因素对流动的影响，他认为，性别、年龄、婚姻状况等因素均与流动行为有密切关系。

Mabogunje（1970）在推拉模式基础上进一步提升，提出了城乡人口迁移的系统分析模式（图2-1）。他认为人口迁移的原因不仅在于移民本身，更在于农村和城市的控制性次系统及整个社会经济文化的调节机能。唯有深入分析各次系统联系的内涵，方能掌握不同时空条件下的城乡人口迁移与城镇化进程（许学强，李郇，2009）。

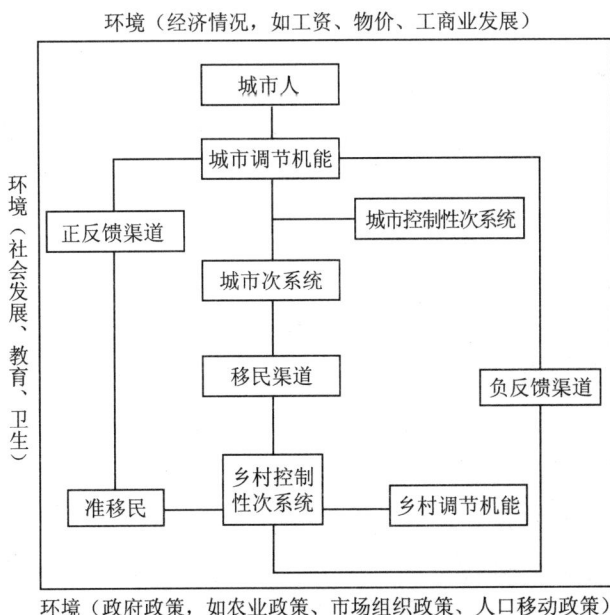

图2-1　人口迁移的马卜贡杰模式
（资料来源：许学强，李郇，2009）

推拉理论已开始关注人口回流现象。Lee认为，人口的流动往往伴随着人口的回流，至于回流的原因，他认为既有自身因素，也有宏观经济形势的影响。如出于对自身技能或资本积累的考虑，流动者可能认为回流至迁出地会更有优势，从而选择回流。此外，经济不景气时，大多数人也可能会返回迁出地。

总体上，人口流动的推拉理论强调迁入地与迁出地之间的社会经济发展的空间差异形成的外部机制，但流动者个体的差异形成的内部机制也开始受到较多关注。流动者在权衡迁入地与迁出地社会经济发展差异的基础上，结合自身的主观感受与判断，最后做出外出或回流的理性选择。

（2）二元经济理论。

二元经济理论（dual economic theory）将经济增长的过程归结为经济结构转变的过程。作为主要生产要素之一，在传统农业部门与现代工业部门之间的结构性差异基础上，伴随着经济的增长与经济结构的转变，劳动力在部门之间、城乡之间流动。代表性理论模型是刘易斯（Lewis）模型、托达罗（Todaro）模型等。其中，刘易斯模型强调部门间绝对收入差距对劳动力流动的作用，而托达罗模型则侧重于城乡预期收入差距的影响。

刘易斯（1954）是二元经济理论的开创者，他将发展中国家经济分为两个部门：一个是普遍存在劳动力过剩、劳动力边际生产率几乎为零的传统农业部门；另一个是具有较高劳动生产率和工资率的现代工业部门。经济增长过程就是传统农业不断缩小而现代工业逐渐扩张的过程，工业的扩张需要源源不断地从传统农业部门吸收劳动力。

刘易斯将发展中国家的经济发展分为两个阶段：第一阶段是劳动力无限供给阶段，这一阶段的劳动力比较丰富，而资本是稀缺的，因此，资本积累是经济发展和劳动力转移的唯一推动力。随着资本的扩张，对劳动力需求不断增加，劳动力逐渐由农业向工业转移。当所有农业剩余劳动力都转移到工业中（即刘易斯拐点）时，经济发展进入第二阶段。在这一阶段，所有生产要素都是稀缺的，传统农业与现代工业部门对有限的劳动力进行竞争，劳动力在农业及工业、农村与城市形成合理的配置，二元经济向一元经济的转化完成，城镇化进程得到推进。

拉尼斯和费景汉（Rains, Fei, 1964）修正了刘易斯的二元结构模型。他们强调农业劳动生产率的重要性，指出只有不断提高农业劳动力生产率，才有可能为已经转移出来的劳动力提供剩余农产品。他们还在刘易斯的基础上提出劳动力转移的三个阶段：第一阶段，劳动力边际生产率为零，为无限供给阶段；第二阶段为农村劳动力的有限剩余阶段，这一阶段的主要标志是虽然农村还存在隐蔽性失业，但剩余劳动力绝对值已出现下降，劳动力供求的结构性矛盾开始突出，转移劳动力工资开始上涨；第三阶段是农村剩余劳动力由结构性短缺演变为全面短缺，其标志是人口出现负增长，农村各年龄段劳动力都会出现短缺。

在刘易斯-拉尼斯-费景汉模型中，二元经济走向一元经济的过程包含了劳动力两方面的转移。一是劳动力的产业转移，从农业部门转移到工业部门，即一国经济工业化过程；二是劳动力的地域转移，从农村转移到城市，即乡村人口城镇化过程。该模型也成为此后许多人口城镇化研究，尤其是通过乡城人口迁移而产生的人口城镇化研究的重要理论基础。

以刘易斯等人为代表的早期二元经济理论主张通过不断吸收农业部门的剩余劳动力实现国家工业化，其核心是解决古典经济学所强调的资本积累问题。以托达罗、乔根森等人为代表的新古典经济学则强调资源配置效率在经济分析中的作用。托达罗模型引入预期收入（expected income）解释农民为何不顾城市中存在的失业现象而继续向城市迁移（Todaro，1969；Harris，Todaro，1970）。托达罗认为，城乡间的劳动力迁移是理性的，迁移动力来自劳动力在城市和农村的预期收入差别，而非绝对收入差别。预期收入的多少取决于城乡实际工资差别和在城市找到工作的概率。个体迁移决策是建立在对个体能力、其进城后找到工作的概率和收入、迁移的实际成本和机会成本等因素的综合权衡比较的基础之上的。如果迁移的预期收入大于迁移成本，则做出迁移的决定，否则就不迁移。

新古典迁移理论还特别关注了农村劳动力的回流问题。托达罗等人认为，预期收入差距的存在吸引着农村劳动力向城市流动，但由于农村外出劳动力在城市大多从事低技能、进入门槛较低的行业，随着城市产业结构不断升级和优化，城市部门对劳动力技能的要求会越来越高，农村外出劳动力中将会出现大量由于自身技能低而面临失业的群体，对他们来说，城市就业门槛的提高将会降低他们找到工作的概率，从而降低城市预期收入水平，这也可能会导致他们做出回流的决策。可以说，在新古典理论的分析框架下，回流者被看作是在迁移过程中未能实现迁移目标的"失败者"（Harris，Todaro，1970）。

2.微观视角

宏观视角下的劳动力流动理论主要关注地区或部门间宏观经济条件差异对流动的影响，但并未很好地解释在相同的宏观背景下，不同劳动力的流动行为的差异。以人力资本理论和新迁移经济理论为代表的劳动力流动微观机制分析为此提供了一个有力的框架。

（1）人力资本理论。

人力资本理论将流动看作是与进行教育支出、健康支出同等的一种人力资本投资方式（Schultz，1961；Becker，1964）。劳动力流动决策就是一种能给劳动者同时带来收益和成本的投资战略（Sjaastad，1962）。只有在流动的预期收入大于流动成本时，劳

产业转移、土地流转与农村劳动力回流
土地利用与空间规划丛书

动力在部门间或地区间的流动才会发生。正因如此，年轻人由于可以通过更长时间的迁移得到更高的投资回报，而比年纪大的人更倾向于迁移。

Sjaastad（1962）将迁移的收益分为货币收益与非货币收益，同样，成本也包括货币成本与非货币成本。货币收益是迁移者在迁入地获得的相对于迁出地更高的收入；非货币收益包括更稳定的生活，风险更低的职业，对新居住地的心理满足感等。成本是迁移所产生的效用损失，如迁移产生的交通费用，对家乡土地的放弃，必要的教育或培训支出，因更换工作与生活环境而需要的心理上的调整等。迁移的目的就是实现实际净收入最大化。在人力资本迁移模型里，城市部门的预期收入被假设是每个流动者个人技能的函数。那些年轻、受过更好教育的人更有可能迁移。

Lucas（2004）用人力资本理论构建了劳动力从传统的土地密集型部门向人力资本密集型部门转移的城乡模型，该模型强调城市是迁移者积累现代生产技术所需技能的场所，并用城市中人力资本的外部性解释了农村劳动力向城市持续迁移的现象。

在Lucas模型中，家庭将固定的时间分配于两种活动：在目前技能水平上工作和积累人力资本以增加未来收入。城市中的高工资反映了高的技能水平，低技能的流动人口最初无法获得需要高技能的职位，但是城市是积累人力资本的最佳场所，他们可以在城市获得新的机会，学习新的生产技能。如此一来，早期的不迁移决策可能会在后来改变，因为城市由于其不断积累的人力资本而变成了更具吸引力的场所，外部性使得新的迁移者的人力资本积累速度提高，人力资本投资回报大大提高，从而吸引农村劳动力不断流入，当城市人力资本积累的回报与农村工资相等时达到均衡。

（2）新迁移经济理论。

与人力资本理论强调个体在流动行为中的主导作用不同，新迁移经济理论（new economies of labor migration）认为流动决策更多是由家庭决定的。家庭决策的焦点也不仅仅是实现收入的最大化，而会考虑收入的不稳定性给家庭带来的直接损失，换言之，新迁移经济理论更加强调实现家庭福利的最大化（Stark，Levhari，1982）。

新迁移经济理论强调家庭和家庭策略在劳动力流动决策中的重要性，认为劳动力流动行为不仅要使流动者的个人利益最大化，更重要的是增加家庭收入、分散家庭风险，尤其在缺乏失业保险和社会保障、难以从银行获得贷款的情况下，家庭成员得到的迁移收入可能是全家经济财富的基础（Stark，Taylor，1991）。

新迁移经济理论认为，由于农业生产弱质性的存在，农业的长期收入是不稳定的，如果家中所有成员均从事农业，其家庭总收入无疑是波动的。为减少家庭总收入的长期波动性，降低家庭风险，家庭内部的劳动力资源需要重新配置，让最合适的家庭成员外出务工就成为农村家庭生计策略的一项重要选择。换句话说，农村劳动力的外出并非完全是为了获得城市中更高的收入，也是出于规避农业生产风险的考虑。

由于欠发达国家普遍面临着制度短缺问题，资本市场、保险市场、信贷市场等都不完善，农村家庭往往得不到相应的支援，因此不得不依靠自己，他们有很强的内在动力安排部分家庭成员外出挣钱，以分散或规避家庭风险。

劳动力回流问题在新迁移经济理论分析中占据重要地位。该理论将迁移看作是农村家庭的一种生计策略，通过务工获得收入后，外出者寄回所赚取的收入用于分散收入风险，增加收入，改善生活条件。一旦外出得到了足够的资金，迁移者就会回流家乡，开展投资活动。在其理论分析框架下，外出是以资本积累为目标的，因此，那些回流者就是顺利实现了迁移目标的"成功者"（Dustmann，Weiss，2007），这与新古典迁移理论的回流者"失败论"截然不同。

3.评述及本研究的切入点

宏观视角下的劳动力流动理论强调地区或部门间的收入差距（或预期收入差距）对劳动力流动的影响。微观视角下的劳动力流动理论侧重于分析个人或家庭特征对劳动力流动行为的影响。虽然单一视角下对劳动力流动动因难以形成令人信服的解释，但若将两者结合，分析宏观经济条件与个人及家庭对农村劳动力流动的影响，将提高理论对现实现象的解释力。

劳动力回流的"成功/失败"分析范式在相关研究中长期占据主导地位，而现有研究往往忽略了回流劳动力中普遍存在的异质性问题。事实上，两种类型的回流劳动力往往同时出现，而已有关于回流问题的研究大多基于国际移民，一国之内的城乡迁移无疑存在诸多不同。对于中国而言，由于户籍制度等的限制，其人口流动更具复杂性。因此，本书将融合回流的成功/失败分析范式，综合考虑回流者的人力资本、外出经历、家庭结构等因素，力求全面深入地展现回流现象背后的动力机制。

现有理论将城市和农村划分为完全不同的两个对立部分。其中，乡村被看作是传统的农业部门，城市被视为现代工业部门。经济发展过程就是农村劳动力通过迁移转移到城市的过程。应该说，这是学者们在对西方发展历史研究基础上做出的假设，但对于发展中国家，尤其是中国却并不完全适用。在中国，农村工业部门在国家工业化与经济发展中扮演着重要角色，而近年来区际产业转移对欠发达地区工业化的推动使其重要性得到进一步提升。相应的，农村地区城镇的发展也在吸引农村劳动力，在国家城镇化进程中占据重要地位。考虑到中国的实际，本研究将构建新的劳动力流动模式，将农村工业和农村城镇视为与外地城市同等的农村劳动力迁入地。同时，它们也是吸引外出劳动力回流的重要载体，可以通过它们分析中国劳动力流动的动因及县域城镇化的发展。

二、实证研究综述

1.国外实证研究综述

（1）劳动力外出的影响因素。

在已有理论研究中，宏观经济状况是影响劳动力流动方向与流量的重要因素。关于劳动力流动动因的实证研究证实了这一观点。实证研究中，地区间收入差距、就业机会等是反映宏观经济条件的主要变量。Hatton（1995）建立迁出决策模型，利用英国1871—1913年的劳动迁出数据，发现相对收入差距是长期迁出率的主要决定因素。Emerson（1989）通过对美国佛罗里达州的农场工人的迁移行为进行研究发现，迁移者和非迁移者之间的收入差距非常显著地使迁移的可能性提高。Topel（1986）利用美国人口调查数据研究发现，1970—1980年，美国东部、北部和中部各州的平均失业率相对于全国水平上升23%，西部和西南部地区的失业率却显著下降，与此同时，人口迁移的空间流向恰好相反，西部和西南部地区为人口净流入地区，东部、中部和北部则为人口净流出地区。

个人和家庭特征对劳动力外出的显著影响得到证实。其中，年龄的增大不利于劳动力从农村向城市迁移。Hare（1999）的研究发现，年龄在16~25岁和26~35岁的劳动力最有可能迁移。Garasky（2002）发现，农村年轻劳动力的流动性比城市年轻劳动力更强，且受非经济性因素的影响更大。文化程度的提高促使了农村劳动力向城市的流动。Speare和 Harris（1986）采用1973年印尼城市中农村移民数据分析发现，文化程度不仅影响了农村劳动力收入，也影响了其迁移倾向。利用1994年菲律宾的抽样调查数据，Lanzona（1998）也发现受教育水平对农村劳动力外出有显著的正向影响。而家庭劳动力数量对迁移具有负向作用，家中劳动力数量越多，各劳动力就越倾向于采取多样化的就业方式，而不都是外出务工（Olowa，Awoyemi，2012）。

土地因素无疑对劳动力流动具有重要影响，但影响程度和方式并未形成共识。多数研究认为家庭土地对于劳动力外出具有消极影响，家庭土地越多，其成员外出的可能性越小。其中包括Mukherji（1985）对印度的研究、Massey（1987）对墨西哥的研究和Vanwey（2003）对泰国的研究等。但仍有部分研究认为土地对迁移决策具有积极影响（Mines，Massey，1985）。de Janvry et al（1997）通过对墨西哥的研究则发现两者存在U形关系：以225亩为极值，当家庭土地面积在225亩以下时，土地面积越多，劳动力外出的可能性越小；当土地面积达到225亩以上时，土地面积的增加将促使迁移的发生。

（2）劳动力回流动因与回流后行为。

国外关于劳动力回流问题的研究主要是针对国际移民进行的。Tunali（1996）通过对土耳其男性劳动力的回流现象的调查发现，文化程度和劳动技能相对较高的外出劳动力更倾向于通过回流获得高收益，而随着年龄增大产生的风险规避倾向也会导致回流的发生。此外，家乡的就业机会对回流起着重要作用，随着家乡资本的累积和就业机会的增多，回流现象也将不断增多。Lucas（2004）认为导致回流的原因有两种：其一，在城市未能找到工作和工作机会丧失；其二，由于最初实现资金积累的迁移目标已经实现，而家乡是这笔钱消费或投资的最佳场所，这种原因不只是出于主观上的偏好，还出于经济上的考量，如对家乡的信息掌握更充分，对家乡的经济机会更敏感等。de Haas et al（2014）通过对摩洛哥在欧洲的移民回流意愿进行研究后发现，在移民接收地的劳动力市场参与、教育和与接收国保持经济社会联系，并没有显著影响回流意愿，而摩洛哥的投资和与摩洛哥的社会联系对回流意愿具有积极影响。

国际移民回流后的创业行为是国外相关研究的重点。Ilahi（1999）利用巴基斯坦的截面数据探讨回流后的职业变化，发现国际劳动力回流后，回流者通过海外积蓄促使了小商业的发展。Dustmann和Kirchkamp（2002）通过研究土耳其的国际移民回流后的就业选择，也发现大部分回流者选择自我雇佣或不工作，而不是工资性劳动。Piracha和Vadean（2010）利用阿尔巴尼亚的数据研究发现，与未外出者相比，回流者成为创业者的可能性明显提高。Gubert和Nordman（2011）对摩洛哥、突尼斯和阿尔及利亚三国回流者的创业行为的研究表明，回流者创造中小商业的能力更强，1/3的回流者投资项目或商业。

（3）劳动力流动与城镇化发展的关系。

农村人口向城市的流动直接促进了城市人口比重的增加和城镇化水平的提高。城镇化集中表现为持续的乡-城劳动力迁移行为（Ledent，1982）。一般而言，城市人口的增长主要有三种途径：农村人口向城市的迁移、农村地区转变为城市地区的行政区划调整和城市人口的自然增长（World Bank，1984）。在城镇化发展初期，城乡人口迁移的作用相对比较重要，而在后期，当城镇化达到一定水平后，则以自然增长为主（Williamson，1988）。如在发达国家和拉丁美洲，由于其城市人口的比重已达到较高水平，劳动力流动的作用越来越弱，城市人口的增长主要依赖自然增长（Mazumdar，1987）。

对于多数发展中经济体而言，城乡移民是城镇化水平提高的主要途径（Lucas，1998）。Khan（1982）曾研究孟加拉国的城乡迁移、城市人口自然增长和行政区域调整因素在1961—1974年间对每个城市人口增长的相对作用，发现农村到城市的净迁入是城市发展的决定性因素，城市和农村地区在经济和社会机会方面的不平衡是造成高比例城市迁入人口的主要因素。一项对20世纪50—70年代16个发展中国家城镇人口增长来源的研究发现，城乡移民对城镇化的贡献在33%～76%，平均水平为58%（Williamson，1988）。

农村人口向城市的迁移与城镇化的发展是工业化和经济增长的

必然结果。随着资本积累不断增多，城市工业的扩张导致农村剩余劳动力逐渐向工资更高的城市地区迁移，由此促进区域城镇化水平的提高（Lewis，1954；钱纳里，赛尔昆，1988）。但城镇化与经济增长并未完全同步，从而可能带来过度城镇化或滞后城镇化等问题。如在拉美等地区的第三世界国家，由于现代工业发展较弱，其对农村劳动力的吸纳能力有限，在农村破产等推力作用下，大量农村人口进入城市，尤其是这些国家的首位城市，导致过度城镇化（over-urbanization）和首位城市的过度膨胀（Kojima，1996）。而在中国、苏联等社会主义国家，严格的人口控制使得人口不能在城乡间实现自由配置，城镇化水平滞后于经济增长速度，形成滞后型城镇化或控制型城镇化（controlled urbanization）。

在西方发达国家，长期的人口迁移进程已使得农村人口比重大幅减少，城镇化进入稳定发展阶段。这一阶段的人口迁移主要表现为城市之间的劳动力流动，而不是城市与农村之间的流动。如20世纪70年代以来，英国、美国、法国等西方发达国家在传统大都市区"去工业化"的驱动下，均出现人口从传统核心大都市区向边缘地区规模较小城市的转移，从而促进了后发地区城市的发展和全国城镇体系的重组（Frey，1988）。

总体看来，国外现有关于劳动力流动与城镇化的关系研究主要集中在讨论农村劳动力向城市的单向移民上，对劳动力回流与城镇化关系的研究尚不多见。这与国外的农村劳动力本身较少有关。但在中国，近年来劳动力回流现象不断增多，这些劳动力的个体及行为特征，他们在回流后的就业与空间分布、公共服务选择等对于家乡城镇化的发展具有重要影响。

2.聚焦于中国的研究

中国长期以来实行严格的户籍管理制度，人口流动受到高度控制。改革开放以后，尽管户籍制度逐渐放开，但由户籍制度派生的城乡二元的社会保障制度及土地制度等并未出现大的变革，农村人口在流入城市后不能享受相应的社会保障和公共服务，他们与家乡农村仍保持着千丝万缕的联系。因此，中国的农村劳动力流动与其他国家在诸多方面存在明显差异，并对国家和区域城镇化进程产生了重要影响。基于此，本部分从劳动力外出、回流、劳动力流动与城镇化发展关系及新生代农民工城镇化等问题入手，对中国农村劳动力流动及城镇化研究进行综述。

（1）农村劳动力外出的影响因素。

农村劳动力向城镇的流动是我国现阶段城镇人口增长的主要原因。改革开放以来，大量的农村劳动力进入城镇，成为我国城镇化持续增长的源泉。而关于劳动力向城镇流动的影响因素也一直是学术界关注的焦点。

年龄对农村劳动力外出具有重要影响。许多研究表明，外出劳动力以年轻人为主，迁移的概率随着年龄的增长而降低（Hare，1999）。赵耀辉（1997）发现，年龄每增加1岁，劳动力外出的概率将下降0.3个百分点。年龄对外出就业的负向影响主要是因为年龄较大的外出者，其收益期较短，且生理成本较高（Zhao，1999）。也有研究认为年龄与迁移概率间存在倒U形关系。Zhu（2002）利用1993年的湖北省调查数据研究发现，农村劳动力的迁移概率在某一年龄达到最大值，此后迁移概率下降。他认为，15～35岁的人口为乡城转移的主要群体，而又以18～25岁最为集中。Li和Zahniser（2002）采用1995年的全国调查数据分析发现了类似规律，男性和女性劳动力的年龄极值分别为27岁和25岁，在此之前，年龄越大，外出概率越大，随后逐渐减小。

学术界关于文化程度对劳动力外出决策的影响尚未形成共识。Zhao（1999）利用1995年和1996年的四川省调查数据研究发现，

产业转移、土地流转与农村劳动力回流
土地利用与空间规划丛书

教育程度仅对农村男性劳动力的外出迁移决策具有正的影响。Zhu（2002）也有类似的结论。而Hare（1999）利用1995年在河南夏邑县的调查研究发现，文化程度对劳动力外出的影响并不显著。盛来运（2007）利用2003年和2004年中国农村住户调查1/2样本数据分析发现，教育对促进劳动力流动具有显著的积极影响，受教育年限每增加1年，外出务工的可能性增加0.3个百分点。

性别差异和婚姻状况是决定外出决策的重要变量。女性往往比男性更不倾向于外出。赵耀辉（1997）发现女性的外出概率比男性小7%；Hare（1999）的研究则表明，男性的外出概率比女性高30%；盛来运（2007）的研究发现，男性劳动力流动的可能性比女性高5.7%。这都说明现阶段城市对农村劳动力的需求仍以体力劳动为主。已婚农村劳动力外出的可能性更小。Zhao（1999）的研究表明，已婚劳动力要比一般人的迁移概率小37.6%，这与已婚者的迁移成本比其他人更高有关。

家庭因素对劳动力外出迁移产生了重要影响。家庭劳动力数量越多，各劳动力在不同地区、不同就业状态下可选择的余地就越大，其选择外出迁移的可能性也越高（de Brauw et al，2002）。中国长期以来奉行的户籍制度筑成了城乡之间的壁垒，成为一道无形的墙（Chan，1994），阻碍着农村进城劳动力以同等身份获得城市保障性住房、社会保障和子女义务教育等公共服务（蔡昉，2010），因此，家庭儿童、老人等成为影响劳动力流动的另一重要家庭因素。盛来运（2007）的研究证实了这一观点。

土地因素对农村劳动力外出具有重要影响。多数研究认为两者具有负向作用关系，即家庭土地越多，外出的概率越小。Zhao（1999）的研究表明，增加1亩耕地可以减少4.4%的迁移概率。Hare（1999）和Zhu（2002）也得出类似结论。但姚洋（2004）的研究发现，土地拥有量与劳动力流动之间存在倒U形关系，且土地分配越均等，劳动力迁移的可能性越高。土地流转对劳动力迁移的影响研究越来越受到

第二章
文献综述

关注。盛来运（2007）的研究发现，家庭年内转入耕地的农户劳动力外出的可能性下降了1.3个百分点，转出耕地的农户劳动力外出的可能性则上升了5.3个百分点。

除个人与家庭等微观因素外，就业机会和地区经济发展水平等宏观经济变量对农村劳动力外出的影响也是学术界关注的焦点。改革开放后，农村工业化的蓬勃发展吸纳了大量农村剩余劳动力。但自20世纪80年代后期开始，乡镇企业发展开始放缓，而城市经济改革与对外开放的深入促使农村劳动力加速向沿海地区城市迁移，从而形成"民工潮"（蔡昉，2000；许学强，李郇，2009）。许多研究表明，对于农村劳动力而言，向外地城市的迁移是一种次优选择（Guang，Zheng，2005），只有当他们不能在本地获得非农就业机会时才会发生。换言之，本地就业机会对农村劳动力的外出具有负的影响。蔡昉（1996）、Chen和Coulson（2002）、盛来运（2007）也得出了类似结论。然而部分研究对上述结论也提出了质疑。Yang和Guo（1996）利用浙江省数据研究不同地区农村工业发展水平与人口流动的关系时发现，农村工业越发达的地区，劳动力流动的数量越多。作者进而认为，农村工业发展得越好，越能留住当地农业人口的假设是有问题的。Liang et al（2002）的研究也发现，农村工业化对减少人口迁移没有系统的影响。上述关于劳动力外出影响因素的研究主要将劳动力流动置于城乡二元的分析框架下，分析劳动力向城市流动或不流动的动因。部分研究也已关注到中国经济的三元结构特征，将农村工业部门作为剩余劳动力转移的另一重要渠道（许学强，胡华颖，1988；陈吉元，胡必亮，1994；朱宇，2001）。在考察年龄对两类外出的影响关系时，已有研究也存在与二元分析类似的争议。Knight和Song（2003）的研究发现，年龄对农村劳动力选择在本地务工还是外地务工均具有显著的负向作用，而Willmore et al（2012）则认为二者存在倒U形关系，即随着年龄的增大，两类外出就业的概率均呈先增大、后减小的趋势。教育对两类外出行为的影响相对复杂。赵耀辉（1997）分析发现，教育程度对劳动力选择外地就业的作用很小，而主要影响了劳动力从事本地非农活动。农村工业的发展水平也是影响劳动力外出的另一重要因素。Knight和Song（2003）的研究表明，农村工业化的发展促使劳动力在本地务工，而对外地就业具有显著的负向影响。

（2）农村劳动力回流及其影响。

中国的农村劳动力流动与其他国家类似过程有一个最大的不同点：随着人口的增加和时间的推移，劳动力流动由初期的农村向城市单向流动，变为城乡双向流动，不断有人进城打工，也不断有人回乡就业，它是一个既有流出又有回流的过程（蔡昉，2001）。具体来说，就是农民年轻时外出打工挣钱，年龄大了以后就回家乡务农、务工或经商（李强，2003）。促使外出劳动力回流的原因及其对农村产生的影响是本部分综述关注的焦点。

促使劳动力回流的因素是多方面的。白南生和何宇鹏（2002）根据1999年安徽、四川两省的农户调查进行了实证研究，认为回流是多重因素共同作用的结果。其中，因外地就业困难而回流的最多，占56.6%；其次为照料家人，占51.2%；年龄大，占14.6%；以投资为目的的回流仅占2.5%。家中学龄儿童数量对外出劳动力是否回流有着显著的正向影响，学龄儿童数量每增加1个，外出劳动力回流的概率会增加1.1倍（Wang，Fan，2006）。Murphy（1999）在赣南两县所调查的样本的研究证实，在目的地的"失败"并不是迁移者返回家乡的决定性原因。Zhao（2002）认为，文化程度、年龄、婚姻状况等是影响回流决策的重要因素。年龄越大、文化程度越高、已婚且配偶从未外出过的劳动力，更倾向于回流到家乡。对于教育水平的影响关系，李楠（2010）的结论恰好相反。他发现，受教育年限越长，外出劳动力定居城市的概率越大，而不是回流家乡。张骁鸣和保继刚（2009）认为，唯有在社区的空间范围之内迁移者才能有效地发挥社会资本和社会关系网络，从而也导致许多外出者回流。

家乡非农经济的发展对促使外出劳动力回流的作用不容忽视。Hare（1999）在研究河南夏邑县农村劳动力流动时发现，来自家乡的"拉力"对回流具有更为重要的促进作用。Zhao（2002）利用农业部于1999年在河北、安徽等6省的调查数据分析发现，农村非农经济发展水平显著影响了外出劳动力的回流。劳动力在本地从事非农活动的比重比平均水平（19.4%）每增加10个百分点，外出劳动力回流的概率就提高8.9%。盛来运（2007）的研究也得出了相似结论。但已有关于劳动力回流影响因素的研究以统计描述为主，对回流原因进行系统考察的研究尚不多见。

学术界关于劳动力回流对农村经济的影响研究方面，尚未形成共识。多数研究认为，回流者的创业行为对农村经济发展主要起到了积极作用。Murphy（1999）在赣南两县的调查研究显示，回流的劳动力正在为促进其家乡经济的多样化做出贡献。Ma（2001）也得出了类似的结论。Zhao（2002）的研究表明，回流者比从未外出者更有可能进行农业生产性投资，但是否具有外出务工经历并不影响农村非农就业的可能性。王西玉等（2003）通过对我国9省13县回乡民工进行调查后发现，回乡民工的就业结构发生了巨大变化，至少有四成以上已经不再从事传统的农业产业，而大部分人从事非农产业是通过创业实现的。Démurger和Hui（2011）在对2008年安徽无为县的农户进行调查研究后发现，回流劳动力更可能进行个体经营，并具有更强的就业能力。李小建和时慧娜（2009）在对河南固始县回乡劳动力创业行为进行研究时也发现，回乡务工者带回的物质资本在创业过程中具有显著的扩散效应（5.5倍）。刘云刚和燕婷婷（2013）对河南驻马店的调查发现，回流者大多从事与外出时就业行业相关的创业活动。

尽管如此，仍有部分研究并不支持这些观点。Liang和Wu（2003）发现，回流者与那些仍在外务工者相比，年龄更老，文化程度更低。白南生和何宇鹏（2002）通过对安徽、四川农村劳动力回流情况进行调查研究后认为，回乡民工与未曾外出农民并无差异，外出打工对回乡创业没什么帮助，回来的都是城镇化进程中的"失败者"，或者是被政策规制赶出了城市的人。因此，他们从打工地回到家乡后，绝大部分"回到了传统经济结构中"。而从城镇化进程的历史角度观察问题，农村劳动力外出就业的意义远大于回流。

已有关于劳动力回流的实证研究多以20世纪90年代末的数据为主，进入新世纪以后，尽管也有研究关注农民工回流问题，但多是针对进城务工人员，考察其回流或进城定居意愿（李强，龙文进，2009；朱琳，刘彦随，2012），事实上，迁移意愿与实际行动之间仍存在不小差别。对于那些声称愿意定居的迁移者来说，意愿是一回事，能否做到又是另外一回事（蔡昉，2001）。20世纪80年代后期以来的许多外出劳动力目前已逐渐进入中年，继续在城市务工甚至定居还是回流是他们必须面对的人生选择。此外，近年来发达地区向内陆地区产业转移的步伐加快，促进了家乡农村的工业化进程，家乡非农就业机会的增多形成了吸引外出劳动力的"拉力"。在外力和内力的共同作用下，新时期农村劳动力回流现象值得引起足够重视。

（3）改革开放以来人口流动与城镇化进程。

农村人口向城市流动是城镇化的集中体现。已有研究表明，1978—1999年间，中国从农村向城镇的人口迁移占城镇人口增长总量的75%（Zhang，Song，2003）。"六普"数据显示，2010年，全国流动人口总量约为2.61亿，比2000年"五普"增长了81.03%。[①]其中，绝大部分为农村进城务工人员，被统计为"城镇人口"（蔡昉，2010）。鉴于现阶段人口流动对中国城镇化进程的巨大影响，本部分对改革开放以来中国人口流动与城镇化进程进行梳理，揭示人口流动

---

① 《2010年第六次全国人口普查主要数据公报（第1号）》，http://www.chinanews.com/gn/2011/04-28/3004638.shtml，2011.4.28。

规模、方向等特征变化及其对城镇化进程影响的动态机制，以便更为深入地掌握人口流动与城镇化发展的内在规律。

1）1978年至20世纪90年代中期：短距离迁移为主，小城镇为主导的农村城镇化。

1978年，十一届三中全会决定全党全社会的工作中心转向经济建设，将市场机制引入传统计划经济，实行对外开放政策，国民经济从此步入快速发展期，城镇化进程显著加快。乡镇企业和农村工业化的蓬勃发展促使农村人口流动以短距离迁移为主，并形成了改革开放初期以小城镇为主导的自下而上的农村城镇化模式（Ma，Fan，1994；崔功豪，马润潮，1999）。

率先在农村实行的家庭联产承包责任制等一系列改革极大地提高了农业生产力。1978—1988年10年间，全国粮食播种面积减少了1.5亿亩，总产量却增加了1亿吨，平均亩产提高了75斤（谢微，1992）。农业的快速增长为城镇发展提供了足够的剩余农产品，同时也产生了大量剩余劳动力（Taylor，1988）。根据农业部门的调查，1985年，大多数农村地区的剩余劳动力占农村劳动力总数的30%～50%，绝对规模在1亿人以上，如果再加上被抚养人口，则总数可达2亿人（王桂新，2004）。由于此时城市改革尚未全面展开，加之国家对发展大城市可能带来的诸多城市问题的顾虑（Au，Henderson，2006），发展农村非农产业就成为改革初期吸纳农村剩余劳动力的主要途径。

在经历了农村改革后，农业商品率提高，农民收入不断增加，在改革初期国家资金极为短缺的情况下，农业剩余的积累成为农村非农产业发展的主要资金来源。据估计，集体积累占农村工业早期投资的82.6%，银行贷款只占17.4%，且基本是流动资本（裴小林，1999）。而在珠三角等地，凭借政策、人缘和地缘优势，通过"三来一补"等形式，来自港澳的投资也极大地参与了当地的农村工业化过程（许学强，胡华颖，1988；薛凤旋，杨春，1997）。与此同时，国家出台一系列政策措施，将原有的社队企业改为乡镇企业，并实行乡办、村办、联户办和户办四个"轮子"一起转，直接激励了乡镇企业的崛起。于是，在原有的社队企业基础上，利用民间资本和外商投资，充分发挥农村劳动力丰富的优势，在政府政策的鼓励下，乡镇企业得到了快速发展。20世纪80年代，农村工业年平均增速一直保持在20%以上，其中，1984年以后，增速一直在30%以上。到1991年底，全国乡镇企业已达2000多万个，在国民经济中已是"三分天下有其一"（李炳坤，1993），并产生了以集体经济为主导的苏南模式、以外向型经济为主导的珠江模式（张敏，顾朝林，2002）、以家庭工业和专业市场为主导的温州模式等农村工业化模式（李王鸣，王纯彬，2006）。

为什么这些企业会产生、布局于乡镇甚至村，而不是城市？主要原因在于：我国的农村土地为集体所有，而城市土地为国家所有，受国家分配，长期以来工业由政府投资，所需资源包括土地、原材料由政府统一分配，工厂职工享受低工资标准下的各种福利待遇，这些约束条件使由农民投资创办的乡镇企业不可能在城市中布局（许学强，李郇，2009）。而在以外资为主导的乡镇企业中，由于外资以规模小的劳动密集型产业为主，技术含量低，在交通条件均质化情形下，小城镇因为在土地、税收等方面的灵活优惠措施，对外资更具吸引力，从而形成了"村村点火，户户冒烟"的农村工业化格局（薛凤旋，杨春，1997；李郇，黎云，2005）。

农村工业化的快速发展创造了大量的非农就业机会，加之国家对建制镇设置标准的放宽，人口流动的控制开始缓和，形成了"离土不离乡，进厂不进城"的农村剩余劳动力转移模式。据统计，1978—1988年，我国国家招工的农民为1110万，而在各类乡镇工业企业的农民达到9000多万人（许学强，李郇，2009）。镇成为当时农村劳动力向城市迁移的最主要目的地。以广东省为例，1982—1987年，镇吸纳了乡-城迁移人口的41%，城市吸纳了33%，县城则吸纳了26%（林初昇，马润潮，1990）。这一时期人口迁移以短距离迁移为主，长距离迁移尚不多见，省际年间迁移人数及迁移率都分别在100万人和1‰以下（王桂新，2004）。

"离土不离乡，进厂不进城"的人口转移促使了以小城镇为主导的自下而上的农村城镇化模式的建立。通过鼓励农民进镇投资建设，鼓励农民自理口粮进镇办厂、经商等方式（农民造城），许多地方涌现出一批"农民城"，如浙江的龙岗镇、天津的大邱庄镇、河北的白沟镇等（杨子慧，萧振禹，1996）。这一时期全国农村建制镇数量和非农人口数量都获得了快速增长。建制镇数量从1978年的2173个猛增至1996年的18 171个，建制镇非农人口占全国市镇非农人口的比重从1978年的32%增长到1996年的42.6%（崔功豪，马润潮，1999），从而致使全国城镇体系发生重大调整（周一星，曹广忠，1999）。

农村城镇化发展存在明显的空间差异，东部沿海地区发展水平明显高于中西部地区，这与地区间农村工业化的发展程度直接相关。1996年年末，东部地区建制镇数量占全国总数的41.55%，中部、西部分别占23.04%和22.03%；东部地区平均每个建制镇镇区总人口5003人，中部、西部分别为4683人、3410人；镇区平均面积东部2.4 km²，中部与东部相同，西部则为1.9 km²。此外，在拥有的企业数量、财政收入等方面，东部地区也都明显高于中西部地区（张晓山，胡必亮，2002）。

新中国成立以来，国家一直强调限制大城市规模，积极发展中小城市，20世纪80年代后小城镇的蓬勃发展以及学术界的大力提倡与推崇，更使得小城镇在我国的城镇体系中成为国家最支持和最重视的一个层次，小城镇道路的战略思想被纳入国家城镇化导向性政策体系（秦尊文，2001）。小城镇被看作农村人口向城市转化过程中的蓄水池，并被赋予解决农村大量剩余劳动力，带动农村经济，协调城乡关系，化解农村深层次矛盾，实现农村城镇化和农业现代化的伟大使命

产业转移、土地流转与农村劳动力回流

土地利用与空间规划丛书

（费孝通，1984；周干峙，1988）。

然而，在经历了改革开放初期近20年的快速发展后，农村城镇化的许多问题逐渐凸显，并引起各级政府及学术界的反思。主要问题有：人口的地域转移滞后于职业转移，城镇化水平明显低于工业化水平（田明，常春平，2003）；工业和居民点空间分散，产业集聚效应低，造成了部分非农产业人口不能完全享受城镇化带来的福利；用地粗放，耕地流失严重，环境污染及农村生态环境恶化等（国务院发展研究中心《中国城市发展研究》课题组，1992）。

20世纪80年代中后期，以城市为重点的经济体制改革逐步展开。通过国营企业体制改革等一系列改革，城市的经济活力不断提高，对农村剩余劳动力的吸纳能力得到增强。与此同时，乡镇企业经历了资本的快速积累过程。由于进入门槛低以及社区政府的推动，对乡镇企业的过度进入和不断升级投资，促使乡镇企业的资本劳动比率不断提高（张军，2002）。1980年，资本劳动比率为0.15万元/人，至1992年，已上升至1.32万元/人（陈剑波，1999）。资本密集度的提高导致乡镇企业对农村剩余劳动力的吸纳能力下降，由此导致农村人口向城市的长距离迁移开始增多，"民工潮"现象开始出现。

2）20世纪90年代中期至今：长距离迁移为主，大城市主导的快速城镇化。

自20世纪90年代中期开始，随着国家全方位开发开放格局的形成，中国经济不断融入全球化进程。沿海地区依靠区位及自身经济基础，获得了快速发展。相应的，人口迁移在空间上表现为以跨省、跨区域的长距离迁移为主，外来人口的涌入不仅促进了沿海地区经济的繁荣，也推动了沿海城市的快速发展，大城市逐渐主导了我国的城镇化进程（Lin，2002）。

沿海大城市在吸引外商直接投资过程中扮演越来越重要的角色。1990年，上海浦东对外开发开放，1992年，邓小平"南巡"讲话后，改革开放进程走向深入。在第二次产业转移的大背景下，外资大举进入我国。中国台湾、日韩和美国的投资增长尤其迅猛。与20世纪80年代港澳资本主要投资轻消费品行业不同，这一时期，电子、汽车产业等成为投资的重点。这些投资在选址过程中，市场规模和集聚经济的影响逐渐增大（魏后凯 等，2001），因而在空间上表现为向更大城市转移的趋势（宁越敏，1998；李郇，丁行政，2007；吴莉娅，顾朝林，2005）。1998年，人口超过100万的大城市获得了外商在华投资总量的52%（Zhao et al，2003）。这与改革开放初期港澳资本在珠三角地区的分散化布局明显不同（李郇，黎云，2005）。此外，尽管20世纪90年代外商直接投资在空间上呈现出由东向西逐级推进的态势，但东部地区仍是外资进入中国的首选之地。至2000年底，东部地区外商直接投资占全国的比重达86%（武剑，2002）。

地方政府在引导外资布局、改造城市空间方面发挥重要作用。自20世纪80年代末开始，中央对城市改革力度逐渐加大。随着一系列法令、条例的颁布，城市土地无偿使用逐步向有偿使用转变。政府可通过协议、招标或拍卖等方式出让土地使用权，高新技术园区、工业开发区如雨后春笋般崛起，并成为吸纳外资的主要载体。1994年开始实施"分税制"改革，财权上收，事权下放，使得地方政府的财政压力增大，而土地作为地方政府可自由支配的经济资源，成为地方政府财政收入最有力的保障（Ho，Lin，2003）。城市空间开始迅速发展和重组，旧城改造方兴未艾，新区建设日新月异，中心商务区更是成为城市潮流（叶嘉安 等，2006）。

当本地乡镇企业就业吸纳能力下降时，经济更为活跃、就业机会更多的城市和沿海地区成为劳动力流动的主要选择。20世纪90年代后，人口流动格局逐渐表现出农村人口向大中城市流动和内地人口向沿海地区流动的趋势（顾朝林 等，1999；宁越敏，李健，2009），并在全国范围内形成三大城市流动人口圈：京津连流

产业转移、土地流转与农村劳动力回流
土地利用与空间规划丛书

动人口圈、沪宁杭流动人口圈和广深厦流动人口圈（朱传耿 等，2002）。1982年，规模最大的10个城市吸纳的流动人口占全国流动人口总量的比重为11.86%，1990年上升为17.04%，2005年达到23.65%（段成荣，杨舸，2009）。中小城市，尤其是中西部地区的中小城市对流动人口的吸纳能力明显减弱。

人口流动格局的改变促进了沿海大城市的快速发展（周一星，曹广忠，1999；宁越敏，李健，2009），大城市逐渐主导了我国的城镇化进程。1998—2008年间，我国200万人以上的城市数量增长了一倍以上，100万～200万人的城市和50万～100万人的城市数量分别有30%、40%的增长。相反，50万人以下的中小城市数量有明显的下降（王小鲁，2010）。

外来人口的大量涌入丰富了城市的劳动力市场，缓解了大城市劳动力结构性不足的矛盾，减轻了城市劳动力的抚养压力。劳动力资源丰富是中国资源禀赋结构的重要特征。改革开放以来，农村剩余劳动力的释放不仅促进了乡镇企业的飞速发展，也吸引了大量境外劳动密集型企业投资设厂。尽管20世纪90年代后，资本、技术密集型的外资企业逐渐增多，但利用我国廉价的劳动力资源仍是外商投资的主要原因之一（魏后凯 等，2001）。外来人口的大量涌入，增加了城市的劳动力供给，丰富了城市的劳动力市场，促进了城市经济的快速增长。建筑餐饮、加工制造等简单体力劳动本地人不愿参与，越来越多外地劳动力的流入，在一定程度上填补了本地劳动力不足的空缺（顾朝林 等，1999）。外来人口以年轻人为主，他们的到来不仅改善了城市的年龄结构，延缓了城市的老龄化进程，还提高了城市劳动人口的比重，使得城市总人口的抚养比负担减轻（原新，2005；王桂新，戴贤晖，2005）。

人口向城市的大规模迁移还促进了城市空间的郊区化扩展，并加快了大都市区的形成。在城镇化快速发展的背景下，郊区化成为大势所趋。对于流动人口而言，郊区尤其是近郊区是其进入城市的最有利区域（冯健，周一星，2003）。这里交通便利、生活成本低，加之城区工业的近域扩散和近郊住房建设都为外来人口创造了较多的就业机会（付晓东，2007），成为城市外来人口的主要集中区域。以广州为例，2000年广州外来人口达到428.2万人，比1990年增长了662.99%，年均增长22.53%。中心区外来人口增长较慢，年均增长13.12%，占全市外来人口的比重由1990年的29.04%下降到13.05%；而近郊区外来人口迅猛增长，总数达到299.8万，比1990年增长了848.58%，年均增长25.23%，占全市外来人口的比重进一步上升到70.01%（谢守红，宁越敏，2003）。近郊外来人口的集中促进了城市空间的郊区化扩展。如在上海，正是大量外来流动人口的进入，使全市近郊区的人口密度迅速上升至每平方公里1500人以上，使之成为市区的一部分（宁越敏，李健，2009）。此外，日益活跃的人口迁移也增强了区域内城市间的联系，促进了区域劳动力市场一体化的发展，为大都市区的形成提供了要素支撑。

值得注意的是，尽管大量的人口迁移促进了城镇化水平的提升，但由于户籍制度，特别是附加在户籍制度上的城乡居民福利差别的限制，大部分在城镇居住半年以上被称为城市人口的农民工，仅仅是实现了职业上的转换，并没有真正的城市居民身份，不能享受相应的社会保障和公共服务，其社会福利仍维持在原有的农村水平，生活方式和消费观念等也未发生转变，仍未成为真正意义上的"市民"（国务院发展研究中心课题组，2010）。据人保部以及国家统计局调查，2009年，外出农民工参加养老保险、医疗保险、工伤保险和失业保险的比例分别为18.2%、29.8%、38.4%和11.3%（国务院发展研究中心课题组，2011）。此外，流动人口在子女教育、医疗、保障性住房等方面也面临诸多限制。以子女教育为例，据估计，目前义务教育学龄流动儿童的数量在2000万以上，他们散落在城市各个角落，许多儿童接

产业转移、土地流转与农村劳动力回流
土地利用与空间规划丛书

受的义务教育水平甚至低于农村（中国发展研究基金会，2010）。可以说，现阶段我国的城镇化在某种程度上只是"半拉子"、质量不高的城镇化（国务院发展研究中心课题组，2010）。

外来人口与城市居民之间存在的住房等社会福利的分割以及外来人口收入水平的低下，推动了"城中村"的形成，"城中村"成为中国城市发展过程中独特的城市空间类型（黎云 等，2007）。"城中村"的形成尽管有城乡二元的土地、户籍制度等原因，更与外来人口的大规模进入密不可分。由于收入水平较低，多数流动人口将价格低廉作为选择居住地的首要标准，相对不注重居住条件。在这种市场背景带来的需求和制度背景带来的供给机会的共同作用下，"城中村"快速发展起来（李立勋，2001；蓝宇蕴，张汝立，2005）。城中村这一城市"异质社区"在空间形态、功能结构和演化机制上都具有明显不同于城市主流社区的特征（刘海泳，顾朝林，1999）。作为城市内部形成的一种城乡居民分割的居住空间形态，"城中村"在塑造城市空间方面发挥着独特作用。20世纪90年代末以来，"城中村"存在的问题受到越来越多的关注，主要问题体现在高密度和混乱的建筑形态及其布局、基础设施和公共设施的缺乏、内部居住环境日益恶化，以及大量外来人口导致居住人口混杂、治安秩序混乱等（黎云 等，2007）。

（4）新生代农民工的城镇化。

在经历了改革开放以来农村人口向城市的大规模流动后，流动人口已不再是一个高度同质的群体，其内部已出现明显分化，新生代农民工规模不断增大，逐渐成为流动人口的主体（刘传江，程建林，2008）。2005年全国1%人口抽样调查数据显示，我国新生代农民工占农民工总量的34.6%，而国家人口计生委2010年流动人口动态监测调查数据表明，16～30岁的新生代农民工比重已达47.0%。随着新生代农民工规模不断壮大，对这一群体的研究也受到越来越多的重视。其中，新生代农民工的特征及城镇化（市民化）是研究的主要内容。

许多研究表明，与第一代农民工相比，新生代农民工在受教育程度、务农经历、迁移动机、就业分布、发展取向等方面都存在显著差异。新生代农民工的文化程度明显更高、务农经历更少。与第一代农民工进城主要是为了赚钱以抚养家庭的生存型迁移不同，新生代农民工主要是为了见世面、实现知识和技能积累的发展型迁移。他们在就业行业上更加向制造业集中，而从建筑、批发零售等行业大量退出。

新生代农民工具有更强的市民化意愿，他们更渴望融入城市，成为城市的一员。他们多数不想回乡（段成荣，马学阳，2011），且比老一代多了自主和自觉意识，平等和维权意识更强，当发现过低的工资水平不能体现他们的价值时，就考虑"用脚投票"以表达对与城市工人同工不同酬、自身价值得不到肯定和实现的不满情绪。他们渴望得到同等的"国民待遇"，包括平等的就业权、社会保障权、受教育权等（刘传江，2010）。

尽管新生代农民工在许多方面更接近于市民，且比老一代具有更强的市民化意愿，但必须认识到，与同龄的本地市民和城-城流动人口相比，他们的受教育程度依旧很低。利用2005年全国1%人口抽样调查数据分析发现，新生代农民工仅有约1/5的人受过高中及以上教育，而其他两类同龄人的这一比例均超过2/3（杨菊华，2010）。由于人力资本结构与用工单位乃至城市发展所要求的人才素养还存在着很大的差距，新生代农民工通常面临着难以适应或满足现代产业发展对劳动者素质要求等问题（刘传江，2010），因此，虽然频繁地更换工作，但绝大多数都依然从事同样的工种，并没有实现职业的变动和社会地位的提升（许传新，2010）。此外，城市社会保障制度的封闭性并未在新生代农民工身上有所改善，他们依然被排除在城市社会保障体系之外（刘传江，2010）。根据2010年国家人口计生委的调查数据发现，工伤保险方面，新生代尚有70%不能享有，而失业保险、生育保险和住房公积金方面，新生代不能享有的比例也都高达90%以上（段成荣，马学阳，2011）。可以说，新生代农民工实现完全市民化依然任重道远。

在融入城市面临诸多困难的情况下，回流家乡已成为许多新生代农民工未来发展的重要选择（姚俊，2010），但他们回乡并不是为了务农，而是务工。他们对家乡非农产业和小城镇发展有着一定的偏好，更愿意在家乡附近的县城或者小城镇居住并从事非农产业（张永丽，黄祖辉，2008）。研究发现，打算返乡就业的农民工中，六成多新生代希望在户籍所在县市区就业，还有二成多希望回乡镇街道，而希望回到农村的只有一成多。回流后从事工作方面，新生代中有近六成希望去经商做买卖，还有二成希望去企业做工，而想去务农的只有7%。而老一代农民工回流至农村和务农的比例明显更高（段成荣，马学阳，2011）。事实上，已有研究开始注意到80后农民工返乡到县城买房等现象（申端锋，2009）。可见，随着新生代农民工年龄的增大，不可避免地面临结婚生子等问题，其回流家乡的步伐也将加快，由于他们文化程度更高，更习惯于城市的生产生活方式，这部分劳动力的回流将对县域城镇化发展产生重要影响。

3. 评述及本研究的切入点

通过回顾国内外劳动力流动及城镇化的实证研究不难发现，劳动力流动是内外部环境共同作用形成的。作为经济发展的风向标，劳动力流动无疑受到区域经济发展水平的驱动，劳动力通常是向就业机会多的地区集中。年龄、文化程度、婚姻状况等个体变量均对流动行为产生了重要影响，而家中劳动力数量、儿童、老人等家庭因素对劳动力的影响也不容忽视。但总体上来看，国内外关于劳动力流动动因的研究较少关注农村土地流转改革的影响。

农村劳动力流动促进了城镇化的发展和城市结构的改变。中国作为发展中大国，自改革开放以来，日益频繁的人口流动加快了城镇化进程。其中，20世纪80年代，乡镇企业的发展和逐渐放开的户籍政策促进了农村劳动力向农村非农产业转移，形成了自下而上的农村城镇化模式；而20世纪90年代中期以后，农村工业增长趋缓，对外开放走向深入，内地农村劳动力向沿海的大规模流动促进了大城市的快速发展。许多西方发达国家城镇化已进入稳定发展阶段，其人口流动已出现从核心地区大城市向周边地区转移的趋势，并促进了边缘地区城镇化水平的提升和国家城镇化格局的变化。

中国农村劳动力流动与其他国家的一个主要区别在于农村工业部门的存在，但已有研究主要将农村外出劳动力看作一个整体，对向本地非农部门转移的劳动力重视不够，这与长期以来欠发达地区农村工业化发展缓慢有关。但近年来沿海地区产业加快向内陆地区转移，农村地区以土地流转为核心的综合改革如火如荼，为欠发达地区县域经济的发展提供了良好契机。在此背景下，县域经济发展对农村劳动力回流行为将产生何种作用，值得引起足够重视。

农村外出劳动力的回流现象开始受到越来越多的关注。其中，回流的原因及回流对农村地区经济的影响是相关研究的主要内容。但相关研究主要关注回流者的创业行为，对回流劳动力的行业空间选择和城镇化行为研究尚不多见，他们在回流后的就业、公共服务需求等特征对县域城镇化发展具有重要影响，将是本研究关注的主要内容之一。

新生代农民工的规模不断壮大，已开始成为农村外出务工劳动力的主体。他们的受教育程度往往比老一代农民工更高，迁移动机上也更倾向于实现知识和技能积累的发展型迁移，与老一代的生存型迁移有所区别。他们都想通过打工跳出农门，追求城市的生活模式。与此同时，在城市发展中面临的种种困境也促使部分新生代农民工开始选择回流家乡。可以说，外出-回流的迁移路径对于新生代农民工依然适用。但由于他们在许多方面表现出来的差异，影响其外出或回流的因素必然与老一代有所不同，回流后的就业区位选择等行为也将具有其自身特征，现有关于劳动力流动动因及对县域城镇化影响的研究较少考虑劳动力的代际差异，这也将是本书研究的一个重点。

第三章　理论框架

一、农村劳动力流动模式

本书基于传统的人口流动推拉理论、二元经济理论等宏观理论和人力资本理论及新迁移经济理论等微观理论，强调人口流动不仅是地区间就业机会与经济发展水平在空间上的反映，同时又受到劳动力年龄等个人和家庭因素的影响，是个人和家庭对宏观经济条件和自身状况综合权衡分析的结果。

改革开放以来，中国从农村向城镇大规模的人口流动对于实现资源优化配置、推动经济发展和城镇化水平的提高具有重要作用。然而，近年来随着国内外宏观经济环境的变化和劳动力年龄的增长，影响劳动力流动的内外部因素出现明显变化，劳动力从大城市回流至家乡的现象不断增多，促使中国农村劳动力流动模式从单向流动向双向流动转变。

1.改革开放后的流动模式

改革开放后，中国农村劳动力流动大致可分为两个阶段：20世纪80年代和20世纪90年代以后。两个阶段劳动力流动方向总体上是从农村流向城镇，但其空间尺度明显不同。20世纪80年代，主要为农村向本地城镇的就近转移；20世纪90年代以后，主要为农村向外地城镇的异地迁移（图3-1）。相应的，形成了20世纪80年代以小城镇为主导的农村城镇化模式和20世纪90年代以后以大城市为主导的城镇化模式。

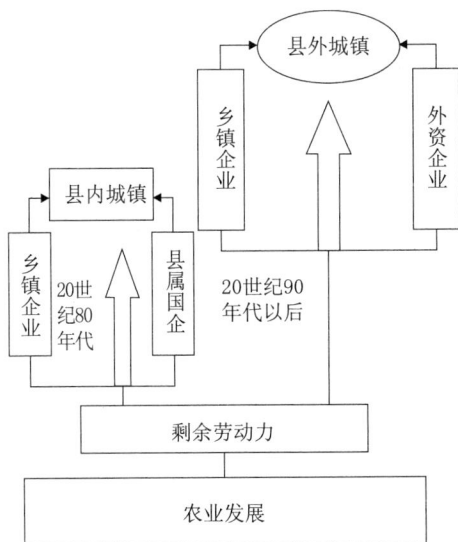

图3-1　改革开放后农村劳动力流动模式

1978年后，中央开始实施对内改革、对外开放政策，在农村率先实行的家庭联产承包责任制极大地解放了农业生产力，推动了农业的快速增长，并为城镇发展提供了足够的剩余农产品、资本积累和大量剩余劳动力。在改革初期国家资金极为短缺的情况下，来自农业的资本积累和劳动力相结合，促进了乡镇企业的蓬勃发展。而在珠三角等地，大量外资的进入更加快了当地的工业化进程。此外，县属国有企业也是吸引农村劳动力的另一重要载体，这在欠发达地区表现得更为明显。如在广东郁南县，据统计，1985年，县属国有企业工业产值占全县总量的31.6%（郁南县地方志编纂委员会，1995）。

在县域工业快速发展的同时，国家适时出台政策，放宽建制镇设置标准，并允许农民自理口粮进入小城镇务工、经商，从而推动了农村劳动力向小城镇的转移。如在广东开平的三埠镇，据统计，1984年，全镇迁入的15 129人中，来自本县的有12 783人，其中，自理口粮人口11 129人，占总迁入人口的73.6%（廖世同，郑梓桢，1986）。但这一时期，城市改革进展较慢，人口流动的诸多控制依然存在，向外地大城市的迁移相对较少。而且，在参与小城镇经济活动的农村人口中，许多人并未定居小城镇，形成"钟摆式人口"。如在江苏省的小城镇中，据调查，这部分人相当于住镇人口数的1/3以上（邹农俭，1987）。

由于进入门槛低以及社区政府的推动——对乡镇企业的过度进入和不断升级投资——导致了乡镇企业对农村剩余劳动力的吸纳能力下降。同时，国家于20世纪80年代末开始对乡镇企业进行大规模治理整顿，大量乡镇企业停产或半停产，但由于大量引进外资，珠三角受此影响较小，从而吸引大批外省农民涌入广东找工作，形成了第一波"民工潮"（李玲，1995）。

1990年，上海浦东对外开发开放，1992年，邓小平"南巡"讲话后，改革开放进程走向深入。来自中国台湾、日韩、欧美的投资大举进入，并在空间上向大城市集中。而随着城市改革的逐渐展开，企业竞争力增强，乡镇企业在越来越激烈的市场竞争中增长势头明显放缓。在地区间巨大的收入差距影响下，农村劳动力不得不选择离开家乡，开始向经济更为活跃、就业机会更多的大城市和沿海地区迁移。

20世纪90年代后，从农村向城市、从内陆向沿海地区的迁移构成了中国农村劳动力流动的总体格局（顾朝林 等，1999）。2000年

产业转移、土地流转与农村劳动力回流
土地利用与空间规划丛书

"五普"表明，按照口径可比的县际以上迁移量，"五普"为7018万人，比1990年"四普"增长了1.06倍，其中，省际迁移量达到3324万人，增幅更达2倍之多，远快于县际迁移的增长。广东、北京和上海的净迁移率最高（丁金宏 等，2005）。

人口流动格局的改变促进了沿海大城市的快速发展，大城市逐渐取代小城镇，成为我国城镇化进程的主导（周一星，曹广忠，1999；顾朝林 等，2008；宁越敏，李健，2009）。1998—2008年间，我国200万人以上的城市数量增长了一倍以上，100万～200万人的城市和50万～100万人的城市数量分别有30%、40%的增长。相反，50万人以下的中小城市数量有明显的下降（王小鲁，2010）。

2.劳动力流动因素变化

在经历了农村劳动力向城镇大规模流动后，影响劳动力流动的内外部因素出现了明显变化，促使许多在外务工的农村劳动力回流家乡。其中，外部因素方面，许多沿海大城市开始实行产业结构调整，推动产业转移。而欠发达地区一方面承接沿海产业转移，推进县域工业化发展，另一方面，受惠于国家农业优惠政策（如取消农业税、提高农产品收购价等）发展农业产业化，并开始推行农村改革，如土地流转等，从而对外出劳动力形成吸引。而在劳动力内部因素方面，劳动力个人年龄的增加、家庭生命周期的变化等，均会导致在外务工劳动力逐渐回流至家乡。

（1）大城市产业结构升级。

城市经济的快速发展推动了产业结构的高级化。高新技术产业、生产性服务业逐渐取代传统工业，成为城市经济增长的核心（魏后凯，2011）。实现产业结构优化升级已成为许多城市特别是大城市经济发展的核心任务。北京、上海、广州等大城市，珠三角、长三角等经济发达地区无一例外地提出大力发展现代服务业、先进制造业和高新技术产业，这些产业对从业人员的素质要求明显高于传统的劳动密集型产业。然而，农村进城务工劳动力的文化程度往往较低，加之职业技能培训滞后，难以适应城市现代产业对劳动者素质的要求。因此，在城市产业高端化的背景下，那些文化程度不高的农村外出劳动力将被城市逐步淘汰而不得不回乡发展。

（2）区际产业转移。

与产业结构升级相伴随的是近年来出现的从沿海发达地区向内陆地区的产业转移。据统计，2007—2011年，四川省实际利用内资每年以超千亿元的规模递增。2009—2011年，重庆市实际利用内资三年分别迈上1000亿、2000亿、4000亿元台阶，2011年达到4920亿元，年均增速超过80%。2012年上半年，安徽省仅1亿元以上在建省外投资项目就达4115个，实际到位资金2428.1亿元，同比增长20.2%，实际到位资金约占同期全省固定资产投资的35.7%。在欠发达地区承接产业转移过程中，县级行政单位是承接的重要载体。县（县级市）通过设立产业转移工业园，承接了大量的外来产业。这与20世纪80年代沿海地区"村村点火，镇镇冒烟"的分散式农村工业化不同，有利于形成规模效应与集聚优势，通过承接区际产业转移，欠发达地区工业化进程加快，就业机会明显增多，从而成为农村剩余劳动力转移的重要渠道，吸引农村劳动力的外出与回流。

（3）农村土地流转改革与农业优惠政策。

继改革开放初期的联产承包责任制改革后，近年来，我国在农村开展新一轮农村改革，其中又以农村土地流转改革尤为引人关注。2005年，农业部出台《农村土地承包经营权流转管理办法》，2008年十七届三中全会公布《关于推进农村改革发展若干重大问题的决定》，明确提出"允许农民以多种形式流转土地承包经营权"。全国各地均不同程度地推进土地流转改革试验。此外，进入21世纪以来，国家对农业的扶持力度不断加大，如2006年起全面取消农业税，2009

年后不断提高农产品最低收购价，增加农资综合直补，增加对种粮农民的补贴等。

农村土地流转改革对于劳动力的流动具有重要影响。一方面，土地流转通过整合农村分散零碎的土地，释放了农村劳动力，促进了劳动力的转移；另一方面，土地流转有利于农业经营规模的扩大和农业产业化的发展，从而使部分有意于进行农业规模经营的劳动力回流家乡或留在农村而非外出务工。因此，土地流转市场的发展在加快劳动力向外转移的同时，将吸引部分劳动力回流。而国家强农惠农政策的出台也增加了农业经营的吸引力，从而促使农村劳动力回归土地。

（4）劳动力年龄、家庭生命周期等的变化。

除城乡社会经济环境等外部因素外，劳动力个体及家庭属性也是影响劳动力流动决策的重要因素。其中，又以年龄和家庭生命周期的变化最为显著。在经历了20世纪末"民工潮"以来的长期外出后，许多曾经的年轻人已逐渐进入中老年阶段，他们的体质不断衰退，就业竞争力下降，许多人因无法适应城市产业对劳动力的需求已开始回流家乡。而随着年龄的增加，许多外出者不得不面临结婚、抚养小孩、照顾老人等家庭事务，由于中国城乡二元的社会保障制度使得农村进城劳动力的社会福利仍维持在原有的农村水平（李郇，2012），社会保障水平低，许多外出者不得不将小孩、老人留在农村，因此促成家庭生命周期的变化，许多外出者将选择回流。Wang和Fan（2006）将回流分为三种：因城市就业失败的回流、因家庭原因的回流和投资性回流。其中，因为制度障碍导致外出者必须回乡结婚、生育、照顾小孩等家庭原因的回流最为常见。

3.新时期的劳动力流动模式

新时期影响农村劳动力流动的城乡推拉力因素的改变和劳动力年

龄、家庭生命周期的变化，导致劳动力流动模式出现重大改变，即劳动力回流现象增多（图3-2）。在劳动力回流过程中，主要有两股回流潮：一股是回流至县域城镇从事非农业活动，一股是回流至农村从事农业经营。其中，部分农业回流者会选择扩大经营规模，从事规模化种植或养殖。

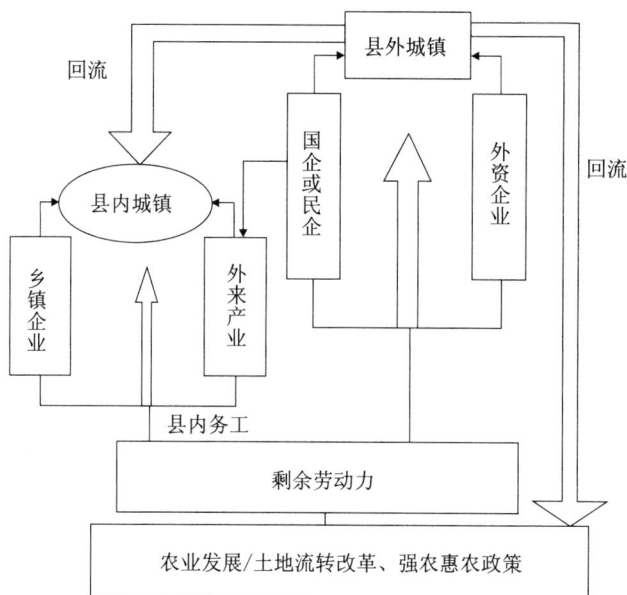

图3-2　新时期的农村劳动力流动模式

在发达地区城市产业结构升级的驱动下，那些文化程度较低的农村劳动力由于无法适应城市产业的要求将逐渐被淘汰，进而回流至迁出地。而随着年龄的增加，劳动力体质和市场竞争力下降，在城市产业发展的推动下，劳动力也将回流家乡。与城市推力相对应，由于家乡农村小孩和老人的存在，外出者不得不回乡照顾家庭，从而构成了农村对外出者的吸引。此外，农村工业化和农业的发展构成了对外出者的拉力。

沿海发达地区的产业转移通过促进县域工业化的发展，对回流劳动力形成了强大的吸引。其中，县城作为欠发达地区承接产业转移的主战场，也是吸引回流非农劳动力的主要载体。2012年上半年，安徽省1亿元以上利用省外资金实际到位资金2428.1亿元，其中，投资于县（县级市）的实际到位资金1278.5亿元，占全省总量的52.7%。[①]截至2011年年底，广东省认定的35个省级产业转移工业园中，有20个位于县（或县级市），占总量的55.6%。[②]

近年来，国家在农村地区开展的新一轮农村改革和强农惠农政策对部分外出劳动力构成了另一种吸引。土地流转前，许多农村劳动力在外出时往往将土地送给他人耕种，甚至抛荒，来自土地的收益几乎为零。土地流转后，那些外出者的土地不仅免于被抛荒，且有一定的收入，更使外出劳动力无后顾之忧，而选择继续在城市务工。同时，土地流转改革为土地集中和农业规模经营提供了制度保障，部分在外务工者看到了农业规模经营的潜在收益，往往选择放弃城市工作，而选择回流从事规模性经营。此外，国家粮食直补、农产品价格提高等政策也增加了外出者回流的概率。

在部分农村劳动力回流的同时，仍有相当部分劳动力选择外出务工。其中，除一定数量劳动力选择在本县务工外，大多数仍选择去县外务工。这对于初次就业的年轻劳动力来说更是如此。县外城市对农村劳动力的拉力主要来自较多的就业机会和工作收入、城市基础设施发达、生活丰富便利。此外，规模较大的城市人力资本水平往往更高（Eaton，Eckstein，1997），县外大城市在人力资本积累上的优势也是吸引农村劳动力迁移的重要原因。

---

①《2012年1—6月份全省利用省外资金情况》，http://www.ahjh.gov.cn/display.asp?id=4292，2012-08-02。
②根据广东省经济和信息化委员会资料整理。

二、理论假说

在人口流动的推拉理论、二元经济理论等宏观视角和人力资本理论、新迁移经济理论等微观视角的理论基础上，结合劳动力流动与城镇化发展的国内外实证研究成果，本书在改进后的劳动力流动模式分析框架下，提出中国农村劳动力流动与欠发达地区县域城镇化发展的理论假说。

（1）产业转移、土地流转改革等外部环境和劳动力年龄、文化程度等自身因素的变化，导致劳动力回流。

第一，产业转移通过推动县域工业化进程，吸引农村劳动力外出与回流。农村工业化的发展曾在吸纳农村劳动力外出过程中发挥了重要作用。许多研究表明，农村劳动力向县外城市的转移是因为本地未能提供相应的非农就业机会，县外迁移只是一种次优选择（Chen，Coulson，2002；Guang，Zheng，2005）。因此，本研究认为，在发达地区产业加快向内陆地区转移的背景下，县域工业化将获得快速发展，县域非农就业机会明显增加，将促使农村劳动力更倾向于向县域城镇转移，而不是去县外城市。同时，产业转移不仅直接推动了县域工业的壮大，还带动了县域第三产业和相关工业企业的兴起，在为回流劳动力提供直接就业机会的同时，更为其发挥在外务工过程中积累的人力资本和物质资本优势，实现回乡创业提供了适当的空间。因此，家乡非农经济发展水平的提高将促使农村劳动力回流。

第二，土地流转市场的发育和家庭土地面积的增加，将吸引劳动力回流。农村劳动力出现剩余是促使劳动力从农业向非农业部门转移的重要原因。实证研究表明，家庭土地资源的缺乏是衡量农村劳动力剩余的主要代理变量（蔡昉，2010）。较少的家庭土地面积往往促使农村劳动力选择外出务工，并限制了劳动力的回流。而随着农村土地流转改革的推行，农业经营土地将实现重新配置，从而对农村劳动力的流动决策产生重要影响。一方面，农户将家中土地转出有助于释放更多的劳动力，促进劳动力的外出或留城就业；另一方面，农户通过转入他人土地实现家庭土地面积的扩大，有利于发展农业规模经营，从而限制了部分农村劳动力的外出，并对外出劳动力的回流形成吸引。本研究认为，随着土地流转的发展和家庭土地面积的增加，农村外出劳动力将回流家乡。

第三，较高的文化程度促使农村劳动力向城市迁移，限制劳动力回流。较高的文化程度是劳动力在城市就业的巨大优势。劳动力文化程度越高，不仅获得雇主雇佣的概率越高（张林秀 等，2000），且在获取就业信息方面也存在明显优势（Schwartz，1973）。此外，较高的文化程度也便于劳动者通过"干中学"等途径实现新的知识与技能的积累。在城市产业结构调整升级的大背景下，劳动者人力资本水平在劳动市场中的重要性显得尤为突出。因此，本研究认为，文化程度越高，劳动力更有可能选择外出务工，与此同时，劳动力回流的可能性也就越小。

第四，劳动力年龄的增加和家庭生命周期的变化将促使劳动力回流。人力资本理论将迁移作为劳动力进行人力资本投资的手段，进行投资就必须涉及投资成本与收益的比较。与年轻人相比，年龄较大的劳动力投资收益期短，外出就业的概率较低。相应的，劳动力回流的概率提高。新迁移经济理论认为劳动力流动是一种家庭生计策略，强调家庭因素在劳动力流动过程中的主导作用。因此，本研究认为，随着年龄的增加，农村劳动力在城市劳动力市场的竞争力下降，其工作收入下降且失业风险增大，而组建家庭并生育小孩后，城市生活成本的提高（将小孩带在身边）和对子女的思念（将小孩留在家乡）均促使劳动力回流家乡。而女性劳动力由于生育、抚养小孩等需要，回流的概率要高于男性外出者。

（2）新生代劳动力受经济发展水平等外部因素的作用更为明显，受家庭因素的影响较小。

许多研究表明，新生代劳动力在迁移动机、务农经历、发展取向等方面与老一代存在明显差异。他们迁移的主要目的是增长见识、实现知识和技能积累，他们缺乏务农经历，对农业生产不熟悉，比老一代更渴望融入城市，成为城市的一员（王宗萍，段成荣，2010；许传新，2010；段成荣，马学阳，2011）。对于那些打算回流的新生代农民工而言，他们更倾向于回流到家乡县城务工，而不是务农（张永丽，黄祖辉，2008；姚俊，2010）。

因此，本研究认为，劳动力回流影响因素存在代际差异。其中，对新生代农民工而言，家乡非农经济发展水平、自身人力资本等变量的影响更为明显，而受家庭土地面积和土地流转状况的影响较小。这是由于他们年龄较小，家庭负担较轻，且受家庭儿童、老人等的影响也相对较小。但对老一代农民工而言，家庭土地面积和土地流转状况的影响更大，受家庭儿童、老人等的影响也更为明显。

（3）农村劳动力回流为县域城镇化发展提供了新动力。

农村人口向县域城镇的集中将促进县域城镇化的发展。国内外实证研究表明，农村劳动力的流向、流量及内部结构特征对区域城镇化发展产生了深远影响（Williamson，1988；许学强，胡华颖，1988；薛凤旋，杨春，1997；顾朝林 等，2008）。对于回流劳动力而言，其对县域城镇化的影响不仅体现在促进县域城镇人口的直接增加，更体现在对就业和公共服务需求方面的推动上。在就业上，一方面，回流劳动力通过参与县域非农产业，推动县域工业化和城镇化进程；另一方面，通过从事规模农业，实现农业产业化，促进农产品加工业、农村金融、农产品贸易等农业服务业的发展，为县域城镇化提供新的服务业动力。在公共服务需求方面，回流劳动力对县域城镇公共服务需求的"量"与"质"的推动，将促进县域城镇公共服务设施建设，为县域城镇化提供发展动力。

新生代农村劳动力在许多特征上与城市居民更为相近，他们具有更强的城市认同感和适应能力，更习惯于城市较为丰富多彩的生活环境。笔者认为，在县域城镇务工的新生代农村劳动力在就业、公共服务等方面将表现出更强的需求，其对县域城镇化的推动作用将更为显著。

三、小结

改革开放后，中国农村人口向城镇的大规模流动不仅促进了资源的优化配置和经济的飞速发展，也推动了20世纪80年代农村城镇化和20世纪90年代后大城市的快速增长。然而，近年来随着大城市产业结构升级和产业转移、新一轮农村改革、国家强农惠农政策的实施以及劳动力年龄的增长，影响农村劳动力流动的内外部因素均出现明显变化，劳动力从大城市回流至家乡的现象不断增多，促使中国农村劳动力流动模式从单向流动向双向流动转变。本研究根据劳动力流动格局的变化，提出新时期农村劳动力流动模式。

在新时期农村劳动力流动模式分析框架基础上，本研究提出中国农村劳动力回流与县域城镇化发展的三个理论假说，即：产业转移、土地流转改革等外部环境和劳动力年龄、文化程度等自身因素的变化导致劳动力回流；新生代劳动力受经济发展水平等外部因素的作用更为明显，受家庭因素的影响较小；农村劳动力回流为县域城镇化发展提供了新的动力。

第四章 云浮市农村劳动力流动背景与基本特征

本章首先简要介绍近年来广东省人口流动的总体趋势，然后对云浮市的区域发展特征及近年来人口流动的基本状况做相应介绍。在此基础上，对云浮近年来出现的可能影响劳动力回流的重要现象进行背景性分析，主要包括承接产业转移、实施县域主体功能区规划、开展农村土地流转改革试验和集体林权改革等方面。

一、近年来广东省人口流动的总体趋势

改革开放后，广东省区域经济发展差距明显拉大，珠三角地区凭借优越的区位和政策条件，实现了经济的快速发展，其中劳动密集型产业的发展尤为明显，吸引了大量来自珠三角外围地区的外来人口（李玲，1995）。根据人口普查数据可计算人口净迁移率，净迁移率大于0，表示该地区以人口迁入为主，净迁移率小于0，则表

示以人口迁出为主。

根据第五次人口普查数据分析发现，2000年，广东省人口迁移存在明显的地区分化现象（图4-1），珠三角地区人口净迁移率均大于0，即为明显的人口净迁入地区。其中，深圳、东莞、珠海、广州等珠三角核心地区的外来人口比例最高。而粤东、粤西和粤北山区人口净迁移率普遍小于0，即为明显的人口净迁出地区。

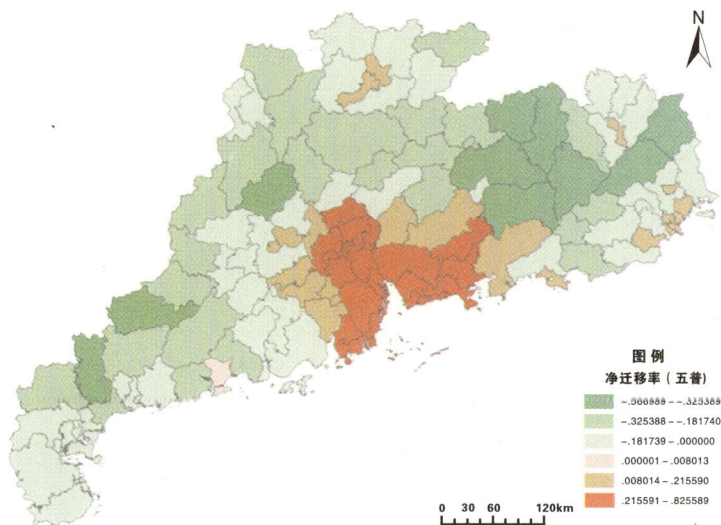

图例

净迁移率（五普）

- -.566989 - -.325389
- -.325388 - -.181740
- -.181739 - .000000
- .000001 - .008013
- .008014 - .215590
- .215591 - .825589

0 30 60   120km

图4-1　广东省各地区人口净迁移率（2000年）
（数据来源：广东省2000年人口普查资料）

然而，近年来广东省人口流动趋势开始发生转变，珠三角外围地区人口外迁势头放缓，部分地区甚至从原来的人口净迁出地区转变为人口净迁入地区。根据第六次人口普查数据计算各地净迁移率发现（图4-2），尽管珠三角地区仍是外来人口比重最高的地区，但其增长趋势已开始向外围蔓延，而清远、湛江、汕头、云浮等地的部分地区，已由2000年的人口净迁出地区转变为人口净迁入地区。

第四章
云浮市农村劳动力流动背景与基本特征

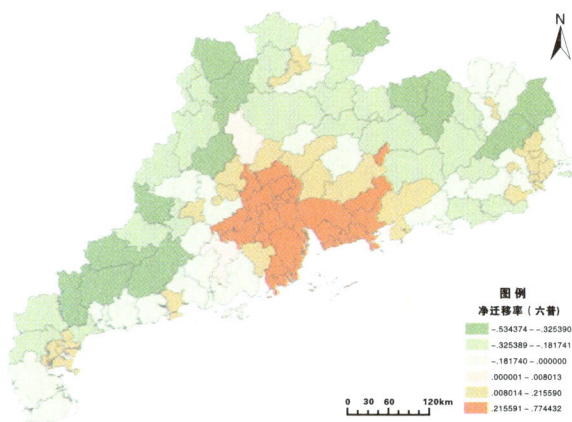

图4-2 广东省各地区人口净迁移率（2010年）
（数据来源：广东省2010年人口普查资料）

各地区人口迁移趋势的转变通过10年间人口净迁移率的变化表现得更为直观。用"六普"人口净迁移率数据减去"五普"数据得到10年间各地区的人口净迁移率变化情况（图4-3），得数为正表示该地区10年间人口净迁移率增加，其对流动人口的整体吸引力提高，得数为负则表示该地区2010年的人口净迁移率小于2000年的水平，对流动人口的整体吸引力下降。

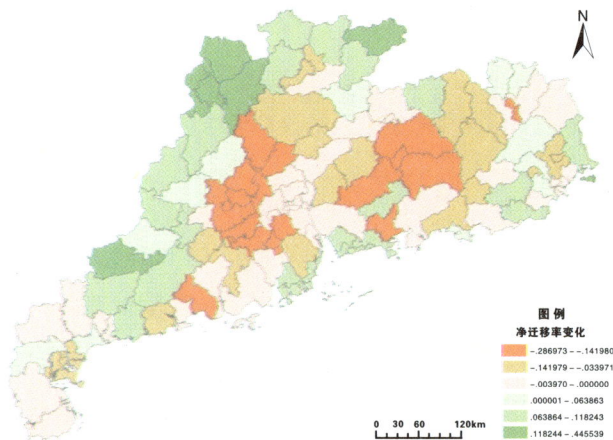

图4-3 2000—2010年广东省各地区人口净迁移率变化
（数据来源：广东省2000年、2010年人口普查资料）

产业转移、土地流转与农村劳动力回流
土地利用与空间规划丛书

从图4-3可以发现，10年间珠三角外围地区人口净迁移率增加明显，如清远、肇庆、河源、阳江等地人口净迁移率的增幅最大，对流动人口的吸引力在不断增强。相反，深圳、珠海等珠三角核心地区10年间人口净迁移率出现下降，吸引力已不如从前。广州、东莞、佛山等地的人口净迁移率增速也明显不及许多外围地区。广东省人口迁移趋势的转变，在一定程度上恰好说明流动人口开始有从发达地区向欠发达地区回流的趋势。

二、云浮市区域发展与人口流动概况

1.云浮市区域发展概况

云浮市位于广东省中西部，西江中游以南，珠三角外围。东与肇庆市、江门市、佛山市交界，南与阳江市、茂名市相邻，西与广西梧州市接壤，北临西江，与肇庆市的封开县、德庆县隔江相望（图4-4）。市区距广州140多公里，是珠三角联系西南地区的主要通道。

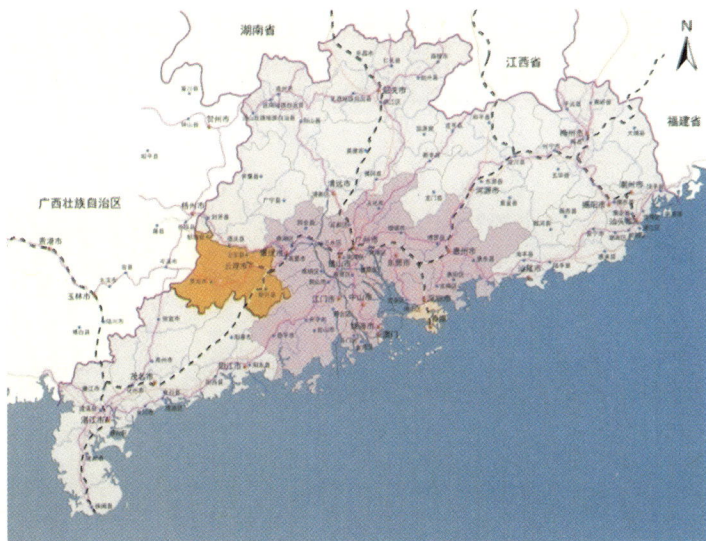

图4-4 云浮市区位与区域关系图

第四章
云浮市农村劳动力流动背景与基本特征

云浮市地质上处于粤桂隆起带，总体上西南高东北低，地形以山地、丘陵为主，有"八山一水一分田"之称。全市地处亚热带，属南亚热带季风气候，终年气候温和，雨量充沛，光照充足，水资源十分丰富。全市成矿地质条件好，是我国重要的多金属矿化集中区之一，为闻名全国的石材之乡，且享有"硫都"的美誉。目前已勘查的矿产达57种，储量较为丰富的矿产主要有石灰石、硫铁矿等。

云浮市现辖云城区、新兴县、郁南县、云安县，代管罗定市，市政府驻云城区（图4-5）。全市总面积7779.1平方千米。2013年，全市常住人口236.29万人，户籍人口282.76万人，户籍人口远大于常住人口，可知云浮为典型的人口外迁地区。户籍人口中，农业人口178.92万人，非农业人口103.84万人（表4-1）。

表4-1 云浮各县（市）主要发展指标（2010年）

	土地面积（km²）	人口（万人）	GDP（亿元）	人均GDP(元)	农民人均纯收入(元)	地方财政收入(元)
云浮市	7779.1	282.76	400.97	17 074	6744	23.54
云安县	1202.9	32.63	44.21	15 511	6430	2.67
郁南县	1966.2	51.91	58.84	13 558	6495	2.49
新兴县	1521.7	47.26	118.70	26 843	7232	5.61
罗定市	2327.5	120.73	90.64	9108	6449	4.20

（数据来源：《云浮统计年鉴 2011》）

图4-5 云浮市行政区划图

产业转移、土地流转与农村劳动力回流
土地利用与空间规划丛书

云浮总体经济发展水平较低，目前正处于工业化加速阶段，农业在国民经济中仍占据重要地位。2013年，全市完成GDP 400.97亿元，排全省21个地级市中的末位。人均GDP 17 074元，排全省第18位。实现地方一般预算财政收入23.54亿元，排全省第20位。除云安县外，各地工业增加值占GDP的比重均在40%以下，农业增加值占GDP的比重在30%左右。

云浮各县（市）经济发展水平存在较大差异。新兴县凭借毗邻珠三角的区位和交通等优势，经济发展水平较高，2013年，全县完成GDP 118.70亿元，人均GDP 26 843元，农民人均纯收入7232元，地方财政收入5.61亿元，均为四县（市）最高。郁南县以山区为主，发展空间小，且交通区位条件一般。罗定市也由于区位条件限制等原因，经济发展水平为全市最低。云安县是广东最年轻的县（1996年设立），经济发展起步较晚，但近年来发展迅速，2013年，实现人均GDP 15 511元，仅低于新兴县。

云浮各县（市）间工业化发展水平差距较大（表4-2）。其中，新兴县发展水平最高，2013年，实现工业总产值180.49亿元。云安、郁南两县较低，分别为79.78亿元和81.61亿元。新兴县工业以不锈钢、轻工机械为主导，目前已形成了规模较大的不锈钢餐厨具产业集群。其中，龙头企业凌丰集团2010年实现销售额约10亿元人民币，出口创汇超1亿美元，连续多年不锈钢餐厨具出口居全国第1位。云安县的水泥、硫化工、石材，郁南县的电池、机械，罗定市的电子、纺织服装等已形成一定规模。

表4-2 云浮各县（市）主导产业发展比较（2010年）

县（市）	三产比重（%）	主导产业	特色农业	城镇化率（%）
云安县	27∶48∶25	水泥、硫化工、石材	沙糖橘、蚕桑	19.6
郁南县	30∶35∶35	电池、机械、建材	无核黄皮、沙糖橘、肉桂	15.9
新兴县	31∶38∶31	不锈钢、机械、生物制药	禽畜养殖、林果	34.4
罗定市	29∶34∶37	电子、纺织服装、电力	优质水稻、蔬菜、肉桂	35.4

注：城镇化率按户籍人口计算。（资料来源：《云浮统计年鉴 2011》，云浮县域部门访谈资料）

农业在云浮市占据重要地位，全市农业产业化较发达。2010年，全市农业产业化经营组织发展到285个，实现销售收入259.2亿元，带动合作农户户均增收超过7900元，生产了一系列全国、全省知名的特优、名优农产品。其中，云安县的沙糖橘，郁南县的无核黄皮、沙糖橘，罗定市的优质水稻、蔬菜，新兴县的禽畜养殖、林果种植均具有较大知名度。

云浮市城镇化发展相对滞后。按户籍人口计，2013年，全市城镇化率为36.7%，不仅远低于珠三角的71.6%，也低于全省平均水平（52.2%）。若剔除市区云城区数据，各县（市）城镇化水平更低。其中，郁南、云安两地城镇化水平最低，分别为15.9%和19.6%，按Northam的城镇化曲线划分，尚处在城镇化起步阶段；而新兴县城镇化水平最高，为34.4%，处于城镇化加速阶段。罗定市虽然城镇化率达到35.4%，但与20世纪90年代初的行政调整有关。1993年，罗定全市非农业人口98 237人，1994年猛增至274 927人，大量农业人口因为行政改制原因成为非农业人口，城镇化质量较低。但必须看到，近年来，云浮市各地加快承接产业转移，工业化发展势头良好，城镇化水平正稳步提高。

2.近年来云浮市的人口流动趋势

作为典型的山区农业地区，突出的人地矛盾和不断拉大的区域经济差距促使云浮农村劳动力大量向珠三角等发达地区迁移。根据第五次人口普查资料分析发现，2000年，全市户籍人口中，外出半年以上人口达556 351人，外出人口比重为21.6%，这一比例远高于全国平均水平（11.7%），也高于广东省平均水平（19.9%）（表4-3）。除云安县外，其他三地外出人口比重均在20%以上，郁南县最高，达25.8%。根据第六次人口普查资料分析发现，云浮人口外出比例进一步增加。2010年，全市外出人口占户籍人口的比重为23.5%，高于全省平均水平（20.6%）。其中，郁南县的比例最高，达30.5%。值得注意的是，新兴县的外出人口比重在10年间出现小幅下降，从2000年的20.4%降至2010年的18.2%。

表4-3 云浮各地外出人口比重与广东和全国的对比

	2000年			2010年		
	户籍人口（人）	外出人口（人）	外出人口比重（%）	户籍人口（人）	外出人口（人）	外出人口比重（%）
云安县	300 708	47 459	15.8	328 672	69 290	21.1
郁南县	484 166	124 934	25.8	516 578	157 547	30.5
新兴县	445 819	91 161	20.4	469 436	85 402	18.2
罗定市	1 076 242	255 653	23.8	1 198 252	293 541	24.5
云浮市	2 570 631	556 351	21.6	2 813 877	659 718	23.5
广东省	74 833 658	14 912 067	19.9	85 024 973	17 481 169	20.6
全国	1 165 324 474	136 111 417	11.7	—	—	—

（数据来源：中国、广东省2000年人口普查资料，广东省2010年人口普查资料）

长期以来，云浮人口主要迁往县外城市，本县吸引的外出人口十分有限。根据"五普"数据，"常住人口"中"居住在本乡镇街道半年以上、户口在外镇"的数据减去各地"流动人口"中来自"本省其他县（市）、市区和省外"的数据，得出各地外出到本县人口数（表4-4）。不难发现，2000年，云浮市各地外出人口中，迁往县外的占绝大多数，本县吸引的外出人口十分有限，其中，云安县最低，为5.8%。这一时期农村人口向县外的大量迁移主要源于本县经济的缓慢增长。改革开放后，乡镇企业和国有企业是云浮各地经济的支柱。20世纪90年代后，国内市场渐趋饱和，改革开放初期发展起来的乡镇企业在激烈的市场竞争中面临严重困境，许多企业纷纷转制甚至停产倒闭。20世纪90年代末期，国家开始实施国有企业改革，大量生产效率差、规模小的企业被迫关闭，各地县域工业经济发展缓慢，主要依赖少数几家企业维持。

然而近年来，外出人口在空间分布上逐渐出现变化，本县吸引的外出人口开始增多。根据"六普"数据统计发现，外出到本县的人口明显增多，其中，新兴县的增长最为明显，2010年，本县吸引的外出人口比重达29.6%，10年间增加12个百分点，其他各地均有不同程度的上升。

表4-4　云浮各地外出到本县人口的比重

	2000年			2010年		
	外出人口（人）	外出到本县人口（人）	外出到本县人口比重（%）	外出人口（人）	外出到本县人口（人）	外出到本县人口比重（%）
云安县	47 459	2760	5.8	69 290	5249	7.6
郁南县	124 934	12 211	9.8	157 547	19 124	12.1
新兴县	91 161	16 033	17.6	85 402	25 278	29.6
罗定市	255 653	32 060	12.5	293 541	39 538	13.5
云浮市	556 351	75 544	13.6	659 718	110 154	16.7

（数据来源：广东省2000年、2010年人口普查资料）

三、基于农户调查的云浮农村劳动力流动基本特征

云浮市作为广东省西部山区农业大市，经济发展水平一直不高。改革开放后，随着珠三角地区的快速发展，省内区际经济差距进一步拉大，在国家逐步放宽人口流动控制等的影响下，云浮农村劳动力自20世纪80年代末开始大规模涌向珠三角地区务工。然而近年来，在国内外宏观经济环境和劳动力自身因素的综合作用下，劳动力回流现象开始增多，从而形成了农村劳动力的双向流动和双向就业的新局面。本部分立足于2011年云浮市农户调查数据，对云浮农村劳动力外出与回流的基本特征进行分析，掌握现阶段劳动力流动的总体规律与态势。

1.农村劳动力外出与回流的总体格局

（1）劳动力外出比重高，回流现象普遍。

农户调查共涉及512户农村家庭，涉及农村劳动力1672人，其中，外出劳动力811人，回流劳动力306人，留村劳动力555人（表4-5）。外出劳动力占农村劳动力总量的48.5%。其中，县外务工劳动力占农村劳动力总量的34.2%，回流劳动力占劳动力总量的18.3%。回

产业转移、土地流转与农村劳动力回流
土地利用与空间规划丛书

流劳动力占具有外出务工经历劳动力（回流劳动力与县外务工劳动力之和）的比重高达34.9%，这一比例明显高于农业部农村经济研究中心于1999年对安徽、四川两省的抽样调查数据（28.5%）和2006年国务院发展研究中心对全国百县回乡农民工的调查结果（18.4%）（白南生，宋洪远，2002；韩俊，2009）。

表4-5 云浮农户调查概况数据

	户数（户）	人口数（人）	劳动力数（人）	外出劳动力数（人）	回流劳动力数（人）	留村劳动力数（人）
云安县	97	496	309	151	53	105
郁南县	120	598	413	197	100	116
新兴县	103	473	300	135	62	103
罗定市	192	935	650	328	91	231
全市	512	2502	1672	811	306	555

（数据来源：云浮农户调查）

各地劳动力回流比例存在明显差异（表4-6）。新兴县的劳动力回流比重最高，达42.2%，罗定市最低，为27.6%。相应的，各地农村县外务工比重差距不大，其中，罗定市的外出比重最高，为36.8%，新兴县最低，为28.3%。说明在现阶段中国城乡发展条件下，劳动力外出就业已成为农村劳动力的首要出路，地区发展条件差异对劳动力外出的影响相对较小。劳动力回流就业则明显受当地发展条件的制约，从而表现出明显的区域差异。

表4-6 云浮农村劳动力外出与回流比重

	县外务工比重（县外务工劳动力/劳动力总量）	回流劳动力比重［回流劳动力/（回流劳动力+县外务工劳动力）］
云安县	33.9%	33.5%
郁南县	34.4%	41.3%
新兴县	28.3%	42.2%
罗定市	36.8%	27.6%
全市	34.2%	34.9%

（数据来源：云浮农户调查）

（2）年轻人大多外出务工，留村劳动力年龄结构严重老化。

通过对农户调查数据进行分析发现，不同就业状态下农村劳动力年龄构成具有明显差异（图4-6）。其中，外出劳动力以年轻人为主，35岁以下的外出劳动力占外出劳动力总量的73.4%。留村劳动力以中老年人为主，年龄结构明显老化，45岁以上的留村劳动力占留村劳动力总量的73.7%。回流劳动力的年龄结构介于两者之间，以青壮年为主，30～50岁的回流劳动力占回流劳动力总量的62.4%。各地区农村劳动力的年龄结构差距不大。

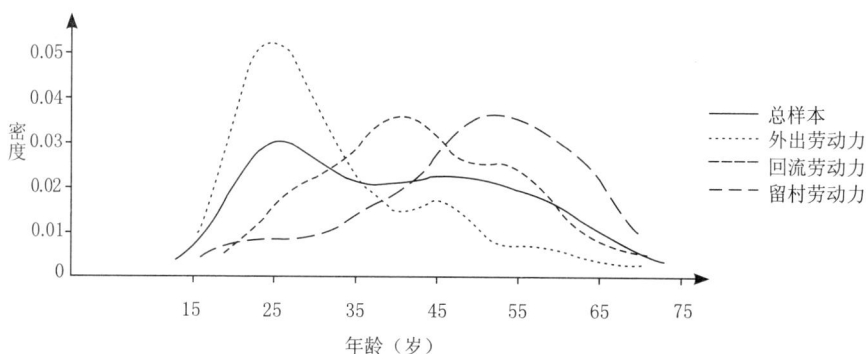

图4-6 不同就业状态下农村劳动力年龄密度分布
（数据来源：云浮农户调查）

2.农村外出劳动力基本特征

（1）县外城市是劳动力外出的主要去向。

改革开放以来，农村劳动力外出务工一直都是农村剩余劳动力转移的主要出路。20世纪80年代，农村劳动力以县内近距离迁移为主，80年代末以后，"民工潮"开始出现，劳动力的远距离迁移开始增多。通过对云浮市的调研发现，县外务工仍是农村劳动力外出的主要去向。其中，广州、佛山、深圳等珠三角城市是县外务工劳动力的主要就业地。在全市811个外出务工样本中，县外务工劳动力571人，占外出劳动力总量的70.4%，县内务工比重为29.6%。

各地区外出结构存在一定差异。总体上，经济发展水平较低的罗定、郁南两地县外务工比重更高（表4-7），分别为72.9%和72.1%。经济基础最好的新兴县县内务工比重最高，达37.0%。云安县县内务工比例为30.5%。

表4-7　云浮各地外出劳动力内部构成

	总计（人）	县内务工（人）	比重（%）	县外务工（人）	比重（%）
云安县	151	46	30.5	105	69.5
郁南县	197	55	27.9	142	72.1
新兴县	135	50	37.0	85	63.0
罗定市	328	89	27.1	239	72.9
全市	811	240	29.6	571	70.4

（数据来源：云浮农户调查）

（2）县外务工劳动力以年轻人为主，县内劳动力年龄跨度大。

根据云浮农户调查统计发现，县内务工、县外务工与留村就业三种就业类型劳动力在年龄分布上存在明显差异（图4-7）。县内务工劳动力以青壮年为主，年龄主要分布在20～50岁之间，这一阶段的劳动力占县内务工劳动力总量的82.5%。其中，30岁和45岁是两个年龄峰值。县外务工劳动力年龄结构明显更为年轻，35岁以下劳动力占总量的85.1%。而留村劳动力年龄结构老化十分严重，年龄在45岁以上的劳动力占73.7%。

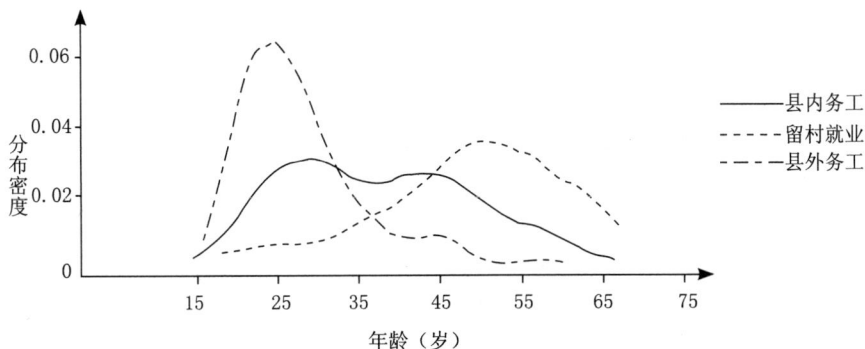

图4-7　三种就业类型劳动力的年龄密度分布
（数据来源：云浮农户调查）

第四章
云浮市农村劳动力流动背景与基本特征

县内务工和县外务工劳动力均以男性为主，男性占两类外出劳动力总量的比重分别为55.0%和59.4%，远高于女性劳动力的45.0%和40.6%。这一结构与留村就业劳动力存在明显反差（表4-8）。留村就业劳动力中，女性比重远远高于男性（高出19个百分点）。这一差别与男女劳动力的非农就业能力及在家庭中所承担的角色有关。与女性相比，男性劳动力的就业能力和实现非农就业转换的倾向更强，而由于照顾家庭等原因，女性更倾向于留村就业。

表4-8 三种就业类型劳动力的性别与婚姻状况比例（%）

	县外务工	留村就业	县内务工
男性	59.4	40.5	55.0
女性	40.6	59.5	45.0
已婚	53.6	96.2	86.7
未婚	46.4	3.8	13.3

（数据来源：云浮市农户调查）

县内务工劳动力的已婚比重明显高于县外务工劳动力。调查发现，县内务工劳动已婚的比例高达86.7%，远高于县外务工劳动力的53.6%，稍低于留村就业劳动力的96.2%。已婚劳动力受家庭的束缚更大，其流动就业和城镇化决策往往需要综合考虑家庭因素。为方便照顾家庭，许多已婚的农村劳动力更倾向于选择县内务工或留村就业。

（3）两类外出劳动力文化程度相对较高。

文化程度是劳动力知识与就业技能的重要体现。云浮农户调研发现，云浮农村外出劳动力的文化程度相对较高，县内务工与县外务工劳动力的文化水平总体相当，县外务工劳动力稍高于县内务工者，但两类外出劳动力文化程度明显高于留村就业劳动力（图4-8）。

县内务工劳动力中，高中及以上文化程度劳动力占总量的30.0%，县外务工劳动力中这一比例为33.6%，留村就业劳动力中这一比例仅为13.5%。初中文化程度在三类就业类型劳动力中均占主导地位。县内务工、县外务工与留村就业劳动力中这一比例分别达56.3%、60.4%和49.4%。此外，小学文化程度在留村就业劳动力中占比也达到33.0%。

产业转移、土地流转与农村劳动力回流
土地利用与空间规划丛书

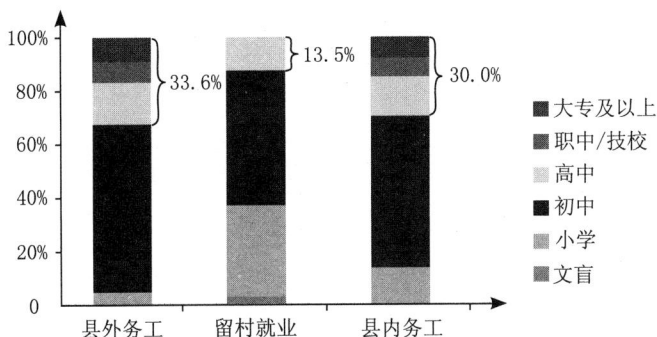

图4-8 三种就业类型劳动力的文化程度对比
（数据来源：云浮农户调查）

3.农村回流劳动力基本特征

珠三角地区是广东省东西两翼和粤北山区农村劳动力的主要接纳地。据估计，珠三角吸纳的4000多万外来打工人口中，来自云浮等东西两翼和粤北的达1500万～2000万人。受近年来民工返乡潮影响，回流劳动力数以百万计，其中，约有超100万的打工者回流到粤西的云浮、湛江、阳江、茂名等地。①

在劳动力加快向家乡回流的趋势下，欠发达地区政府也出台各种措施，吸引劳动力回乡发展。如组织农村劳动力开展技能培训，建立培训机构与用工单位长期稳定的培训、就业合作关系，有针对性地组织开展"订单式""合同式"农村劳动力职业技能培训。②通过执行减免农民工返乡创业行政事业性收费的有关规定，并开辟绿色通道，按"优先咨询、优先受理、优先登记"原则，鼓励农民工回乡创业。③

---

①许伟明：《珠三角返乡二代农民工：无处安放的青春》，载《经济观察报》，2011-12-26。

②《云浮多措并举扶持返乡农民工顺利创业就业》，http://www.yunfu.gov.cn/website/html/001/003/134562_0.htm，2009-05-31。

③《开辟农村新天地——我市农民工回乡创业掀热潮》，http://www.yunfudaily.cn/Item/81129.aspx，2009-03-22。

近年来，云浮农村劳动力回流现象逐渐增多，许多劳动力在回流后通过创业推动了县域经济的发展。如在罗定市，据统计，2009年1—7月份，全市新增1453户个体工商户，新增就业人员2952人，其中七成以上为外出务工人员和农民工。[①]新兴县则通过鼓励农民工回乡兴办规模种植养殖业、农产品加工业，并结合该县产业特点，引导回乡创业农民工兴办配套配件企业，吸引了大量外出者回流家乡发展。[②]

（1）回流后从事非农业活动的比重较高。

从事非农产业，实现就业结构的非农化转化是城镇化的重要标志（钱纳里，赛尔昆，1988）。已有研究表明，在当前的发展中国家，农村就业与收入的增加主要来自非农产业的推动（Reardon，Berdegué，Escobar，2001）。参与农村非农活动可以显著提高家庭生活水平，降低家庭经营风险。而农村非农就业机会的增加也将减少农业劳动力的供应，促进农业工资的增加（World Bank，2007）。与外出劳动力通过汇款方式为农村地区提供物质资本不同，回流劳动力在外出务工过程中积累了物质资本、人力资本和社会资本后返回家乡，将更有可能实现职业的转换，从事非农产业（Piracha，Vadean，2010）。

云浮调研发现，回流劳动力从事非农业活动的比例较高。全市306个回流劳动力样本中，126个回流者从事非农经济活动，占总量的41.2%。其中，新兴县的非农就业比重最高，达46.8%，罗定市比重最低，也达到38.5%（表4-9）。这一比例明显高于世纪之交农业部的一项调查结果，当时对安徽、四川等省的回流劳动力调查发现，回流者大多数回到了农村传统的从业结构中，从事非农活动的比重仅为15.5%（白南生，何宇鹏，2002）。

---

①《罗定多形式引导农村人才就业创业》，http://wj.yunfu.gov.cn/govmach/ycb/html/138984_0.htm，2009-08-18。

②《新兴县"三步走"发挥农民工回乡创业乘法效应》，http://www.yunfu.gov.cn/govmach/swb/html/100202_0.htm，2007-09-11。

表4-9　各地回流劳动力内部构成

	总计（人）	回流非农就业（人）	比重（%）	回流务农（人）	比重（%）
云安县	53	23	43.4	30	56.6
郁南县	100	39	39.0	61	61.0
新兴县	62	29	46.8	33	53.2
罗定市	91	35	38.5	56	61.5
全市	306	126	41.2	180	58.8

（数据来源：云浮农户调查）

（2）以青壮年劳动力为主，已婚比例高。

年龄、婚姻状况等结构特征体现了劳动力所处的生命周期。不同的生命周期对于地区经济增长、公共服务设施需求、城镇化意愿等产生了不同影响。与年轻型的劳动力结构相比，成熟型劳动力的就业稳定性更强，对子女教育、医疗、住房等公共设施的需求更多。与此同时，年龄越小，进城务工的劳动力实现城镇化的意愿也更加强烈。

根据云浮农户调查统计发现，两类回流劳动力以青壮年为主，回流非农就业年龄结构比回流务农劳动力更为年轻。回流劳动力年龄虽然总体上较留城就业劳动力更大，但优于留村就业劳动力（图4-9）。其中，回流务农劳动力年龄主要分布在40～60岁之间，这一阶段劳动力占回流务农劳动力总量的64.4%。而非农就业劳动力年龄主要分布在25～45岁之间，这一阶段的劳动力占回流非农就业劳动力总量的69.1%。可以看出，云浮回流劳动力年龄结构偏轻，是地方劳动力市场的中坚力量。

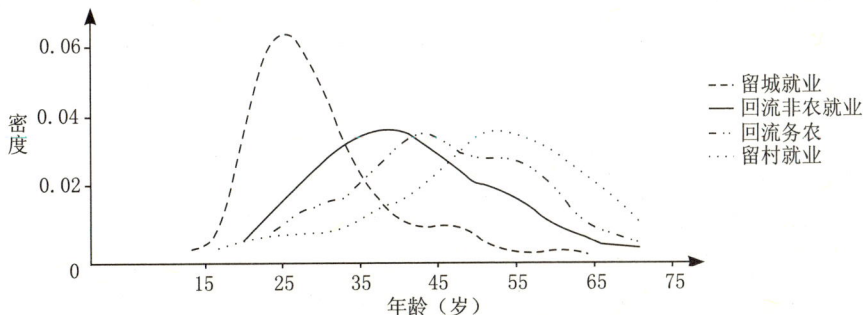

图4-9　回流就业劳动力的年龄密度分布
（数据来源：云浮农户调查）

调查显示，云浮市回流劳动力平均在外务工时间为7.30年，回流时的平均年龄为30.75岁。但回流非农就业劳动力的外出时间和回流时年龄均略小于回流务农劳动力（图4-10）。其中，回流非农就业劳动力的平均外出时间为6.71年，比回流务农劳动力少0.86年。回流非农就业劳动力回流时也更为年轻，他们一般在30岁就选择回乡，而回流务农劳动力回流时平均年龄为31.35岁。

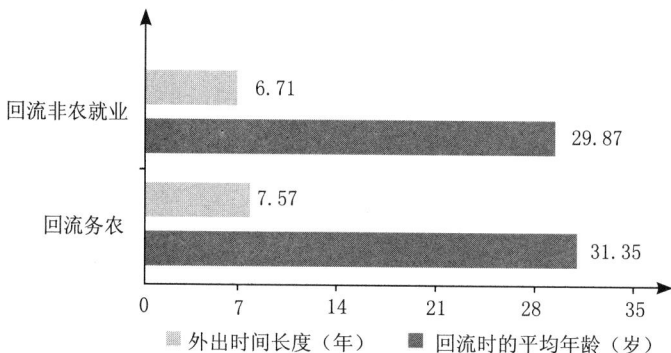

图4-10　回流劳动力的外出时间长度与回流时年龄
（数据来源：云浮农户调查）

不难看出，这与年轻人普遍进入成家立业阶段有关。农村劳动力在外经历了7年左右的打拼之后，已基本进入或刚刚完成结婚生子，工作、生活都基本稳定下来。统计发现，回流非农就业和回流务农劳动力的已婚比例分别高达92.9%和97.8%，远高于留城劳动力的53.6%（表4-10）。正是在这一情况下，许多年轻人在权衡外出与回流的利害得失后，选择回乡发展。

表4-10　回流劳动力的婚姻状况比例（%）

	留城务工	回流非农就业	回流务农	留村就业
已婚	53.6	92.9	97.8	96.2
未婚	46.4	7.1	2.2	3.8

（数据来源：云浮市农户调查）

（3）男性劳动力回流的可能性较大，女性的回流时间较早。

不同性别劳动力在就业行为决策上差异明显。通过调查发现，云浮市农村劳动力的回流也具有显著的性别差异。首先，男性外出者更有可能回流。男性回流劳动力占具有外出经历的男性劳动力的38.0%，而女性的这一比例为29.7%。而且男性在两类回流就业中均表现出更强的回流意愿（图4-11）。其中，男性回流非农就业的比重为16.1%，回流务农的比重为21.9%。由于农村男性劳动力的人力资本水平较女性更高（韦吉飞 等，2006），所以，男性外出者的回流比例更高，并可能对其回流后就业能力的提升和农村非农就业的发展产生积极影响。

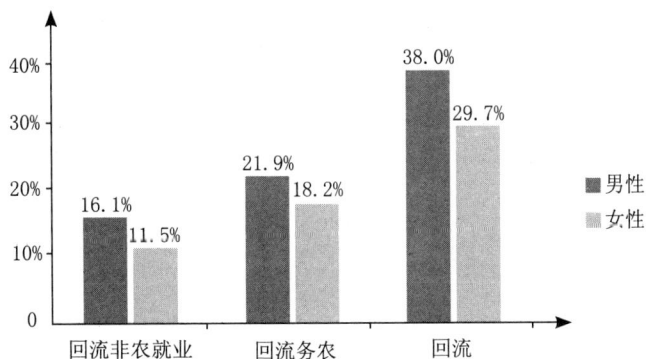

图4-11 不同性别劳动力的回流比重
（数据来源：云浮农户调查）

其次，尽管男性具有更强的回流倾向，但就已回流的劳动力而言，女性的外出时间较男性明显更短（图4-12），她们的平均外出时间为5.71年，比男性少2.34年。其中，女性回流务农劳动力平均外出时间为5.68年，比男性少3.04年。女性回流非农就业劳动力平均外出时间为5.76年，比男性少1.37年。女性更早回流的一个重要原因在于女性劳动力比男性更容易受生孩子和照顾家人等家庭事务的影响。

第四章
云浮市农村劳动力流动背景与基本特征

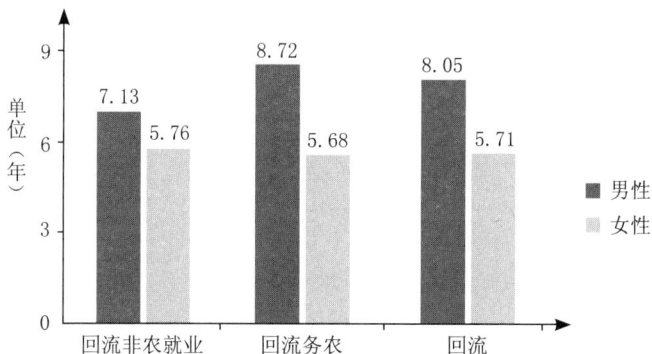

图4-12 不同性别回流劳动力的外出时间长度
（数据来源：云浮农户调查）

（4）文化程度以初中为主，总体素质较留村劳动力高。

劳动力文化程度是人力资本水平的主要体现。人力资本水平的提高是推动经济增长和城镇化发展的重要因素。据估计，在改革开放以来中国经济高速增长的过程中，通过人口教育素质的提高所带来的经济增长份额为24%（蔡昉，王德文，1999）。对欠发达地区县域经济而言，人力资本水平的提高不仅将提高农民的农业生产技能，促进农业规模经营和产业化发展，还将推动农民的职业转换，促进农村工商服务等非农产业的发展和城镇化水平的提高。

在世纪之交的两次全国范围的农户调查中，回流劳动力的文化程度都明显低于外出劳动力，而与留村劳动力基本相当（Zhao，2002；白南生，何宇鹏，2002）。外出劳动力中的小学以下文化程度者占24.0%，而回流劳动力的这一比重达43.5%，略低于留村劳动力（53.8%）（白南生，何宇鹏，2002）。但我们在云浮的调查发现，回流劳动力中，不同就业类型劳动力文化程度相差较大，回流非农就业劳动力文化程度总体上与留城就业劳动力相似，而回流务农劳动力与留村就业劳动力差距不大（图4-13）。高中以上文化程度的占回流非农就业劳动力的29.3%，而回流务农劳动力的这一比例仅为18.9%。回流非农就业劳动力相对较高的文化素质明显有助于其就业能力的提

产业转移、土地流转与农村劳动力回流
土地利用与空间规划丛书

高，这部分劳动力的返乡，以及随后的部分具有更高文化程度的外出劳动力的回流，将有利于提升县域劳动力市场的整体质量，改善地区发展前景。

值得注意的是，尽管县内务工和回流非农就业劳动力的文化程度结构与县外务工（留城就业）劳动力大致相似，但他们在迁入地劳动力市场中所处的地位则完全不同，对其就业与城市融入造成的影响也存在显著差异。对于县外务工（留城就业）而言，由于这些劳动力主要在大城市就业，与当地劳动力相比，他们的文化程度明显偏低（杨菊华，2010）。由于户籍制度导致的大城市固有的就业歧视与劳动力市场的二元性，较低的文化程度给农村县外务工劳动力带来的一个直接后果是就业隔离与社会隔离（王春兰 等，2006），导致这些农村县外务工（留城就业）人员始终无法成为真正的市民，处于"半城镇化"状态。但就县内务工或回流非农就业而言，县域城镇居民与农村居民在文化程度上的差异并不明显，加之欠发达地区县域范围内户籍改革已全面实施，城镇居民与农村居民在就业等方面也更为平等（蔡昉，都阳，2003）。这不仅提高了农村劳动力在县域劳动力市场的竞争能力，也增强了其进入县域城镇就业，实现县域城镇化的动力。

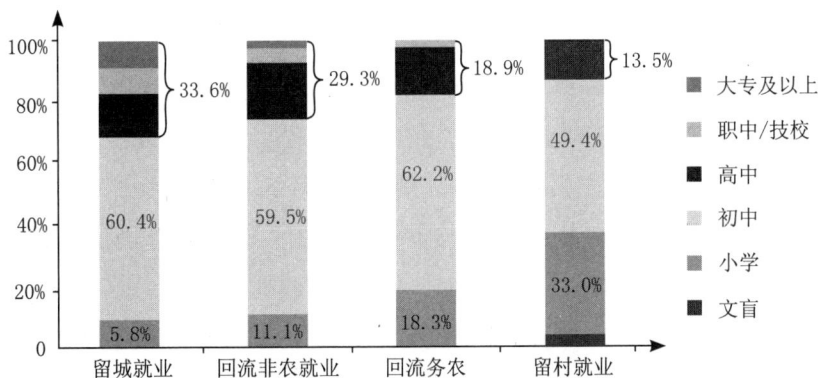

图4-13 回流劳动力的文化程度对比
（数据来源：云浮农户调查）

四、小结

近年来，在国内外宏观经济环境和劳动力自身因素的综合作用下，劳动力回流现象开始增多，从而形成了农村劳动力的双向流动和双向就业的新局面。本章立足于2011年云浮市农户调查数据，对云浮农村劳动力外出与回流的基本特征进行分析，以期掌握现阶段劳动力流动的总体规律与态势。

统计分析发现，云浮农村劳动力外出比例高，回流现象也越来越普遍。农村劳动力中，34.2%选择去县外务工，而外出或曾经外出的农村劳动力中，超过1/3（34.9%）会选择回流。各地劳动力回流比例存在明显差异。新兴县的劳动力回流比重最高，达42.2%，罗定市最低，为27.6%。相应的，各地农村县外务工比重差距不大。基本上，农村年轻人大多外出务工，留村劳动力年龄结构明显老化。

对外出劳动力分析发现，县外务工是农村劳动力外出的主要去向。其中，广东、深圳、佛山等珠三角地区是云浮农村劳动力的主要接纳地。从两类外出劳动力年龄看，县内务工劳动力以青壮年为主，年龄主要分布在20～50岁之间，县外务工劳动力则更为年轻，35岁以下劳动力占总量的85.1%。县内务工和县外务工劳动力均以男性为主，这一结构与留村就业劳动力存在明显反差。与留村就业劳动力相比，两类外出劳动力文化程度明显更高。

对回流劳动力分析发现，与世纪之交的几个全国范围的农户调查结果不同，云浮农村劳动力回流后从事非农业活动的比重明显更高（41.2%）。回流劳动力以青壮年为主。回流非农就业劳动力年龄比回流务农者略为年轻。回流劳动力平均在外务工时间为7.30年，回流时的平均年龄为30.75岁。回流非农就业劳动力的外出时间和回流时

产业转移、土地流转与农村劳动力回流

土地利用与空间规划丛书

年龄均略小于回流务农劳动力。与女性相比，男性劳动力回流的可能性较大；而与男性相比，女性的回流时间较早。回流劳动力中，回流非农就业劳动力文化程度总体上与留城就业劳动力相似，而回流务农劳动力文化程度总体上与留村就业劳动力差距不大。

第五章 产业转移背景下的云浮县域经济发展

县是中国社会最基层的行政单位（吴良镛，2008）。加快推进县域经济与城镇化发展，对于解决"三农"问题，统筹城乡发展，实现经济结构调整和经济发展方式转变具有重要意义（李克强，2010）。但中国县域经济长期以来面临传统农业主导、工商业发展不足、城镇化发展滞后等问题（凌耀初，2003）。

总体而言，县域经济的增长缓慢主要由于自身发展动力不足。改革开放后，随着商品经济和市场经济的推行，那些在计划经济时期以国营工商业、"五小"工业为主要动力的县域经济已难以应对市场竞争的冲击。沿海地区通过利用境外资本投资，实现率先发展，如20世纪90年代对日韩等地资本的吸纳等。而由于资源与区位条件的限制，沿海地区以外的大部分地区也难以参与到全球化进程中去，其发展主要依赖自身资本积累，其中又以广大的县域经济为主，从而导致县域经济增长陷入停滞。以广东为例，在改革开放大潮中，东西翼、粤北地区与珠三角的县域经济发展差距呈逐步增大的趋势（周春山 等，2011）。

然而，随着改革开放的深入和区域经济一体化的快速发展，国内外经济形势不断变化，特别是在2008年全球金融风暴的冲击下，我国沿海发达地区企业加快向内陆地区转移，而县是内陆地区承接产业转移的主要载体，这为欠发达地区县域工业化和城镇化发展提供了新的契机。广东省早在2005年就开始通过设立产业转移园鼓励珠三角企业向东西翼和粤北山区转移。2008年实行"双转移"战略，加快了珠三角产业转移的步伐。招商引资、承接产业转移已成为全省欠发达地区实现经济跨越式发展、加快城镇化进程的重要手段。

改革开放以来，地方政府在地区经济乃至全国经济的发展中一直扮演着重要角色，而政府的行为特征并不是一成不变的，官员的激励是理解行为变动的核心（Oi，Walder，1999）。地方政府的激励机制以及地方政府行为对经济增长和城镇化进程的影响一直备受学术界的关注，成为分析诸多问题的一个重要视角（郭庆旺，贾俊雪，2006）。

本章立足于云浮市县域部门访谈和企业调研数据，以发达地区产业加快向外转移为背景，尝试在地方政府行为视角下，从财税激励和县域主体功能区实践两方面入手，分析在两种激励方式下，云浮市县域地方政府行为对于县域产业选择和产业空间布局产生的作用，探讨产业转移对县域经济发展的影响。从目前关于产业区际转移的效应研究成果看，主要集中在探讨承接地经济增长、技术溢出及产业结构调整等方面（孙群燕，李婉丹，2011），关于产业转移对落后地区经济发展的影响研究尚不多见。对于此问题的探讨，将有助于正确把握县域城镇发展的新动力，并为资本流动对城镇化影响机制的理论研究提供新的思路。

第五章
产业转移背景下的云浮县域经济发展

一、云浮市承接产业转移概况

2005年以来，为促进珠三角产业升级和欠发达地区经济发展，广东省出台一系列政策措施，通过设立产业转移园鼓励珠三角企业向外围转移。2008年，全省开始实行"双转移"战略，加快了珠三角产业向东西翼和粤北山区的转移步伐。政府希望通过欠发达地区产业转移园区的设立，促进当地经济的快速发展，同时，也为珠三角高新技术企业的发展腾出空间，即所谓"腾笼换鸟"。①截至2011年上半年，广东省35个省级产业转移工业园中（表5-1），落园项目有2988个，总投资额为7029.7亿元，吸收了56.7万劳动力。②

在广东东西两翼和粤北山区承接珠三角产业转移过程中，县（县级市）扮演了关键角色，已成为承接产业转移的重要载体。据统计，截至2011年年底，35个省级产业转移工业园中，有19个位于县（县级市），占总量的54.3%。此外，在各县域范围内，仍分布着大量产业转移园、工业园等，以吸引发达地区的产业转移。

表5-1　广东省认定的省级产业转移工业园

序号	园区名称	园区所在地	初次认定时间
1	汕头市产业转移工业园	汕头市区	2008年7月
2	东莞（韶关）产业转移工业园	韶关市区	2006年9月
3	东莞石龙（始兴）产业转移工业园	韶关始兴县	2005年12月

---

① 2005年3月，广东省出台《关于我省山区及东西两翼与珠江三角洲联手推进产业转移的意见（试行）》，提出由山区、东西两翼与珠三角合作共建产业转移工业园的战略举措，并确定了合作模式和扶持政策，由此奠定了广东省产业转移政策的框架。2008年5月，出台《中共广东省委、广东省人民政府关于推进产业转移和劳动力转移的决定》，并召开全省推进产业转移和劳动力转移工作会议，产业和劳动力"双转移"正式登堂入室，被确定为广东省经济社会可持续发展的战略决策。（资料来源：《全国背景下看广东双转移》，http://epaper.southcn.com/nfdaily/html/2011-09/14/content_7005830.htm，2011-09-14。）

②《广东35个省级产业转移工业园引资7000亿》，http://news.sina.com.cn/c/2011-08-26/152823056811.shtml，2011-08-26。

产业转移、土地流转与农村劳动力回流
土地利用与空间规划丛书

序号	园区名称	园区所在地	初次认定时间
4	东莞东坑（乐昌）产业转移工业园	韶关乐昌市	2006年9月
5	东莞大岭山（南雄）产业转移工业园	韶关南雄市	2010年3月
6	中山（河源）产业转移工业园	河源市区	2006年9月
7	深圳福田（和平）产业转移工业园	河源和平县	2007年5月
8	深圳罗湖（河源源城）产业转移工业园	河源市区	2008年6月
9	深圳南山（龙川）产业转移工业园	河源龙川县	2008年11月
10	广州（梅州）产业转移工业园	梅州市区	2006年10月
11	东莞石碣（兴宁）产业转移工业园	梅州兴宁市	2006年9月
12	东莞（惠州）产业转移工业园	惠州市区	2007年2月
13	东莞凤岗（惠东）产业转移工业园	惠州惠东县	2006年10月
14	深圳（汕尾）产业转移工业园	汕尾市区	2007年6月
15	江门产业转移工业园	江门市区	2009年6月
16	广州（阳江）产业转移工业园	阳江市区	2005年12月
17	佛山禅城（阳东万象）产业转移工业园	阳江阳东县	2006年9月
18	东莞长安（阳春）产业转移工业园	阳江阳春市	2007年5月
19	中山火炬（阳西）产业转移工业园	阳江阳西县	2005年12月
20	广州（湛江）产业转移工业园	湛江市区	2009年3月
21	深圳龙岗（吴川）产业转移工业园	湛江吴川市	2007年8月
22	佛山顺德（廉江）产业转移工业园	湛江廉江市	2007年2月
23	珠海（茂名）产业转移工业园	茂名市区	2009年2月
24	广州白云江高（电白）产业转移工业园	茂名电白县	2006年6月
25	东莞大朗（信宜）产业转移工业园	茂名信宜市	2006年9月
26	中山（肇庆大旺）产业转移工业园	肇庆市区	2008年7月
27	顺德龙江（德庆）产业转移工业园	肇庆德庆县	2006年11月
28	中山大涌（怀集）产业转移工业园	肇庆怀集县	2007年1月
29	佛山（清远）产业转移工业园	清远市区	2008年1月
30	佛山禅城（清新）产业转移工业园	清远清新县	2009年2月
31	佛山顺德（英德）产业转移工业园	清远英德市	2011年1月
32	深圳（潮州）产业转移工业园	潮州市区	2007年9月
33	珠海（揭阳）产业转移工业园	揭阳市区	2008年6月
34	佛山（云浮）产业转移工业园	云浮市区	2006年4月
35	佛山顺德（云浮新兴新成）产业转移工业园	云浮新兴县	2006年4月

注：数据截至2011年年底。（资料来源：根据广东省经济和信息化委员会资料整理）

事实上，对于欠发达地区政府而言，招商引资、承接发达地区产业转移已成为推动经济快速发展的主要手段。作为珠三角外围的山区农业市，近年来，云浮各地积极承接发达地区产业转移。"十一五"期间，全市共签约项目833个，合同投资总额953.9亿元。其中，2011年签订项目就达239个，合同投资总额462亿元。2009—2011年，共确定210个项目为市重点工程项目，完成投资444.2亿元。

产业转移园区是各地招商引资项目的主要载体。云浮全市各地都规划将未来工业项目集中到四大产业转移园区发展（表5-2）。截至2011年年底，四大园区累计投入基础设施建设资金47.5亿元，带动社会投入22.6亿元，入园项目368个，计划总投资724.3亿元。四大园区已成为云浮经济发展的主战场。如在云安，位于县城六都镇的云浮循环经济工业园依托自身的交通区位优势和资源条件，积极招商引资，已发展起了以水泥、硫化工和石材为主导的产业集群。目前已建成骨干企业22家，投资50.21亿元，达产后可年创产值74.64亿元，税收5.61亿元。2010年，园区以仅占全县1.09%的面积，创造出全县83.5%的地方财政一般预算收入和81.6%的税收收入，构筑起全县的经济命脉。

表5-2 云浮产业转移园区基本情况

园区名称	所在地	批准年份	主导产业	发展现状
佛山（云浮）产业转移工业园	云城区都杨镇	2006	专业机械制造、金属材料加工与制品、新型材料	少部分项目投产，大部分处于厂房建设阶段
佛山顺德（云浮新兴新成）产业转移工业园	新兴县新城镇	2006	机械、不锈钢、铝型材	已投产项目15个，在建项目70个
云浮循环经济工业园	云安县六都镇	2010	石材、水泥、硫化工	建成项目22个，在建项目16个
罗定双东（大湾）环保工业园	罗定市双东街道、郁南县大湾镇	2009	化工、建材、铝型材	有4个项目在建，另有14个即将入园

注：现状数据截至2011年年底。（资料来源：根据各地招商局调研整理）

产业转移、土地流转与农村劳动力回流
土地利用与空间规划丛书

可见，随着全球化和区域一体化的不断推进，珠三角地区的产业在土地、劳动力成本和原材料价格上升压力加大等的影响下，正加速向珠三角外围地区转移，从而导致广东省产业空间的重构（李郇等，2009）。外围地区正借助这一难得的发展机遇，承接发达地区的产业转移。由于这些地区原有产业基础薄弱，在产业转移的大潮中，外来资本已成为当地经济发展的主要增长点，并将在今后主导当地的经济发展。

二、财税激励下的县域产业选择

财政上的变化是一切变化的重要源头之一。财政制度在很大程度上塑造着地方政府的行为逻辑，是考察政府行为不可缺少的分析出发点（黄玉，2009）。本节从县域政府的财政激励入手，在介绍县级财政运行的基础上，分析我国现行财政制度对正处于发达地区产业转移大潮中的县域地方政府行为的影响，着重探讨财政激励下的县域产业结构变化。

1.县级财政运行

改革开放以来，中国的财政制度大致可以分为两个阶段。第一阶段是1978—1993年的地方财政包干制，这一时期"分灶吃饭"的分权方式扩大了地方政府的经济资源支配能力（贾康 等，2009）。以流转税为主的税收体制与包死基数的财政包干制度相结合，在很大程度上刺激了地方政府发展地方企业的积极性（Oi, Walder, 1999），但也带来了重复建设和地方保护主义等问题（沈立人，戴园晨，1990），并导致财政收入占GDP的比重和中央财政收入占财政总收入的比重双双下降（周飞舟，2006）。第二阶段是1994年至今实施的分税制。分税制下，税收收入以中央税、地方税和中央与地方共享税三种税种被划分成中央与地方财政收入两部分，并分设国税局和地税局，中央税和共享税由国税局负责征收，地方税由地税局负责征收，共享税中的地方分享部分由国税局直接划入地方金库（贾康，2008）。

中央税主要有关税、消费税、中央企业所得税等。地方税主要有营业税、地方企业所得税、城镇土地使用税、固定资产投资方向调节税、城市维护建设税、房产税、耕地占用税、土地增值税等。共享税主要为增值税、企业所得税、个人所得税。其中，增值税中央分享75%，地方分享25%；企业所得税和个人所得税中央分享60%，地方分享40%。部分税种在地方政府之间仍实行省级与县级财政分享。如在广东省，营业税省级财政分享40%，县级分享60%；非国有企业所得税和个人所得税县级财政分享24%，省级财政分享16%，中央分享60%；土地增值税县级财政分享60%，省级分享40%（表5-3）。

表5-3　各级财政共享税税收分成比例（%）

	税种	分成比例		
		中央	省	县
国税局税收收入	增值税	75	0	25
	中央企业所得税	60	16	24
地税局税收收入	营业税	0	40	60
	国有企业所得税	60	0	40
	非国有企业所得税	60	16	24
	个人所得税	60	16	24
	土地增值税	0	40	60

（资料来源：云浮各县（市）财政局资料）

尽管分税制改革将规模最大的税种——增值税划为中央地方共享税，且中央占绝大部分，许多地方税种也实行省、县级财政分享（如规模较大的营业税，省级财政占40%），但从我们对云浮县级财政的调研发现，增值税、营业税仍是县级财政收入的最主要来源。2010年各主要税种的地方库收入中，增值税和营业税之和占地方工商税收收入的比重均达到50%以上。其中，郁南县比重最高，达63.9%，新兴县

产业转移、土地流转与农村劳动力回流
土地利用与空间规划丛书

最低，也达到50.6%。此外，企业所得税、个人所得税和城市维护建设税也是县级财政收入的重要来源（表5-4）。

表5-4 2010年云浮各地主要税种占工商税收收入比重（%）

	罗定县		新兴县		郁南县		云安县	
	税收总额	地方库收入	税收总额	地方库收入	税收总额	地方库收入	税收总额	地方库收入
增值税	40.7	27.0	37.0	25.7	34.9	21.3	46.9	28.7
营业税	20.5	28.8	16.2	24.9	31.5	42.6	20.5	27.6
企业所得税	14.9	10.3	14.9	10.5	10.8	6.7	8.3	4.6
个人所得税	7.8	5.0	16.8	11.6	8.9	5.2	8.6	5.0
土地增值税	2.9	4.6	3.1	5.4	1.9	2.7	1.6	2.3
城市维护建设税	3.0	7.9	2.0	5.7	3.0	7.3	2.4	5.9
城镇土地使用税	1.5	3.9	2.1	6.0	2.1	5.0	0.8	2.0

（资料来源：云浮各县（市）财政局资料）

鉴于以上主要税种对地方财政收入的重要影响，在探讨其对地方政府行为的影响之前，有必要对地方财政的主要税种进行简要介绍，以便更好地理解财政激励下县级地方政府的行为逻辑。下面主要对增值税、营业税的计税依据和税率等进行介绍。

增值税是以商品（含应税劳务）在流转过程中产生的增值额作为计税依据而征收的一种流转税。征税范围是国境内销售货物，提供加工、修理修配劳务以及进口的货物。主要涉及工业和商业部门。税率根据纳税人情况分为17%（一般纳税人）和3%（小规模纳税人）两类。

增值税属于价外税，由购买方负担，其关键环节是对增值额进行征税，即有增值才征税，没增值不征税。但在实际中，商品新增价值或附加值在生产和流通过程中是很难准确计算的。因此，我国采用国际上普遍使用的税款抵扣的办法，即根据销售商品或劳务的销售额，按规定的税率计算出销项税额，然后扣除取得该商品或劳务时所支付的增值税款，也就是进项税额，其差额就是增值部分应交的税额。可见，增值税依据产品的增值部分征收，与企业的利润是无关的。

营业税是对在我国境内提供应税劳务、转让无形资产或销售不动产的单位和个人征收的一种税。所谓应税劳务，是指建筑业、交通运输业、邮电通信业、文化体育业、金融保险业、娱乐业、服务业。因此，营业税的征收主要涉及这些行业。税率则根据行业的差异分为3%（建筑安装、交通运输等）、5%（金融保险、服务业等）、20%（娱乐业）三种。计税依据是纳税人所取得的营业额。

2.财税激励下的县域产业选择

增值税依据产品的增值部分征收，主要针对工业、商业部门。营业税的计税依据是纳税人所取得的营业额，主要针对建筑业、第三产业。不难判断，那些产值大、营业额高的产业税收贡献大。在最大化县级财政的激励下，县级政府在招商引资过程中，很自然会倾向于发展那些投资额巨大的、资本密集型的工业、建筑业和房地产业等。

（1）大型项目。

由于税率的差别，同样数量的增值额，单个大型企业无疑能比多个中小型企业产生更多的税收。[1] 此外，大型企业抗风险能力较强，收入相对稳定，且经营相对规范，而中小型企业税源零散，经营欠规范，征税成本高。因此，政府更偏向于发展大型企业。

在发达地区产业大规模转移之前，县域经济主要依赖本地资本。因此，尽管政府偏向于发展大型企业，但受本地经济发展条件限制，大型企业发展较为缓慢。随着产业转移步伐的加快，外来资本大量进入，为县级政府发展大型企业提供了条件。

财政激励使得县级政府对大型项目的偏爱在经济数据中也得到印证。通过对比2006年以来云浮市各县（市）规模以上及规模以下工

---

① 增值税税率存在一般纳税人和小规模纳税人之分，两者以企业的销售额来区分。小规模纳税人增值税率仅为3%，远低于一般纳税人增值税率（17%）。

产业转移、土地流转与农村劳动力回流
土地利用与空间规划丛书

业占工业总产值的比重，不难发现，各地规模以上工业的比重表现出明显的上升势头。其中，云安县的上升最为明显，规模以上工业比重从2006年的70.4%升至2010年的87.0%。罗定市招商引资的步伐相对较慢，2006—2008年，规模以上工业比重总体增幅不大，但在2008年之后，随着招商引资力度的加大，许多大型项目开始进入罗定，到2010年，规模以上工业的比重已达到87.5%（图5-1）。

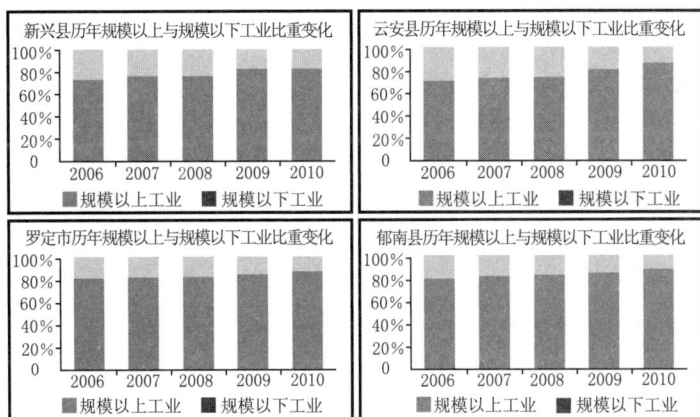

图5-1　云浮各地历年规模以上与规模以下工业比重变化
（资料来源：各地历年统计年鉴、国民经济统计资料）

（2）资本密集型工业。

资本密集型工业如电力、建材、机械、化工等行业由于投资额大，产值高，与劳动密集型的产业相比，产生税收的能力明显更强。此外，资本密集型工业的巨额投资还将带来建筑业的快速增长，从而产生大量的营业税收入。因此，在招商引资过程中，投资额巨大的资本密集型工业是各地发展的首选。

伴随着近年来产业转移步伐的不断加快，欠发达地区政府在招商引资过程中对转移产业的可选择性增加，"招商引资"逐渐转变为"招商选资"。在此背景下，地方政府的产业发展重点发生了明显转变。通过对2007年以来各地政府工作报告的整理发现，各地产业发展重点逐步从电子、纺织服装等投资额不大的劳动密集型产业向建材、化工、机械制造、金属加工等资本密集型产业转变（表5-5）。

表5-5　近年来云浮市各县（市）政府产业发展重点变化

	2007	2008	2009	2010	2011	2012
新兴县	不锈钢、陶瓷、生物制药、服装、凉果加工	不锈钢、陶瓷、生物制药、服装、凉果加工	不锈钢、陶瓷、生物制药、服装、轻工机械	不锈钢制品、生物制药、五金、轻工机械	不锈钢、五金、生物制药、机电、新能源	铝型材、机电制品、不锈钢制品、生物制药
罗定市	电子、纺织服装、建材	电子、纺织服装、建材	建材、化工、纺织服装	建材、化工、电子、纺织	建材、铝型材、化工、电子	建材、铝型材、新能源、化工、房地产
云安县	水泥、硫化工、石材	水泥、硫化工、石材	水泥、硫化工、先进石材	水泥、硫化工、先进石材、林产化工	水泥、硫化工、先进石材、港口物流	水泥、硫化工、先进石材、港口物流
郁南县	电池、生物制药、机械	电池、生物制药、机械	电池、机械、生物制药	化工、生物制药、电池、机械	建材、化工、机械、电池	电池、建材和精细化工、机械

（资料来源：根据各地历年政府工作报告整理）

以新兴县为例，其产业转移园（新成工业园）早在2006年就已成立，但当时珠三角等发达地区的产业转移尚处于起步阶段，总体规模不大。在此情形下，对于新兴而言，基本上是转移来什么项目就承接什么项目。因此，2006—2009年，新兴产业转移园承接了不少服装、电子类企业。但在2009年以后，随着产业转移的规模不断扩大，政府对产业的选择性增强，其对入园企业的要求也不断提高。根据2011年县政府所发布的园区投资项目准入办法规定，进园项目固定资产投资应不低于2000万元，项目固定投资低于2000万元，但在国内具有较高技术含量，经批准可予进园。[①]因此，这一时期政府的发展重点开始

---

① 《新成工业园工业投资项目准入退出和优惠奖惩试行办法》规定：当年纳税额每亩达3万元以上5万元以下（含本数）的项目，经批准，按所纳税款本级财政留成部分15%至20%的标准，给予一次性奖励；纳税额每亩达5万元以上（不含本数）的，按所纳税款本级财政留成部分20%至30%的标准，给予一次性奖励。而园区企业投产后连续2年每年每亩的纳税总额不足1万元的，企业必须补足。

产业转移、土地流转与农村劳动力回流
土地利用与空间规划丛书

向金属加工、机械制造、新能源等行业转变。而电子、纺织服装等行业基本上不予考虑。2011年，新成工业园引进的32个工业项目中，建材产业项目6个，金属制品4个，铝材制品2个，机械设备3个，电力3个，不锈钢制品2个。全园累计引进的40个500万以上的工业项目中，建材项目9个，金属制品8个，电力能源5个，机械设备4个，电子、纺织、皮具等项目各1个。①

在对罗定市招商引资调研的过程中发现，尽管罗定市劳动力丰富等优势吸引了许多电子、纺织服装等劳动密集型企业前来洽谈，但政府仍主要选择水泥、陶瓷、化工、电镀等大型投资项目。表5-6为近几年罗定市招商局接待的来访客商所属的行业和地区分布情况，从中可以发现，来访客商主要来自佛山、广州、深圳等珠三角城市，所属行业以机械、电子、纺织服装、金属加工等为主。其中，电子和纺织服装项目分别达到20个和19个。此外，家具、食品类项目也较多。但从实际引进的项目来看，主要集中在建材、化工、电力、机械和金属加工行业，纺织服装、电子、家具等行业极少。

表5-6　罗定市招商局接待来访客商所属行业与地区分布

行业分布		地区分布	
行业	数量（个）	地区	数量（个）
机械	21	佛山	37
电子	20	深圳	26
纺织服装	19	广州	23
金属加工	16	肇庆	18
房地产	14	东莞	12
商贸	11	香港	9
建材	8	中山	7
塑料	6	广西	6
能源	6	江门	5

① 数据来源：根据新兴县招商局调研资料整理。

行业分布		地区分布	
行业	数量（个）	地区	数量（个）
化工	5	惠州	5
家具	5	其他	12
建筑	5		
食品	5		
其他	19		

（资料来源：罗定市招商局调研资料）

（3）建筑房地产业。

建筑业和房地产业相对于交通运输、住宿餐饮等行业而言，营业额明显更大；相对于金融保险、电信等行业而言，可进入性更强。因此，建筑房地产业一直以来都是营业税的主要来源，在对云浮各地营业税内部构成分析时发现，建筑安装业和房地产业产生的营业税占营业税总额的比重均在60%以上，而其他行业营业税额多在10%以下。其中，云安、郁南两县建筑安装业比重更大，罗定、新兴两地的建筑安装业和房地产业比重相当（图5-2）。此外，建筑业和房地产业的发展还将带来地方土地出让收入的大幅增加。因此，建筑房地产业也是县级政府发展的重点。

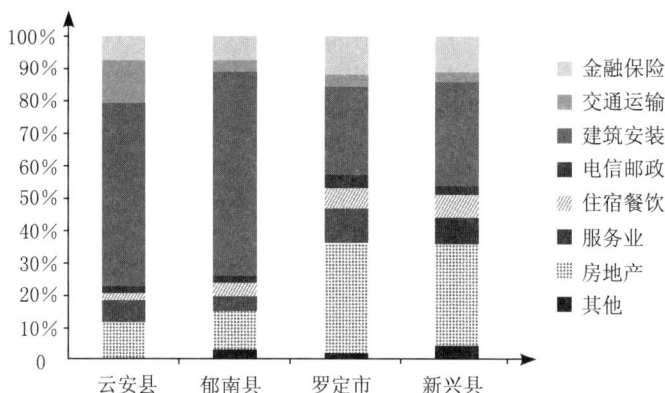

图5-2 2010年云浮市各地营业税内部构成
（资料来源：各地财政局、地税局收入情况）

产业转移、土地流转与农村劳动力回流
土地利用与空间规划丛书

云浮市各地建筑房地产业的发展方兴未艾。在罗定市，近年来涌现出大量楼盘，如合生广场、锦绣华庭、凯旋广场等。在新兴县，祥顺花园等楼盘都已进入三期开发阶段。在郁南县，2006—2010年的5年间，全县房地产开发企业发展到18家，比2006年增长260%，投资增长154.2%，建筑面积增长达69.1%。[①]

事实上，在地方产业的发展过程中，县级政府除了在招商过程中主要选择资本密集型产业、建筑房地产业以外，还在不断压缩原有劳动密集型产业的生存空间，从而为资本密集型产业或房地产业腾出更大的发展空间。笔者在对一家企业的调研中发现，城区的旧城改造迫使一家有20多年历史、员工人数1300多人的大型纺织企业不得不搬走，但政府又不能为企业提供新的发展用地，致使该企业正面临倒闭的可能。

三、县域主体功能区影响下的产业空间布局

1.县域主体功能区规划

县域主体功能区是主体功能区思想在县域空间上的具体落实，是在县域层面上明确开发方向、优化开发格局、创新开发方式、规范开发秩序、提高开发效率，引导人口与经济在县域空间的合理分布，从而促进人口、经济、资源环境的空间均衡（樊杰，2007）。县域主体功能区划以镇（街）为划分单元，根据县域范围内不同镇的资源环境承载能力、现有开发密度和发展潜力，划分出三至四类主体功能区，包括优化开发区、重点开发区、生态发展区等（表5-7）。

---

① 《郁南县第十五届人民代表大会第一次会议政府工作报告（2011.11）》，http://lz.gdyunan.gov. cn/info/41664，2011-11-23。

表5-7　云浮市各地县域主体功能区划

	优化发展镇	重点发展镇	生态发展镇
罗定市	罗城街、附城街、双东街、素龙街	罗镜镇、太平镇、罗平镇、生江镇、船步镇、围底镇、华石镇、苹塘镇、金鸡镇、萌塘镇	泗纶镇、分界镇、龙湾镇、加益镇、榃滨镇、黎少镇、连州镇
新兴县	新城镇、水台镇	东成镇、稔村镇、车岗镇、六祖镇	河头镇、里洞镇、天堂镇、大江镇、太平镇、勒竹镇
郁南县	都城镇、平台镇	建城镇、千官镇、大湾镇、河口镇、宋桂镇、东坝镇、连滩镇、南江口镇	桂圩镇、宝珠镇、通门镇、大方镇、历洞镇
云安县	六都镇	镇安镇、石城镇	高村镇、白石镇、富林镇、南盛镇、前锋镇

（资料来源：云浮市各地《主体功能区规划》）

　　县域主体功能区规划于2009年在云浮市云安县率先实行。通过明确县域范围内"哪些区域该开发、哪些区域要保护""该发展什么、不该发展什么"，较好地转变了"镇镇开发，村村点火"的传统发展模式，把各地发展重点放到"功能发挥、错位竞争、有序竞合"上来，使经济发展从恶性竞争向有序竞合转变，从粗放发展向集约发展转变。2009年至2011年6月，全县新上投资超5000万元，项目19个，其中落户优先发展镇的项目16个、落户重点发展镇的项目3个，分别占项目总数的84%、16%。[①]2010年以来，云浮市其他各县（市、区）也开始了县域主体功能区规划实践，更加重视各镇（街）发展条件和开发潜力，在县域范围内明确各自的主体功能和发展方向。

　　优化开发区是指开发密度较高、产业配套和区位条件优越的地区，以提供城市综合服务产品或工业品为主体功能。发展方向侧重于以人为主体的发展模式，以优化公共服务、提升人民群众生活品质为基本出发点，通过推进新型城镇化进程，增强城市综合实力，改善人居环境。

---

① 数据来源：根据云安县招商局调研资料整理。

重点开发区是指资源条件较好、发展潜力较大、区位交通条件较好的区域，以进行工业开发与生产为主体功能。发展方向侧重于以地区自身优势为基础，利用区域间产业转移的机遇，发展具有地方特色的工业部门，以功能分区引导产业集聚，以循环经济促进产业发展，以信息科技推进产业升级。

生态发展区是指资源环境承载能力不强，大规模集聚经济和人口的条件不健全，并关系到县域范围内基本农田和生态安全的区域，以提供特色农产品和生态品为主体功能。发展方向侧重于发挥地区特色农业生产优势，提高农业经营产业化水平。同时，确保生态环境质量与水源涵养功能，提高生物多样性水平，构建县域发展的生态屏障。

2.县域主体功能区划配套制度

为保障县域主体功能区划的顺利实践，云浮市各县级政府已出台了一系列的配套政策，这些政策深刻改变了县镇、镇镇政府间的原有关系，由此对县域产业的空间布局产生了重要影响。主要配套制度有：产业优化配置机制、土地集约利用机制、财政统筹机制与绩效考核机制。

（1）产业优化配置机制。

一方面，针对不同主体功能区的镇制定不同的产业投资指导目录。将主体功能区规划作为项目审批的重要基础依据，制定与各主体功能区相配套的产业结构调整指导目录、外商投资产业指导目录、重点产业支持目录、产业环保准入指南、产业用地开发指南等，明确不同主体功能区鼓励、限制和禁止发展的产业。

另一方面，利用财政手段引导产业布局，如引导各金融机构按主体功能区的功能定位调整区域信贷投向，鼓励向符合主体功能区定位的项目提供贷款。工业发展的财政补贴和税收优惠主要投向优化开发区与重点开发区，引导新增工业主要布局在这两个功能区。

（2）土地集约利用机制。

按照差异化原则配置新增建设用地。依据不同主体功能区的定位控制土地使用流向，加强用地指标投放的空间平衡管理。集中扩大优化开发区和重点开发区建设用地新增规模。根据各个主体功能区的发展战略，制定和实施严格的建设用地期限内和年度增量指标。通过对新增用地有区别的空间投放决策引导企业集中布局，集聚发展，形成分工合理的产业功能组团。

对于优化开发区，新增建设用地主要用于先进制造业和生产性服务业，文化娱乐、教育、商贸等城市综合服务配套设施，以及居住用途；集中保障产业园区用地，满足本地主导产业以及相关配套产业的项目用地需求。对于重点开发区，重点保障本地特色产业发展和城镇化建设用地需求。对于生态发展区，则严格控制新增建设用地规模，新增用地指标主要向生态型产业（如生态旅游）倾斜，并适当兼顾城镇化发展需要。

（3）财政统筹机制。

由于云浮市各县正逐步建立县、镇统一的公共财政体系，实行"镇财县管镇用"，县级政府是县镇财政的主体，镇级政府并无一级财权。县级政府对镇财政收支实行统一管理，统一审核，统一拨付，对镇财政收支实行分户核算。因此，在主体功能区划实践过程中，有必要对县镇、镇镇间的财政关系进行统筹安排，以保障并激励不同镇（街）主体功能的发挥。主要的财政统筹安排有财政保障机制、财税共享机制和财政激励机制。

其一，财政保障机制。以"保工资、保运转、保稳定、保发展"为目标，镇级所有收支纳入县级预算安排，县以统收统支的模式将镇（街）视作市级的一级预算单位实行部门预算管理。其中，人员经费实行市镇同酬，委托银行统一发放；日常公用经费以镇财政实际供养的行政事业人员在编在职人数为准，按市直行政单位定额标准核拨。

其二，财税共享机制。这是对县镇、镇镇之间在分享招商引资项目所产生的税收上的新安排。主要包括县级产业园区税收共享、易地招商税收共享、资源地与生产地税收共享。[1]由于在主体功能区实践中，不同功能的镇在产业发展、用地指标上差异巨大，各镇不可能将引进的项目都落实到本镇，实行税收共享后，限制发展类的镇就可以将所引进的项目落到其他重点发展类型的镇，从而促进产业在县域空间的集中。

其三，财政激励机制。对优化开发区和重点开发区实行以经济发展为基本导向、有助于提高产业集聚水平的激励政策。设立基础奖励、超收奖励等办法，对达到或超额完成任务的镇追加奖励和分成。对生态发展区实行鼓励特色农业、生态产业发展和环境保护的"支持–补偿型财政政策"。

（4）绩效考核机制。

实施主体功能区需要对镇级领导干部的绩效考核制度进行改革。在新的绩效考核制度下，逐渐形成"不以经济发展总量大小论英雄，只以功能作用发挥好坏论成败"的绩效考核评价导向。具体而言，就是对不同功能区设置不同的考核指标。

对优化开发区，重点考核经济结构调整、资源消耗、自主创新等方面。主要考核规模以上工业增加值增速、吸引外来投资额、财税收入增速、高技术产业比重、服务业比重、单位土地面积产出率、公共服务设施投入比重、公共服务水平、综治维稳和污染物排放控制率等指标。

---

① 县级产业园区税收共享是指：县直部门、县领导招商引资项目落到县级产业园的，引资项目产生的税收实行县、项目所在镇分成；镇招商引资项目落到县级产业园的，引资项目产生的税收实行县、招商镇和项目所在镇分成。易地招商税收共享是指：县直部门、县领导招商引资项目到镇落户的，引资项目产生的税收在县和项目所在镇共享；镇招商引资项目到县内其他镇落户的，引资项目所产生的税收实行引资镇和项目所在镇共享。资源地与生产地税收共享是指：各镇向本镇以外的县域范围内企业、项目提供大宗资源作为主要生产原料的，企业、项目产生的税收在提供资源的镇和项目所在镇之间共享。

对重点开发区，重点考核特色产业产值、税收收入增速、财政收入增速、吸引外来投资额、单位产值能耗、单位土地面积产出率、主要污染物排放总量控制率、"三废"处理率、公共服务水平。

对生态发展区，绩效考核则弱化对工业增加值、招商引资、财政收入等指标的考核，侧重考核城乡统筹、公共服务和生态环保情况，包括现代农业发展、生态旅游发展、耕地保护、农民增收、生态保护和公共服务水平等指标。[①]

3.县域主体功能区划对产业空间结构的影响

在一系列配套制度的作用下，县域主体功能区划正逐步发挥其在优化开发格局、引导经济在县域空间内合理分布方面的积极作用。县域非农产业向以县城为中心的优化开发区、重点开发区集中的趋势开始显现，而生态发展镇则开始显示出其在特色农业、生态旅游等方面的优势。"镇镇点火，村村冒烟"的分散式格局得到一定遏制，县域产业空间结构不断优化。

（1）县城成为县域非农产业发展的主要载体。

如上所析，外来资本正逐渐主导县域经济发展。招商引资、承接发达地区的产业转移已是县域政府促进地方经济发展的重要手段，各县的产业转移园区则是招商引资项目的主要接纳地。县城由于产业基础较好，环境承接力强，区位条件优越，均是各县的优化开发区，自然是产业转移园的首选之地。因此，县城自然而然地成为各县招商引资、承接产业转移的主要载体。同时，上述配套制度如产业园区税收共享、不同功能区的差别化绩效考核，对产业在县城的集中布局形

---

① 云安县将镇级经济发展考核指标分为区域发展、功能发挥和主体规划三大类。指标体系总分值1000分。指标体系的权重分配是：区域发展类指标优化开发区420分、重点开发区370分、生态发展区320分；功能发挥类指标优化开发区380分、重点开发区390分、生态发展区400分；主体规划类指标优化开发区200分、重点开发区240分、生态发展区280分。

成制度保障。如位于新兴县城——新城镇的新成工业园，位于云安县城——六都镇的循环经济工业园，吸引的招商引资项目均占全县项目总额的80%以上。罗定市区、郁南县城虽然产业转移园建设步伐较慢，但也承接了大量的外来项目。

（2）重点镇在发展县域工业方面的作用不容忽视。

有的县或是由于县域规模大，资源分布广（如罗定），或是由于县城位置较偏，对全县的辐射有限（如郁南），因此，除县城外，中心镇往往利用自身资源和交通优势，在县域工业发展中扮演着重要角色。这些镇基本上都是所在县的优化开发镇或重点开发镇，如郁南县的南江口镇、罗定市的围底镇。

郁南县南江口镇毗邻西江，坐拥西江黄金水道，南广高铁贯穿全镇，水陆交通便利。与肇庆市的德庆县县城隔江相望，与云安县、云城区、罗定市联系方便，附近地区矿产资源丰富。因此，近年来引进了相当规模的水泥、陶瓷、木材加工等项目，其工业经济获得了飞速发展。2006—2010年，全镇工业总产值平均增长率达45.1%，远远高于县城增长率（11.1%）和全县的平均增长率（15.2%）。

罗定市围底镇地处罗定盆地边缘，地形条件较好，距罗定市区仅12公里，周边地区石灰石等矿产资源丰富，324国道连通城区和云安县、云城区，且是在建的深罗高速和怀罗高速的交会点，交通优势明显。因此，吸引了中材水泥、鸿正陶瓷、辉达陶瓷等投资过亿的大型项目进驻，已成为罗定市工业经济发展的主阵地之一。类似的情况还有罗定的苹塘镇、郁南的大湾镇、云安的镇安镇等。①这些重点镇依

---

① 罗定市苹塘镇与华石镇相邻，两镇区位和资源条件相似，目前已吸引了投资15亿元以上的华润水泥等大型建材项目的进驻。郁南县大湾镇毗邻罗定市双东街道，两镇已规划建设了罗定双东（大湾）环保工业园，大湾片区已吸引了广州化工集团精细化工等多个大型项目，是郁南县承接产业转移的主战场之一。云安县镇安镇借助本地丰富的石灰石资源，近两年承接了如量能电池、立伟达石料、硕镁环保节能材料等资源型产业，已逐渐成长为云安县除县城六都以外的又一个工业重镇。

靠自身优越的资源、交通等条件，在县域制造业集聚和人口城镇化中发挥着重要作用。

（3）多数镇缺少发展工业的条件和动力，非农产业发展放缓。

许多乡镇企业由于市场和政策等原因纷纷退出市场，或搬迁至县城、重点镇，而主体功能区划的实施，限制了新企业的进入，从而促进了县域工业的集中。在市场因素方面，由于乡镇企业一般规模较小，技术落后，加之区位条件差，对人才的吸引力弱，在越来越激烈的市场竞争环境下，不得不退出市场或搬迁至县城等区位更好的地区。位于新兴县太平镇的凉果加工行业即是如此。新兴县是我国主要的凉果加工和集散地之一，产品曾畅销海内外。其中，太平镇是新兴凉果的主要生产地，鼎盛时期，其凉果产量占全县的80%以上。5年前，全镇仍有100多家凉果加工企业。但由于太平镇凉果加工企业普遍存在规模偏小、技术工艺和装备落后、营销网络发展滞后等缺陷，加之交通区位条件的限制和近年来凉果市场的不景气，大部分企业都已倒闭，几家规模较大的企业则搬到县城工业区中，目前全镇仅剩下10余家小型企业继续生产。

在政策因素方面，近年来中央及省政府均要求淘汰落后产能，加快节能减排，转变经济发展方式。许多乡镇水泥厂、发电厂等小型企业由于规模小、能耗高、环保不达标或安全问题而被关停。如在罗定市泗纶镇，几年前，镇上的爆竹厂因省政府限制，全部的烟花爆竹生产被迫停止。2008年，一家年产仅20万吨的小水泥厂被关停，其他如小水电厂、铁矿厂等都逐渐被限制发展。在新兴县太平镇，镇上的几家塑料厂也因为环境污染等问题被限制生产。而由于地处山区，交通条件较差，这些镇很难吸引到新的项目进入。

在主体功能区划实践中，由于全县非农产业发展的重点是县城和几个重点镇，全县的用地指标和财政优惠政策也都侧重于这些地区。与此同时，县级政府还通过财政统筹、差别化的官员绩效考核等机制

产业转移、土地流转与农村劳动力回流
土地利用与空间规划丛书

配套主体功能区的实践。这些使得那些发展条件较差的镇既缺乏发展工业的条件，也缺少发展工业的动力和压力。

在发展工业的条件方面，由于全县工业用地的指标十分有限，且绝大部分都已被县城和重点镇瓜分，分配给其他镇的指标微乎其微，因此，这些镇基本不再具备发展工业的最基础条件。在发展动力方面，由于全县基本实行"统收统支"的财政政策，各镇已实行"镇财县管"，镇级政府并不具备一级财权，因此，镇的收入与其税收的多少关系不大。由于已实行不同功能区之间差别化的绩效考核机制，对生态发展区的镇主要考核特色农业、环境保护等指标，因此，其发展工业的动力和压力也不再具备。

事实上，在对云浮各县（市）那些生态发展镇的调研中发现，许多镇领导对于引进工业项目的积极性已不如从前，而是注重发展特色农业、生态旅游和生态保护等。如在云安县前锋镇，镇领导告诉笔者，实施主体功能区规划前，尽管成效不大，但由于县级政府绩效考核的压力，招商引资、发展工业经济一直是镇政府工作的重中之重，在实施主体功能区规划以后，绩效考核的变化极大地减小了招商引资的压力。而由于用地等条件的制约，本地也不太可能引进新的工业项目。因此，镇政府的工作重点一是通过温氏集团"公司+基地+农户"的发展模式，引导农民开展禽畜规模养殖；二是利用洞表村良好的生态环境资源，建设"仙人谷"生态旅游区。在郁南县桂圩镇，镇领导则是强调要扩大沙糖橘的种植规模、拓宽沙糖橘的销售渠道、抓好造林绿化和生态林的保护。这些发展思路的转变在其他生态发展镇的调研中都得到印证，如新兴县太平镇、罗定市泗纶镇等。①

---

① 在对镇的调研中了解到，新兴县太平镇提出今后主要借助本镇较大的水库及环境优势，发展翔顺飞天蚕生态茶园、象窝茶厂等，着力建设乡村生态游重点景区、自然保护区、森林公园和高质量生态公益林，引导农户与温氏集团合作，扩大规模养殖。罗定市泗纶镇则强调推动具有本地特色的罗竹竹蒸笼产业发展壮大，打造"中国竹蒸笼之乡"，利用本地良好的水土条件，推进农业产业化经营，打造"优质稻亚灿米之乡"。

总体而言，在县域主体功能区划实践中，县城和优化开发区、重点开发区的镇依靠自身优越的资源、交通条件，并利用政府给予的用地、财政等政策优势，在招商引资、发展县域经济的过程中逐渐形成了其绝对主导地位。而其他镇由于本身的资源、交通区位劣势，在主体功能区配套政策的影响下，发展重点逐渐从之前的招商引资、大力发展工业转向发展特色农业、生态旅游等，从而实现了县域非农产业在空间上的集中布局。

四、产业转移对县域经济发展的影响

1.引领县域经济发展，为县域城镇化提供经济动力

近年来，随着发达地区产业加快向外转移，通过招商引资引进的外来项目已成为云浮市各地经济发展的主要增长点，各地每年新上的较大项目基本上都是外部引进的。来自发达地区的产业为县域城镇化发展提供了强劲的经济动力。如在罗定市，总投资均在15亿元以上的华润水泥和中材水泥项目均为大型央企，投资2.9亿的嘉维化工来自广东江门。在新兴县，计划投资23亿的华兴玻璃来自佛山。在郁南县，投资10亿的虎头电池、投资15亿的大湾精细化工项目均来自广州。这些动辄十几亿的大项目对于GDP仅有几十亿的云浮县域经济而言，无疑将产生巨大的推动作用。

以郁南县为例，2010年，全县招商引资新上在建、已投产项目86个，总投资58.35亿元，预计这些项目可新增产值101.68亿元（2010年全县工业总产值为81.61亿元），税收3.26亿元（2010年全县工商税收总额3.3亿元），就业岗位1.67万个。[①]在新兴县，创建于2006年的省级产业转移园——佛山顺德（云浮新兴新成）产业转移工业园近年来大量承接珠三角的产业转移，实现了快速发展。至

---

① 数据来源：郁南县招商局调研资料。

2011年9月，投资500万以上在建项目达70个，计划总投资195.5亿元，预测项目全部建成投产后可新增产值358亿元（2010年全县工业总产值为181.9亿元），创造税收12.32亿元（2010年全县工商税收总额仅为8.4亿元）。[①]

2.产业布局的集中化趋势明显，促进以县城为主导的县域经济格局形成

在县域主体功能区规划实践及相关配套政策支持下，外来产业在空间上越来越多地向县城及少数重点镇集中，其他镇的非农产业发展则相对缓慢，从而促进了以县城为主导、少数重点镇为支撑的县域经济格局的形成，这与珠三角等地典型的"村村点火，镇镇冒烟"的农村工业化格局存在明显差异。

县域常住人口向县城及少数镇集中的趋势在人口普查数据中得到证实。通过对比云浮市各地第五次和第六次人口普查数据发现，除云安外，各地县城（市区）常住人口占全县常住人口比重都出现不同程度的上升。其中，承接产业转移步伐最快的新兴县增长最为明显，从2000年的26.3%升至2010年的33.4%（表5-8）。

表5-8　云浮市各地县城（市区）常住人口占全县比重变化

	2000年	2010年
罗定市区	27.7%	28.4%
新兴县城	26.3%	33.4%
郁南县城	17.9%	21.7%
云安县城	16.7%	15.7%

（资料来源：各地第五次、第六次人口普查资料）

3.以资本密集型为主的产业结构降低了对人口的吸纳能力

发达地区产业的大规模转移使地方政府从此前的"招商引资"

---

① 数据来源：新兴县招商局调研资料。

向"招商选资"转变。在财税收入最大化的激励下，各地均表现出资本密集型工业和建筑房地产业快速发展的趋势，而服装、电子、食品等劳动密集型工业的发展空间不断受到挤压。建筑房地产业由于行业特性，就业人员的稳定性较差，影响了其向城镇的有效转移。而与劳动密集型产业相比，资本密集型产业对劳动力的需求较低，从而导致低就业或无就业的增长，这些均不利于县域城镇化的健康发展。

各地就业人口的实际增长过程也证明了上述判断。通过对比各县（市）2006—2010年GDP、第二产业增加值和非农产业从业人员的年均增速后发现，国民经济的快速增长并未有效带动非农产业从业人数的增加，非农产业从业人员年均增速明显慢于GDP和第二产业增加值增速。如新兴和云安两地GDP增速均在13%以上，第二产业增加值增速均在16%以上，但非农产业从业人员增速分别仅为2.6%和1.9%。罗定和郁南两地非农产业从业人员增长几乎停滞，年均增速分别为0.2%和0.5%（图5-3）。这与资本密集型工业的发展导致的资本深化对就业的挤压有关（朱轶，吴超林，2010）。

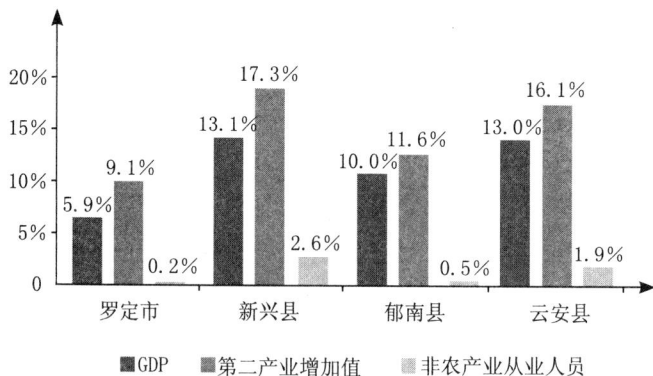

图5-3　各地历年GDP与非农业从业人员增速对比
（资料来源：各地历年统计年鉴、国民经济统计资料）

五、小结

随着改革开放的深入和区域经济一体化的快速发展，在国内外经济形势不断变化下，我国发达地区产业正加速向内陆进行区际转移，其中，县级区域是承接产业转移的主要载体，这为欠发达地区县域工业化和城镇化的快速发展提供了有利条件。本书以广东西部山区云浮四县（市）为案例地，以产业加速区际转移为背景，在县域地方政府视角下，分析财税最大化和县域主体功能区实践两种激励方式如何影响县域政府对外来产业的选择偏好和产业在空间上的布局，据此探讨产业转移对县域经济发展的影响。

在最大化县级财政的激励下，县级政府在招商引资过程中，很自然会倾向于发展那些投资额巨大的、资本密集型的工业（如建材、机械、化工等）、建筑业和房地产业。而县域主体功能区实践对外来资本在空间上形成引导和约束，县城和少数重点镇成为发展县域非农产业的主战场，多数镇在发展非农产业方面的基础条件和动力都不复存在，发展势头放缓，县域产业空间结构开始优化。

外来资本的进入明显加快了县域工业化进程，为农村劳动力提供了新的就业机会，为县域城镇化提供了强大的经济动力，并促进了以县城为主导、少数重点镇为支撑的县域城镇化格局的形成。如在县域经济发展水平最高的新兴县，县城人口占全县常住人口比重已从2000年的26.3%升至2010年的33.4%。但也必须看到，大型资本密集型工业对就业的拉动作用有限，可能带来低就业或无就业的增长，而建筑房地产业从业人员的稳定性较差，这些均不利于县域经济和城镇化的健康发展。

第六章 云浮市农村土地流转改革及现状特征

一、农村土地流转与人口流动的关系

土地、劳动力和资本是农业生产的三大基本要素。对于农村劳动力及农户而言，土地既是家庭财产，又可以为农村劳动力提供就业机会，同时还是农户家庭的一种投资品（VanWey，2005；黄善林，卢新海，2010），是农业生产和劳动力配置的重要决定因素。土地条件的变化促使农村劳动力在空间上重新布局。可以说，土地是人口迁移的直接或间接动力机制（Dixon，1950）。

土地制度改革直接导致农村土地关系变化，并对农村人口流动产生了深远影响。纵观新中国成立以来我国的人口流动历程，不难发现，人口流动很大程度上就是伴随着土地制度的变迁而产生的。改革开放前，随着土地集中经营制度的形成，农村地域人口由初期的自由流动走向封闭。从1978年到20世纪90年代中期，随着农村土地联产承包责任制的实施，农业劳动力能相对自由地进行生产决策，农村人口流动性加强，人口流动主要以单向流动为主。20世纪90年代中期以后，随着土地流转从事实存在到制度化推动，农村地域人口流动更多地表现出双向流动的特征（黄忠怀，吴晓聪，2012）。

作为土地制度改革的重要组成部分，土地流转直接改变农户经营土地的数量关系，对农村人口流动具有明显的促进作用。郑子青（2014）通过对湖南平江县某村的调研发现，到2012年年底，全村有将近1/3的家庭将土地外包给了本组村民或外村村民耕种，这些转包承包土地的农户基本上举家流向了城镇。黄忠怀和吴晓聪（2012）对上海浦东周浦镇的研究发现，大规模土地流转直接推动农村地域人口流动方式的转变。原有土地上的农民与土地的附着关系被改变，农民大多离开村庄从事非农产业，同时，大量外地农民进入这些村庄从事农业生产，形成双向人口流动。盛来运（2007）利用中国农村住户调查34 000户样本数据研究发现，土地流转对农村人口外出具有显著影响。年内转包入耕地的农户劳动力外出的可能性下降了1.3个百分点，而年内转包出耕地的农户劳动力外出的可能性则上升了5.3个百分点。

土地流转与农村人口流动的相关研究主要关注人口从农村向城市的流动，对于土地与农村劳动力回流的关系研究尚不多见。盛来运（2008）运用2004年中国农村住户调查数据研究发现，农村土地流转显著影响了农村劳动力的回流。年内转包入耕地的农户劳动力回流可能性增加2.7个百分点。尽管实证研究对此问题关注不多，但可以推测，土地流转作为农户进行土地经营权自我调节的一种手段，既是农村劳动力空间配置的反映，也对劳动力流动产生重要影响。一方面，外出劳动力通过转包入其他农户土地，增加家庭可供经营的土地面积，便于开展农业规模经营，促进回流就业的发生；另一方面，通过转出家中土地，减少了外出劳动力的后顾之忧，进一步释放了农村剩余劳动力，降低了外出者回流的可能性。

二、云浮市农村土地流转改革

改革开放以来，我国土地流转制度经历了从"禁止流转、允许流转到放开流转"和由模糊不清到明确鼓励的过程。2003年实施的《农村土地承包法》明确了"通过家庭承包取得的土地承包经营权可以依法采取转包、出租、互换、转让或者其他方式流转"的法律规定，对土地流转进行了原则约束，为土地流转实践奠定了法律基础。2005年7月，广东省政府发布《广东省集体建设用地使用权流转管理办法（草案）》，明确农村集体建设用地使用权可于2005年10月1日起上市流转，可以通过招标、拍卖、挂牌和上网竞价四种方式进行"阳光交易"，农村土地流转制度体系基本形成（刘淑春，2008）。

云浮市是广东省典型的山区农业县，"八山一水一分田"是云浮市自然地理环境的真实写照。地少人多，人地矛盾突出。2011年，全市人均耕地面积仅0.72亩。家庭土地分布零散，破碎化程度高，不利于农业规模经营。随着近年来沙糖橘、黄皮等特色农业的发展，农业产业化水平不断提高，越来越多的农户自发参与农村土地承包经营权流转，但流转无序、管理无序等问题也随之显露。为此，建立有效的土地流转机制成为地方政府工作的重要内容之一。

云浮市是广东省13个农村综合改革试验区之一，也是全省唯一的"全国农村改革试验区"，土地流转改革在农村综合改革中占据重要地位。2010年4月，云浮市发布《云浮市建设农村改革发展试验区总体方案》，提出推进农村"六大改革"，包括土地流转、农村金融、涉农保险、城乡医保、干部激励、生态补偿等方面。其中，在土地流转改革方面，提出建立统一的农村土地流转服务平台。强调推动农村土地的流转，盘活农村土地资源，大力推进种养业适度规模经营，使

产业转移、土地流转与农村劳动力回流
土地利用与空间规划丛书

土地成为农民财产性收入增加的重要来源。一是建立与土地要素市场相统一的农村土地流转市场。通过建立健全相关机制，把农村经营性集体建设用地使用权和耕地、林地经营承包权的流转服务职能统一纳入县级土地交易中心，统一信息发布，统一交易服务，并逐步实现服务网络覆盖乡镇。力争到2010年各县（市、区）均建立农村土地流转市场，到2013年，土地流转服务网络延伸到全市所有乡镇。二是大力培育和发展以农业龙头企业、农民专业合作组织、农产品流通大户、种养大户等为流转市场主体，推动农村土地稳步流转。三是加快出台规范农村用地、土地流转行为的相关政策或制度，为搞活农村土地流转市场提供政策支持。①

2010年9月，云浮市发布《关于进一步加快农村改革发展试验区建设的意见》，要求进一步加大农村改革发展试验区建设的先行先试力度，提出以城乡土地流转为切入点，推进新型城镇化建设。把增加城市建设用地与减少农村集体用地有机结合，有效解决城市建设用地短缺与农村大量土地闲置的矛盾，提高土地流转效率，促进集约节约用地，实现土地的聚集效益。要积极探索城乡土地流转的机制和途径，全力争取上级的支持，推动农村产权市场化改革，实现全市建设用地总量微增、流量大增的目标。要积极推进"空心村"改造，充分挖掘农村的土地潜力，盘活农民的闲置土地，通过置换等形式促进集约用地，实现农村集体土地增值，提高农民的土地收益。要推进工业用地向园区集中，走集聚集群发展路子，以工业化带动城镇和第三产业发展，增强城镇吸纳劳动力的能力。要稳步推进农村土地向农业龙头企业、农村集体经济组织、农民专业合作经济组织和种植大户集中，推动农业土地规模化经营、集约化发展，提高土地效益，促进农村富余劳动力转移。要积极推进分散在自然村落的农民向城镇和新型

---

① 资料来源：中共云浮市委市政府关于印发《云浮市建设农村改革发展试验区总体方案》的通知（云发〔2010〕7号）。

第六章
云浮市农村土地流转改革及现状特征

社区转移，实现集中居住，促进城镇基本公共服务设施建设和服务水平提升，转变农村居民的生产生活方式，推动新型城镇化建设。

设立土地流转服务中心是云浮市农村改革的重要环节。服务中心为本地农民出租或承包土地提供了信息发布平台、法律保障和相应的司法支持，把农村土地流转导入信息化、市场化、规范化轨道。借助土地流转服务平台，形成土地承包经营权流转备案、登记和档案管理等工作制度，建立土地流转信息库，及时发布土地流转信息，建立土地流转动态管理台账，把开展土地流转管理与服务结合起来，通过提供服务，为农地流转提供良好的市场环境。

通过土地流转，转出土地的农民转而从事非农产业，部分转入土地农民开始扩大农业规模。因此，以建立土地流转服务中心为前提，云浮市还探索建立了农村劳动力服务中心和农业发展服务中心，解决劳动力转移培训、农业技能培训等问题。如在土地流转起步较早的云安县南盛镇建立有农业发展服务中心，其包括南盛镇农产品质量安全监督管理站、南盛镇柑橘专业合作社、南盛镇柑橘协会等，这些组织解决了土地流转后规模农业、高效农业对农民素质的发展要求。

2008年，南盛镇建立第一个农村土地流转服务中心。至2011年初，通过该中心流转的土地面积已达14 840.1亩，占全镇土地流转面积的20%，签订合同金额2323.8万元。[1]郁南则通过农村资产流通中心促进了土地流转的市场化与规范化发展。2010年，通过该中心流转的农村土地达9787亩。[2]至2013年底，全市共建立县、镇两级农村土地流转平台34个，新兴县和云安县所有镇均建立了农村土地流转中心。[3]

通过农村土地流转服务中心平台建设，同时培育农业龙头企业、

---

[1]《打造"向下相适应"的政府》，http://www.nfyk.com/nfgz/ShowArticle. asp?ArticleID=3101，2011-03-08。

[2]《积极盘活农村资产 云浮郁南县农村土地流转面积超2万亩》，http://www.agri. gov.cn/V20/ZX/qgxxlb_1/gd/201105/t20110520_1995581.htm，2011-05-20。

[3]《2014年云浮市政府工作报告》，云浮市政府门户网站，2014年2月14日。

产业转移、土地流转与农村劳动力回流
土地利用与空间规划丛书

农民专业合作社、种养大户等农业规模经营主体，极大加快了农业土地流转步伐，提高了流转效益。至2013年6月底，全市农村家庭承包土地流转面积达11.45万亩。

云浮市土地流转一方面受近年来特色农业快速发展的推动，另一方面通过土地的集中，农业产业化获得了更大的发展。据统计，至2011年10月，通过土地市场化流转的办法，云安全县22.68万亩的农用地向特色农业集中，农业产业化基地面积达52.78万亩。①新兴县通过土地流转形成了花卉种植、水产养殖等特色产业，全县花卉种植达5万多亩，水产养殖面积达5万多亩，涉及农村土地承包经营权流转土地面积3万多亩；罗定市通过土地流转形成了无公害蔬菜、优质大米等特色产业，全市蔬菜种植基地2万亩，优质大米种植基地26万亩；郁南县通过土地流转形成了柑橘、无核黄皮、蚕桑等特色产业，特色产业种植面积达50多万亩。②

农业龙头企业是推动农村土地流转的另一重要载体。云浮市采用"公司+理事会+农户""公司+现代家庭农场""合作社+合作社"的经营机制，加快农业龙头企业的发展。据统计，截至2012年12月底，全市农业产业化组织发展到673个。较大型的有新兴的温氏集团、马林食品，罗定的聚龙米业，云安的南盛农业公司等。其中温氏集团已发展成为广东最大、全国重点的农业产业化龙头企业，其推行的"公司+农户"制度大获成功，成为全国各地争相效仿推广的对象。2011年，温氏集团实现销售收入309.93亿元，合作农户5.21万户，全体农户获利31.09亿元，户均获利6.32万元。③农业龙头企业的

---

①《确定主体功能，统筹城乡发展》，http://www.ccud.org.cn/a/zhongxinyewu/yanjiu/2011/1031/5819.html，2011-10-31。

②《云浮农村家庭承包土地流转逾11万亩》，http://www.yunfucity.com/2013/0808/38496.html，2013-08-08。

③《农业产业化经营的组织模式》，http://finance.huanqiu.com/mba/2012-08/3048672.html，2012-08-21。

快速发展为农村土地流转提供了强大的载体。

三、云浮市农村土地流转的现状特征

运用云浮市农业局《农村经济收益统计》数据，对全市农村土地流转现状进行分析发现，现阶段云浮市土地流转存在如下主要特征：

1. 土地流转总体规模不高，地区差异较大

据云浮市农业局统计，2010年，全市家庭承包耕地流转总面积101 144.8亩，占家庭承包经营耕地面积的11.5%（图6-1），这一比例低于江苏、浙江等省的平均水平。根据曹素红（2011）统计发现，2009年江苏省农地流转比例为28.4%。根据黄祖辉和王朋（2008）的统计，早在2006年，浙江省的农地流转比例已达到17.9%。2005年中国人民大学和美国农村发展研究所对全国17省进行的农村土地抽样调查发现，在被调查的所有农户耕地中，有9.7%的耕地参与流转（叶剑平 等，2006）。可以看出，总体上云浮市农村土地流转规模仍处于较低水平。

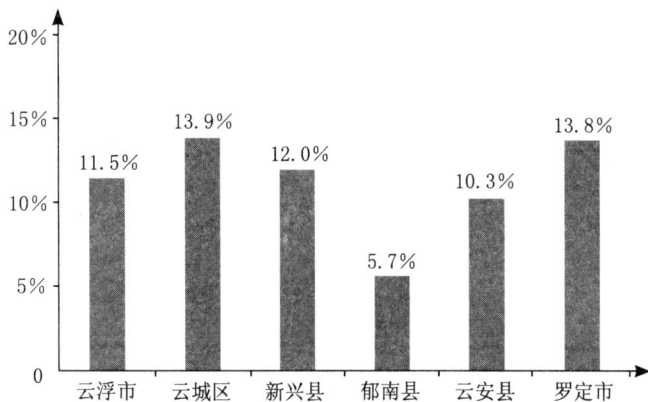

图6-1 云浮各县（市）耕地流转比例（2010）

产业转移、土地流转与农村劳动力回流
土地利用与空间规划丛书

云浮各县（市）土地流转程度存在明显差异。其中，中心城区云城区和罗定市的流转比例最高，达13.9%和13.8%，郁南县仅有5.7%的耕地参与流转，为各县最低。云城区较高的流转比例主要源自快速工业化和城市化地区相对较多的非农就业机会对农民的吸引。而罗定市主要由于人多地少，人地矛盾突出，土地分布零散，需要通过土地流转整合分散的土地资源，缓解人地矛盾。

2.土地流转形式以转包和出租为主，入股比例不高

如图6-2所示，云浮市土地流转形式以转包和出租为主，分别占流转面积总量的38.0%和45.2%。说明农户在土地流转过程中，市场意识和观念开始增强。总体上，又以流转向外村的出租形式居多。其中，云城区的出租比例为54.8%，新兴县为57.2%。通过土地入股的方式进行股份合作的土地尚不多见。

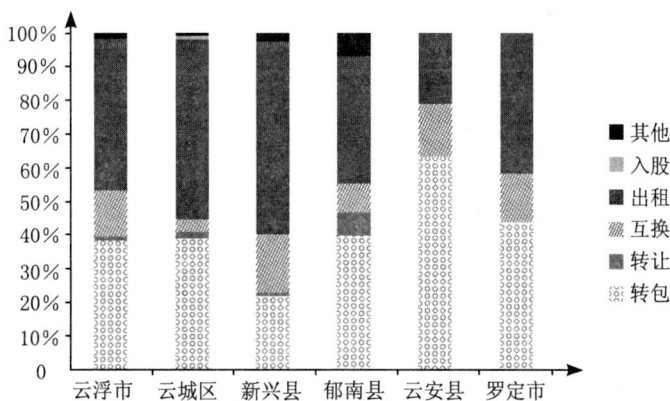

图6-2 云浮各县（市）土地流转形式

3.种养大户是流转土地的主要去向，专业合作社成为新亮点

总体上，流转土地主要发生在农户与农户之间。2010年，全市流转土地流入农户的比重达72.6%，流入专业合作社和企业的比例分别为10.0%和6.5%。但值得注意的是，在部分地区，其他流转主体开始发挥重要作用。如在新兴县，流入农户的仅为39.8%，流入专业合作社的占25.2%，农户土地流转入专业合作社后，通过土地统一经营，可获得土地规模化经营收益，合作社再通过农民入股情况进行收益的二次分配，这一形式受到当地农民欢迎，成为土地流转的重要主体。

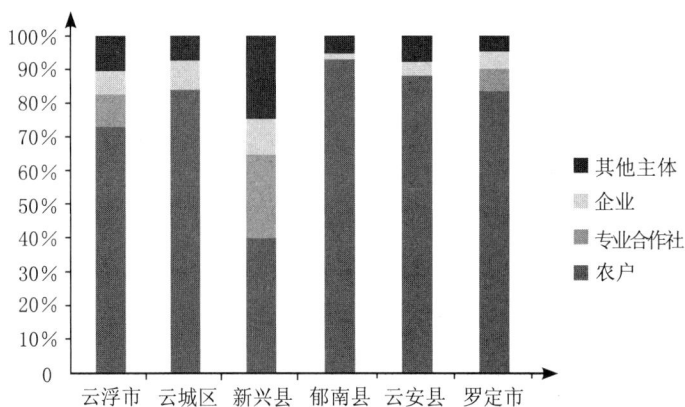

图6-3 云浮各县（市）土地流入主体

4.土地流转用途存在明显"去粮化"趋势，但地区差异较大

据统计，全市流转耕地用于种植粮食作物的面积为40 999.3亩，仅占流转耕地总面积的40.5%（图6-4），大部分流转土地用于经济作物或养殖业等其他用途，"去粮化"趋势明显。但流转用途在全市各县（市）间存在较大差异。其中，云城区、新兴县用于粮食作物种植的比例更低，分别为5.7%和11.5%，而云安县和罗定市仍主要用于粮食种植。云城区较低的种粮比重可能源于其主城区的区位优势导致流转土地用于非农建设用地的增长，而新兴县则主要因为全县规模化养殖的繁荣导致流转土地用于养殖业等用途。

产业转移、土地流转与农村劳动力回流
土地利用与空间规划丛书

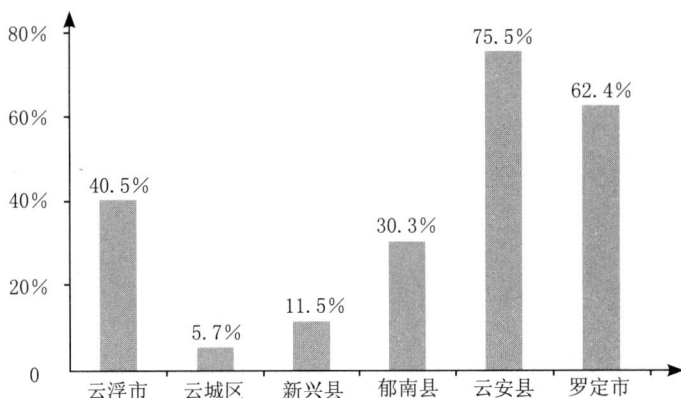

图6-4 云浮各县（市）流转耕地用于种植粮食作物的比例

5.土地流转程序趋于规范化

签订书面合同是土地流转工作规范化和保障农民权益的重要手段。根据云浮市农业局统计，2010年，全市签订流转合同的耕地流转面积为33 336.8亩，占流转耕地总面积的33.0%（图6-5）。这一比例高于全国的平均水平。2005年全国农村抽样调查数据表明，在转出土地的农户中，有86%的农户在转出土地时没有签订书面合同（叶剑平等，2006）。在各县（市）中，新兴县流转程序的规范化程度最高，其签订书面合同的比例达45.8%。

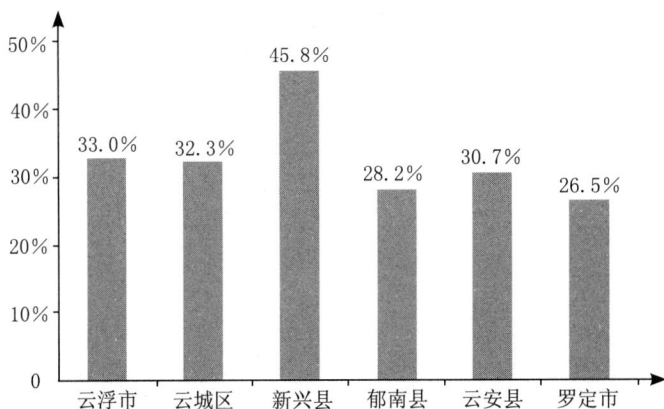

图6-5 云浮各县（市）签订流转合同的耕地流转面积比例

第六章
云浮市农村土地流转改革及现状特征

四、小结

农村土地流转作为调整农户间土地经营权关系的重要手段，对农户的劳动力配置与空间流动具有显著影响。改革开放以来我国土地流转制度不断解禁，作为改革开放的前沿阵地，广东省的土地流转制度改革又走在全国前列。云浮市是13个广东省农村综合改革试验区之一，也是全省唯一的全国农村综合改革试验区，近年来，全市加快了土地流转改革步伐。

分析云浮市农村土地流转的现状发现，现阶段全市土地流转总体比例不高，落后于江浙等发达地区的整体水平，且各县（市）间存在明显的地区差异；土地流转形式以转包和出租为主，以入股形式形成股份合作的流转形式尚不多见；种养大户是流转土地的主要主体，但专业合作社、企业等其他主体开始在流转过程中发挥更大作用；土地流转的用途方面，存在明显的"去粮化"趋势；土地流转工作程序上，签订书面合同的比例较高，规范化程度较好。

总体而言，由于土地流转改革仍处于起步期，相关的产权、社会保障等配套制度尚未建立，加上改革实施的效果具有一定的滞后性，现阶段云浮市土地流转还处于发展的初级阶段。

第七章　劳动力外出与回流的影响因素

立足于2011年云浮农户调查数据，本章从农村劳动力个体流动就业行为的微观视角出发，在回流的多重就业选择研究框架下，构建农村劳动力回流的多元Logistic模型，探讨个人、家庭、土地流转及家乡社会经济环境等因素对农村劳动力回流就业的影响，并与劳动力外出就业进行对比分析，以期更全面系统地掌握劳动力的流动规律。

此前关于劳动力回流的研究多停留在"是否回流"或"是否留城"的二元选择上，研究方法多采取二元Logistic回归分析，但由于不同类型的外出与回流就业对城镇化影响路径与方式存在明显差异，分析过程中，本研究充分将外出与回流就业劳动力做进一步细分。其中，在回流就业方面，将回流分为回流务农和回流非农就业两种，在外出就业方面，将外出分为县内务工与县外务工两种，分别探讨不同类型的回流与外出就业的动力机制。采取这一分析思路，不仅有助于丰富劳动力流动理论，而且能更准确地把握中国劳动力的流动规律，对欠发达地区经济发展与城镇化建设具有重要意义。

一、数据与研究方法

1.数据来源与处理

本章所用数据源于笔者2011年在云浮市完成的农户调查。调查涉及全市的三县一市：新兴县、郁南县、云安县和县级罗定市，主要采取入户问卷访谈的方式，调查问卷以户为单位，包含个人和家庭两个层面内容。个人层面有年龄、性别、文化程度、就业经历与就业状态等特征。家庭层面包括家庭成员构成、土地面积、收入等特征。

劳动力就业分为三种类型：留村就业、外出就业（留城就业）和回流就业。其中，外出就业分县内和县外两种。县内务工指在离开本村在本县范围内从事非农业活动。县外务工则指离开本县在其他地区从事非农业活动。回流就业指曾经在县外务工，现在本县内就业的劳动力，回流就业分为回流务农和回流非农就业两种。留村就业指从未在县外务工的农村劳动力。所有劳动力需在最近半年内未改变就业类型方为有效样本，否则从样本中删除。

调查共涉及农户512户，劳动力1672人，其中，留村劳动力555人，外出劳动力811人，回流劳动力306人。外出劳动力中，县内务工240人，县外务工571人。回流劳动力中，回流务农180人，回流从事非农就业的126人。

2.模型与变量选择

本部分着重研究农村劳动力外出与回流就业过程中，面临县外务工与县内务工、回流务农与非农就业的多重就业选择时的影响因素。因此，采用多元Logistic回归模型进行分析。根据新古典经济学的基本假设，城乡收入差异是劳动力在城乡间流动就业的根本原因。无论是外出，还是回流，劳动力在面临上述多重就业选择时最根本的考虑因素都是城乡不同就业状态下的成本与收益间的权衡，以实现收入最大化。

本研究中，外出与回流劳动力均面临三类就业选择。外出劳动力面临留村就业、县内务工与县外务工；回流劳动力面临留城就业、回流务农和回流非农就业。三种选择构成的选择集用C表示。劳动力就业选择的多元Logistic模型表示为：

$$P_{ni}=\frac{\mathrm{e}^{V_{ni}}}{\sum_{j=1}^{J}\mathrm{e}^{V_{nj}}}\quad,i\,,j\in C,j=1,2,\cdots,J$$

其中，P_{ni}表示劳动力n个体选择就业类型i的概率。V_{ni}和V_{nj}分别表示劳动力个体n选择就业类型i和j的净收入。对于多元Logistic模型，其实质仍是两两之间的比较，假设备择项共有三类：1、2和3。以类别3作为参照组，三类结果的多元Logistic模型可以表示为：

$$\mathrm{Log\,it}(P_{1/3})=\ln(P(y=1\,|\,x)/P(y=3\,|\,x))=\beta_1 x$$
$$\mathrm{Log\,it}(P_{2/3})=\ln(P(y=2\,|\,x)/P(y=3\,|\,x))=\beta_2 x$$

在探讨劳动力外出就业决策时，我们以"留村就业"为参照组。式中，相应的参数值β_1（或β_2）表示"县内务工"（或"县外务工"）与"留村就业"相比，回归元变动一个单位，概率比变动的对数值；在探讨劳动力回流就业决策时，本研究以"留城就业"为参照组。式中，相应的参数值β_1（或β_2）表示"回流务农"（或"回流非农就业"）与"留城就业"相比，回归元变动一个单位，概率比变动的对数值。

在进行解释变量的选择上，本部分以人力资本理论、新家庭经济理论等微观理论和推拉理论、二元经济理论等宏观理论为基础，充分考虑中国农村劳动力流动的背景，将劳动者个体特征、家庭因素、土地流转因素与家乡环境变量纳入模型（表7-1），考察其对迁移决策的影响，以形成拓展的劳动力多重流动就业决策模型。

表7-1 模型的变量选择及其定义

类别	变量名称	变量解释
个人特征	年龄	单位：周岁
	性别	虚拟变量，男=1，女=0
	婚姻状况	虚拟变量，已婚=1，未婚=0
	文化程度	文盲=1，小学=2，初中=3，高中=4，职中/技校=5，大专及以上=6
	外出时间长度	单位：年
家庭因素	学龄前儿童数	6岁以下，单位：人
	学龄儿童数	6～15岁，单位：人
	老人数	65岁以上，单位：人
	劳动力数	16～65岁的未丧失劳动能力的人，单位：人
	家庭土地面积	单位：亩
土地流转	转入土地面积	家中年内通过土地流转转包入土地面积，单位：亩
	转出土地面积	家中年内通过土地流转转包出土地面积，单位：亩
社区环境	本地经济发展水平	在本县从事非农就业劳动力数占农村劳动力比重（%）
	到县城的距离	所在村（居）到县政府所在地距离，单位：公里
	到镇的距离	所在村（居）到镇（街）政府所在地距离，单位：公里
	丘陵	地形虚拟变量，参照组=平原
	山区	地形虚拟变量，参照组=平原

注：1.外出时间长度变量仅适用于劳动力回流决策模型；

2.学龄儿童以小学和初中年龄段为依据，根据我国实际，确定年龄段为6～15岁。

（1）个人特征。

劳动力的个人特征对其流动行为影响的重要性不言而喻。劳动力迁移的人力资本理论就是从微观角度解释劳动力迁移的。它回答了在面对同样的城乡收入差异时为何有的劳动力迁移，有的则留守农村。该理论将迁移看作能带来某种经济收益的投资行为，由于个体在年龄、文化程度等方面的差异，导致迁移决策的不同（Sjaastad，1962）。结合现有文献，本研究选择的个体变量包括年龄、性别、婚姻状况、文化程度。在探讨劳动力回流就业决策时，除上述四个个人变量外，还将外出时间长度变量纳入模型。外出时间长度和文化程度共同指代劳动力的人力资本状况。

产业转移、土地流转与农村劳动力回流

土地利用与空间规划丛书

（2）家庭因素。

新迁移经济学认为迁移不是独立的个体行为，而是在家庭层面上"盘算"的合理结果，根据家庭预期收入最大化和风险最小化的原则，劳动力决定外出还是回流（Stark，1982），家庭禀赋是影响家庭决策的重要因素。在中国，由于户籍、土地等制度限制及由此造成的福利分割，许多在外务工的农村劳动力并未实现完全迁移，他们往往将小孩、老人留在农村。因此，照顾家庭也是影响劳动力流动的重要原因之一。本研究充分考虑家庭因素对个体迁移就业行为的影响，主要包括家中学龄前儿童数、学龄儿童数、老人数、劳动力数量和家庭土地面积。前三项为家中需照顾的成员数，指代家庭负担状况，后两项指代家庭资源禀赋状况。

（3）土地流转。

家庭土地资源的缺乏导致的人多地少矛盾与劳动力过剩是中国农村劳动力向外迁移的主要动因。已有研究表明，较多的土地面积促使农村劳动力从事农业生产，而减少对非农活动的参与（朱农，2005）。通过土地流转，对农业经营土地进行重新配置，将对农村劳动力的流动决策产生重要影响。一方面，农户将家中土地转出有助于释放更多的劳动力，促进劳动力的外出或留城就业；另一方面，农户通过转入他人土地，实现土地面积的扩大有利于发展农业规模经营，从而限制了部分农村劳动力的外出，并对外出劳动力的回流形成吸引。考虑到云浮市近年来土地流转与集体林权改革大规模推行的实际，本部分将土地流转变量纳入模型，以考察土地流转市场的发育对农村劳动力流动决策的影响。主要包括年内转入土地面积和转出土地面积两个变量。

（4）社区环境。

已有研究大多承认外部环境因素对劳动力的迁移就业行为所起的作用。就回流迁移而言，结构分析方法尤其关注家乡社会经济环境的重要影响，认为回流决策是回流者期望与其家乡社会经济环境相互作用下的复杂结果（Cassarino，2004）。在发达地区产业加速向外转移的背景下，欠发达地区县域经济获得了快速发展，其对当地农村劳动力外出与回流又将产生怎样的影响，这是本书关注的核心问题之一。此外，在县域主体功能区划实践影响下，县城在县域经济格局中的核心地位将更加突出，因此，在县域尺度上，村庄所处的区位条件对其不同类型的流动决策将产生巨大作用。此外，我们还将考虑村庄所处的自然地理条件对劳动力流动的意义。概言之，社区环境变量包括当地经济发展水平、到县城和集镇的距离、村庄地形状况。

二、劳动力外出的影响因素

1.两类外出劳动力的变量特征

劳动力外出就业模型以留村就业为参照，考察县内务工与县外务工决策的影响因素。经处理，最终进入模型的留村就业劳动力555人，县内务工劳动力240人，县外务工劳动力571人（图7-1）。县外务工是当前农村劳动力最主要的就业选择，其比例达41.8%。选择在本县内务工的比例相对较小，占17.6%。通过对劳动力的变量特征统计分析发现，三类就业劳动力存在明显差异，尤其是个人和家庭特征方面。

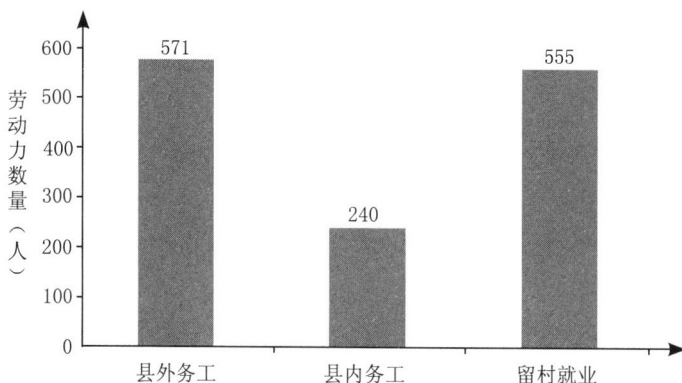

图7-1 劳动力外出就业模型的样本规模
（数据来源：云浮农户调查）

产业转移、土地流转与农村劳动力回流
土地利用与空间规划丛书

县外务工劳动力最为年轻，留村就业劳动力年龄严重老化，县内务工劳动力年龄居中（表7-2）。统计发现，云浮农村县外务工劳动力的平均年龄为28.38岁，县内务工比县外务工劳动力平均大10岁，他们的平均年龄为38.48岁。留村就业劳动力年龄最老，平均为50.21岁。县内务工与县外务工劳动力均以男性为主（占比分别为55%和59%），留村劳动力则以女性为主（59%）。两类外出劳动力的文化程度明显高于留村劳动力。而县外务工劳动力的已婚比例明显不及县内务工和留村劳动力。

表7-2 劳动力外出就业模型自变量的描述性统计

自变量	留村就业		县外务工		县内务工	
	均值	标准差	均值	标准差	均值	标准差
个人特征						
年龄	50.21	12.33	28.38	7.92	38.48	11.71
性别	0.41	0.49	0.59	0.49	0.55	0.50
婚姻状况	0.96	0.19	0.54	0.50	0.87	0.34
文化程度	2.74	0.80	3.55	1.06	3.41	1.10
家庭因素						
学龄前儿童数	0.37	0.65	0.35	0.62	0.33	0.74
学龄儿童数	0.44	0.74	0.33	0.66	0.50	0.67
老人数	0.33	0.64	0.30	0.62	0.48	1.10
劳动力数	3.79	1.18	4.15	1.22	3.24	0.58
家庭土地面积	5.61	8.26	4.89	6.94	1.80	4.00
土地流转						
转入土地面积	2.50	9.85	1.67	7.07	1.01	6.03
转出土地面积	0.43	1.97	0.65	2.19	0.29	1.05
社区环境						
本地经济发展水平	22.63	2.63	22.47	2.43	22.81	2.74
到县城的距离	31.28	20.16	34.71	22.70	12.66	18.69
到镇的距离	3.56	3.05	3.16	2.78	1.07	2.05
丘陵	0.39	0.49	0.42	0.49	0.25	0.43
山区	0.31	0.46	0.28	0.45	0.11	0.31
样本量（个）	555		571		240	

（数据来源：云浮农户调查）

总体上，县外务工劳动力的家庭负担相对较轻，其家中学龄前儿童数、学龄儿童数和老人数平均分别为0.35、0.33和0.30个，均少于留村劳动力，学龄儿童数和老人数明显少于县内务工劳动力（0.50和0.48个）。县外务工劳动力的家庭劳动力数量较留村就业和县内务工劳动力更多。

留村就业劳动力的家庭土地面积明显多于两类外出劳动力，他们的家庭平均土地面积为5.61亩，分别比县外、县内务工家庭多0.72亩和3.81亩，他们也更倾向于承包其他农户的土地。调研发现，留村劳动力家庭年内平均转入土地2.50亩，高于县外务工家庭的1.67亩和县内务工家庭的1.01亩。三类就业劳动力家庭转出土地均较少。此外，县内务工劳动力在村庄区位条件方面明显优于留村和县外务工劳动力。

2.回归结果分析

根据调查数据，构建农村劳动力外出就业选择的多元Logistic模型。在三种就业选择中，本书以留村就业为参照组，探讨个人、家庭、土地流转和社区环境等变量对劳动力外出就业选择的影响。

（1）个人特征。

年龄、性别和文化程度三个主要的个人特征对两类外出就业均具有显著影响（表7-3）。那些年龄更老、文化程度更低的劳动力和女性劳动力更倾向于选择留村就业，而不是外出务工。

表7-3　劳动力外出就业选择的多元Logistic回归结果

变量	县外务工		县内务工	
	回归系数	概率比	回归系数	概率比
个人特征				
年龄	-0.176	0.839***	-0.091	0.913***
性别	0.853	2.346***	0.641	1.898***
婚姻状况	-0.023	0.977	0.691	1.995
文化程度	0.661	1.936***	0.602	1.825***

变量	县外务工		县内务工	
	回归系数	概率比	回归系数	概率比
家庭因素				
学龄前儿童数	−0.346	0.708**	0.010	1.011
学龄儿童数	−0.010	0.990	−0.199	0.820
老人数	1.045	2.842***	0.717	2.048***
劳动力数	0.197	1.218**	−0.175	0.840*
家庭土地面积	−0.038	0.963**	−0.097	0.908***
土地流转				
转入土地面积	−0.036	0.965**	−0.034	0.967**
转出土地面积	0.120	1.128**	0.025	1.025
社区环境				
本地经济发展水平	0.035	1.035	0.049	1.050
到县城的距离	0.012	1.012**	−0.025	0.975***
到镇的距离	−0.119	0.888***	−0.373	0.689***
丘陵	0.345	1.412	0.133	1.142
山区	0.037	1.038	0.422	1.526
N(N=1)	1126（571）		795（240）	
Log likelihood	−328.14		−282.29	
R^2	0.5795		0.4202	

注：*、**和***分别表示10%、5%和1%的显著性水平。（数据来源：云浮农户调查）

1）年龄的增大降低了劳动力外出的概率，对县外务工的影响更加明显。

劳动力年龄与两类外出务工均呈负相关关系。年龄越大，外出就业的概率越小（图7-2）。与留村就业相比，年龄每增加1岁，农村劳动力选择到县外务工的概率降低16.1%，选择在县内务工的概率降低8.7%，两项回归结果均在1%水平上显著。这与理论的假设及诸多实证研究结果相一致。随着年龄的增大，其外出实现收益的时间不断缩短，而外出的成本增加（Schultz，1961；Willmore et al，2012），有限的迁移时间收益不足以弥补成本，在外出就业收益与成本的权衡下，往往选择留村就业。

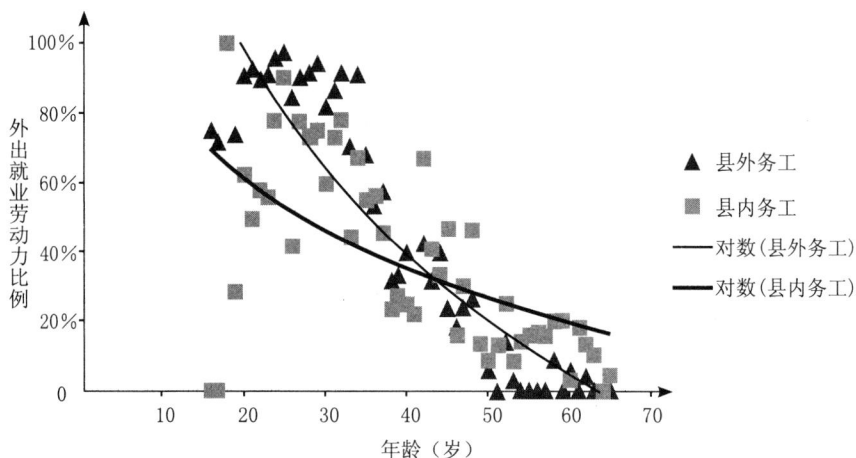

图7-2　年龄与外出就业劳动力比例关系

2）文化程度的提高大大增加了劳动力外出就业的可能性，对县外务工的作用更大。

文化程度越高，劳动力越倾向于外出务工（图7-3）。与留村就业相比，文化程度每提升1个级别，选择县外务工的概率提高93.6%，选择县内务工的概率提高82.5%，两项结果均在1%水平上显著。较高的文化程度不仅意味着劳动力素质高，能适应外出地企业更高的招工

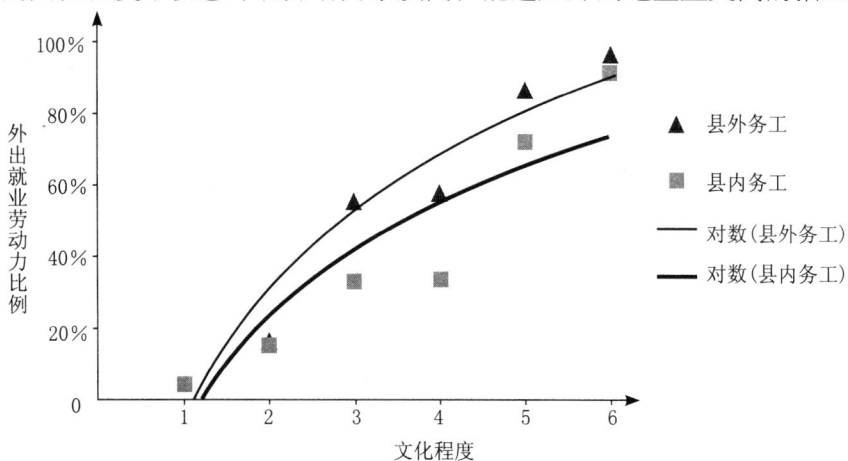

图7-3　文化程度与外出就业劳动力比例关系

产业转移、土地流转与农村劳动力回流
土地利用与空间规划丛书

要求，也便于获取更多的就业信息与机会，从而提高了其外出就业的收益（赵耀辉，1997）。

文化程度变量对劳动力县外务工影响比对县内务工的影响更加明显。一方面，说明文化程度较高的劳动力更倾向于外出到大城市务工，以便于实现更大的人力资本积累（Moretti，2004）；另一方面，说明县外城市产业对劳动力素质要求更高，尤其是在现阶段，许多大城市提出推行产业结构升级，大力发展技术密集型产业，迁入地对劳动力文化素质的更高要求迫使文化程度较低的劳动力不得不放弃大城市。

3）男性劳动力外出就业的概率更高，尤其是去县外务工。

男性比女性选择外出就业的概率明显更高。与留村就业相比，男性劳动力选择县外就业的概率比女性高134.6%，选择县内务工的概率比女性高89.8%。这一结果与已有研究基本一致。与女性相比，男性劳动力受家庭和个人心理的影响往往较小，其外出就业的影响更强（Willmore et al，2012）。在云浮的调研发现，留村就业劳动力以女性为主，女性占留村劳动力的比重达59.4%。而外出劳动力则明显以男性为主。此外，婚姻状况对两类外出就业的影响均不显著。

（2）家庭因素。

1）较多的学龄前儿童降低了劳动力县外务工的概率，但对县内务工的影响不明显。

家中学龄前儿童数越多，劳动力去县外务工的概率越小，但对县内务工的影响不明显。与留村就业相比，学龄前儿童每增加1人，农村劳动力选择县外务工的概率降低29.2%，回归结果在5%水平上显著。由于进城务工人员子女难以在城市获得公平的教育机会，许多人不得不将小孩滞留农村。在云浮的调研发现，县外务工劳动力将子女带在务工地读书的情况极为少见。作为农村家庭需主要照顾的一类，学龄前儿童的增加降低了县外就业的可能性。而县内务工因距家较近，可兼顾家庭，因此，学龄前儿童数对县内务工影响不明显。

2）家中老人越多，劳动力外出就业的可能性越大，而不是更小。

值得注意的是，老人数对外出就业具有显著的正向影响。家中老人越多，外出就业的可能性越大。与留村就业相比，老人每增加1人，选择县外务工的概率增加184.2%，选择在本县内务工的概率增加104.8%，回归结果均在1%水平上显著。这与前文将老人作为农村家庭需照顾人群的假设相矛盾。说明对目前的农村家庭而言，老人更多的是扮演照顾小孩、耕种土地等角色，而非家庭负担的一部分，他们使得家中劳动力更安心地外出务工。这从另一个侧面说明了现阶段农村养老问题的严重性。

3）家中劳动力的缺乏增加了县内务工的概率，而降低了县外务工的概率。

家庭劳动力资源禀赋对两类外出就业的影响恰好相反（图7-4）。其对农村劳动力县外务工的影响为正，对县内务工的影响为负。与留村就业相比，家庭劳动力每增加1个，选择县外务工的概率提高21.8%，而选择县内务工的概率降低16.0%。两项结果分别在5%和10%水平上显著。

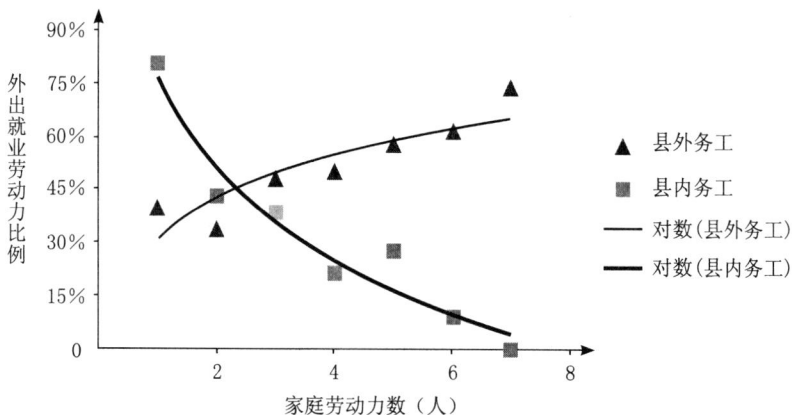

图7-4 家庭劳动力数与外出就业劳动力比例关系

产业转移、土地流转与农村劳动力回流
土地利用与空间规划丛书

按照新劳动力经济学的解释，劳动力流动是一种家庭行为，需综合考虑家庭因素，是家庭层面决策的结果（Stark，Taylor，1991）。一般来说，家庭劳动力数量越多，越有利于家庭的多样化就业，以实现家庭风险的最小化，因此，选择外出就业的可能性也更大。但这种正向影响只在县外务工模型中得到证实，县内务工模型的影响为负。可能的原因是，与县外务工相比，县内务工在空间上明显离农村家庭更近。因此，在决定是否到县外务工时，由于照顾家人等负担，劳动力数量越少的家庭，外出的可能性也更小。而由于县内务工离家庭较近，便于照顾家庭，加之农业收入较低，这些均使得劳动力数量较少的家庭更倾向于家庭成员在本县内务工。

从人口结构的变化趋势看，由于社会经济发展和计划生育政策的双重效果，我国的人口转变将提前完成，劳动年龄人口的增长率近年来已经逐渐降低，劳动力供给高峰即将过去。可以判断出，随着农村出生率的降低，农村人口向县外城市的劳动力供给将有减少的趋势，向县内城镇转移的趋势将不断增强。

4）家庭土地资源越丰富，外出就业的概率越小，尤其是去县内务工。

家庭土地面积变量与两类外出劳动力均呈显著负相关（图7-5）。与留村就业相比，家中土地面积每增加1亩，劳动力选择县外务工的概率就降低3.7%，选择县内务工的概率就降低9.2%。两项回归结果分别在5%和1%水平上显著。根据托达罗模型的解释，家庭土地资源可以看成一个农业收入的代理变量。土地的收益代表了外出打工的机会成本，家庭土地面积越多，土地收益越高，机会成本越大，其对农村劳动力外出就业就会产生负效应。实证结果证实了土地变量对外出就业显著的负向影响。

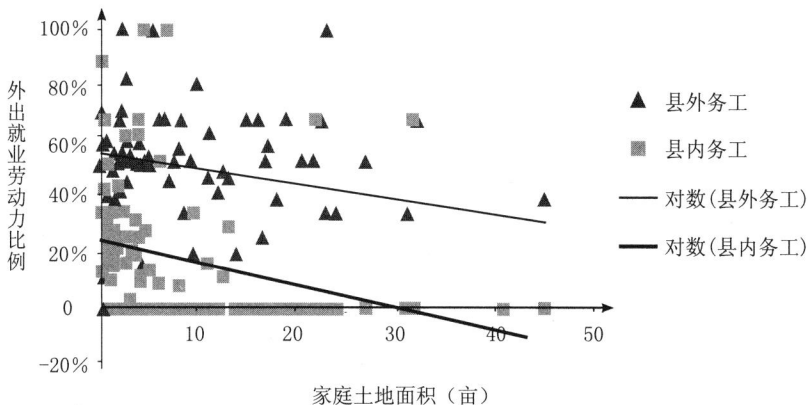

图7-5　家庭土地面积与外出就业劳动力比例关系

近年来，随着高速公路、铁路等工程的建设，大量农村土地被占用。土地的减少使得许多此前务农的农村劳动力不得不选择外出务工。在郁南县古勉村的调研发现，前些年该村许多农民种植沙糖橘，经济效益较好，由于南广高铁的建设，大量农用地被占用，农民多数都选择外出务工。

土地变量对县内务工的影响明显大于对县外务工的影响，这应与两类外出就业间的收益差异有关。与县内务工相比，县外务工不仅收入更高，而且就业机会更多，更有利于实现就业技能的提升，其总收益要高于县内务工。相对而言，县内务工与留村就业的收益差距不如县外务工大，从而导致土地变量对县内务工的更大影响。

（3）土地流转。

农村土地流转市场的发育对劳动力外出就业决策具有重要影响。其中，土地转入面积变量对外出务工具有显著的负向作用，土地转出面积变量则主要影响了劳动力的县外务工，对县内务工的影响不显著。

1）土地转入促进了劳动力的留村就业，而降低了外出务工的概率。

家庭年内转入土地面积变量与两类外出就业均呈显著负相关。转入土地面积越多，劳动力更倾向于留村就业，而不是去县内或县外务工。与留村就业相比，家庭年内转入土地面积每增加1亩，劳动力选

产业转移、土地流转与农村劳动力回流
土地利用与空间规划丛书

择县外务工的概率降低3.5%，选择县内务工的概率降低3.3%，两项回归结果均在5%水平上显著。

通过承包他人土地，实现土地的集中，有力地推动了农业规模经营与农业产业化的发展。在云浮，无论是从事规模种植，还是规模养殖，均需要较大的土地作为支撑，由于地处山区，人地矛盾突出。要实现规模经营，土地流转往往是必要的。如在罗定市万车村调研发现，该村1/3的农户存在土地流转现象，转入农户主要用于种植水稻和桑树等。

2）土地转出促进了劳动力的县外务工，但对县内务工影响不明显。

家庭年内转出土地面积与县外务工的概率呈显著正相关，但对县内务工的概率影响不显著。转出土地面积越多，劳动力选择县外务工的概率也越高。与留村就业相比，家庭年内转出土地面积每增加1亩，劳动力选择县外务工的概率增加12.8%，回归结果在5%水平上显著。

农村家庭通过转出土地，释放了更多的劳动力，从而促进了劳动力向县外的转移。如在新兴县龙山塘村，全村182户农村家庭中，有50户将土地转包给亲朋好友耕种，全家人均在外务工。在罗定市橡安村，当地农户大户承包了100多亩耕地从事马铃薯和梅菜的规模种植，释放出的劳动力多选择外出到县外务工。

土地转出对县内务工的影响不显著，这和县内务工的工作特点有关。由于县域空间尺度较小，县内务工劳动力在从事非农业活动的同时，可兼顾农业生产，因此，在县内务工的劳动力往往不会将土地转出，而选择兼业经营。

（4）社区环境。

1）本地经济发展水平的提高并未显著增加劳动力县内务工的概率。

本地非农经济发展水平对两类外出就业的影响均不显著。这与已有的诸多研究结论并不一致。就县外务工而言，许多研究认为，本地经济的发展有利于农村劳动力的转移，县外迁移只是农村劳动力的一种次优选择，只有在本地非农就业机会不足时才会发生（Guang，Zheng，2005），但本书研究并不支持这一结论。换言之，无论本地经济发展水平如何，农村劳动力均可能选择外出就业。说明对于现阶段农村外出劳动力而言，其迁移的首要目的已不仅仅是经济机会和收入的增加，他们更看重县外城市在人力资本水平和技能积累方面的优势。城市在知识集聚、创造、传递和扩散方面拥有明显优势，城市规模越大，其人力资本水平越高，劳动力获得的知识溢出和知识积累也更大（Glaeser，Mare，2001；Moretti，2004）。正是县外人力资本积累上的巨大优势吸引了农村劳动力的持续外出迁移（Fan，Stark，2008），而不论本地的经济机会是否增加。

县内非农经济发展水平对农村劳动力县外务工就业影响不显著的另一种可能原因是以建材、化工等资本密集型产业为主导的产业结构限制了对劳动力的吸纳。前文分析发现，由于近年来建材、化工、机械制造、金属加工等资本密集型产业快速发展，传统服装、电子等劳动密集型产业萎缩，导致工业经济对本地农村劳动力的吸纳力不强，对县外及县内务工的影响有限。

2）到县城更好的区位条件促进了劳动力的县内务工，而抑制了县外务工。

村庄的区位条件对农村劳动力外出就业具有重要影响。其中，到县城的距离变量对两类外出就业的影响正好相反（图7-6）。到县城距离越远，选择县外务工的可能性越大，而选择县内务工的可能性越小。与留村就业相比，劳动力所在村庄到县城的距离每减少1公里，到县外务工的概率降低1.2%，在本县内务工的概率就增加2.5%。说明县城作为县域经济的中心，提供了全县主要的非农就业机会，随着到县城距离的增加，劳动力在本县参与非农就业的可能性逐渐减小，因

产业转移、土地流转与农村劳动力回流
土地利用与空间规划丛书

此，不得不选择县外务工。如在新兴县的调研发现，距县城约15公里的六祖镇许村村民到县城务工的比例为45%，而距县城约40公里的天堂镇东中社区村民到县城务工的劳动力比例仅为19%，二者相差26个百分点。

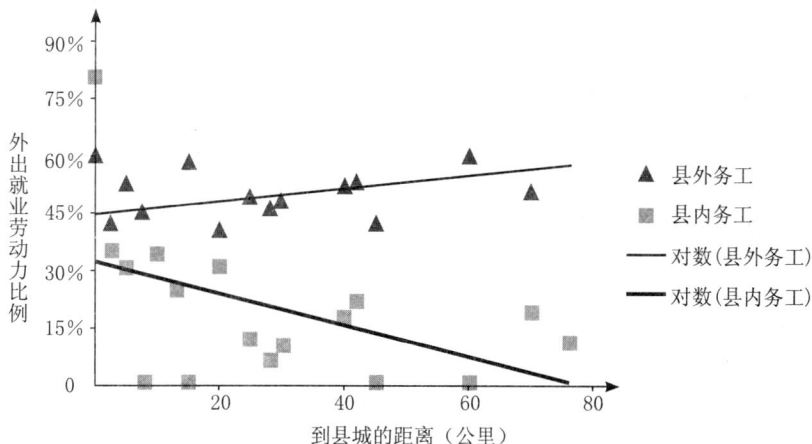

图7-6　到县城的距离与外出就业劳动力比例关系

县城对农村劳动力外出就业的显著性影响恰好说明了在县域主体功能区实践影响下，县域非农就业空间向县城集中的明显趋势。前文分析发现，县域主体功能区划中，县城均是各地的优先发展区，各项财政支持、新增用地配置均向县城倾斜，在政府绩效考核中，对城关镇的考核也侧重于经济增速等指标。各地近年来的工业发展增量已表现出向县城集中的明显趋势。如新兴县城新城镇、云安县城六都镇获得的招商引资项目额均占全县总量的80%以上。在此背景下，县城对农村劳动力流动的重要影响就不足为奇。

3）到镇区更好的区位条件对两类外出就业均产生了促进作用。

到镇区的距离变量对两类外出就业均为负向影响。与留村就业相比，到镇区的距离每减少1公里，选择县外务工的概率增加11.2%，选择县内务工的概率则增加31.1%。两项回归结果均在1%水平上显著。就县外务工而言，这一结果可能的原因是，到镇区的距离越近，劳动力在县外务工信息的获取、交通条件等方面的优势就更加明显，其到县外务工的可能性也更高。就县内务工而言，这一结果应与镇为农村劳动力提供就业机会有关。距镇区越近，交通条件更好，其获得非农就业的概率也越高。此外，农村劳动力所在村庄的地形条件对两类外出就业的影响均不显著。

镇区尽管吸引了一定的农村人口，但与县城的就业结构明显不同。由于县城在承接产业转移和县域工业化发展中的核心作用，到县城务工的农村劳动力有相当部分从事制造业。但在当前的发展环境下，多数镇的非农业经济发展，其主要的从事行业为基本的商业、餐饮等服务业部门。以工业化发展水平较高的新兴县为例，在镇区就业的26个农村劳动力中，仅有6人从事制造业，占总量的23.1%，其余主要做生意、开小饭馆或在酒店做服务员等等。

对比农村劳动力县外务工和县内务工决策影响因素的异同，可以发现，两者的共同点主要在于个人特征（年龄、性别、文化程度）、家庭老人数、家庭土地面积与土地流转、本地经济发展水平和到镇的区位条件的影响上。年龄的增大降低了劳动力县内务工和县外务工的概率；文化程度的提高大大增加了劳动力两类外出就业的可能性；男性劳动力外出就业的概率更高，尤其是去县外务工；家中老人越多，劳动力外出就业的可能性越大，而不是更小；家庭土地资源越丰富，外出就业的概率越小；土地转入促进了劳动力的留村就业，而降低了外出务工的概率；本地经济发展水平的提高并未显著增加劳动力县内务工的概率；到镇区更好的区位条件对两类外出就业均产生了促进作用。

家庭劳动力资源禀赋、土地转入面积、学龄前儿童数、到县城的区位条件等变量对两类外出就业的影响存在显著差异。家中劳动力数量越多，去县外务工的概率越大，但县内务工的概率越小；土地转出促进了劳动力的县外务工，但对县内务工影响不明显；较多

产业转移、土地流转与农村劳动力回流
土地利用与空间规划丛书

的学龄前儿童降低了劳动力县外务工的概率，但对县内务工的影响不明显；到县城更好的区位条件促进了劳动力的县内务工，而抑制了县外务工。

三、劳动力回流的影响因素

1.两类回流劳动力的变量特征

劳动力回流就业模型以留城就业为参照，考察回流务农和回流非农就业决策的影响因素。经处理，最终进入模型的留城就业劳动力571人，回流务农劳动力180人，回流非农就业劳动力126人（图7-7）。回流后选择从事非农业活动的劳动力占回流劳动力的比重达41.2%。通过对劳动力的变量特征统计分析发现，三类就业劳动力存在明显差异，尤其是个人和家庭特征方面。

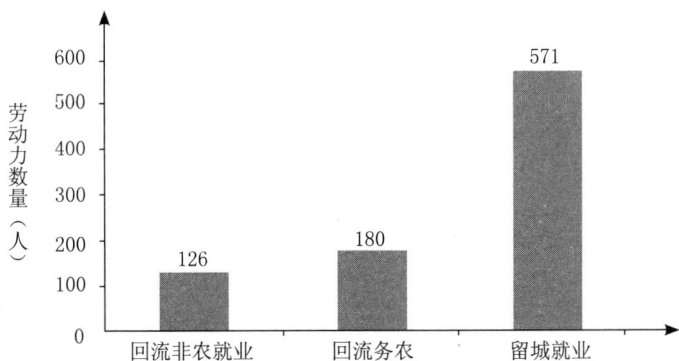

图7-7　劳动力回流就业模型的样本规模
（数据来源：云浮农户调查）

统计分析发现，两类回流劳动力的年龄相当，但明显大于留城就业劳动力。回流劳动力中，回流务农劳动力更老，其平均年龄为44.41岁，比回流非农就业劳动力约大4岁。三类劳动力均以男性为主，其中，回流非农就业劳动力的男性占比最高，达70%。回流劳动力的已婚比例明显高于留城劳动力，其文化程度则低于留城劳动力。

回流务农劳动力的在外务工时间最长，他们平均外出时间为7.58年，比回流非农就业劳动力多0.87年。三类劳动力的家中学龄前儿童数和老人数相差不大，学龄儿童数量明显不同（表7-4）。回流务农和非农就业劳动力的家中学龄儿童数平均分别为0.78个和0.79个，明显多于留城就业劳动力的家中学龄儿童数0.33个。相反，留城劳动力的家中劳动力数量则多于回流劳动力。

表7-4　劳动力回流就业模型自变量的描述性统计

自变量	留城就业		回流务农		回流非农就业	
	均值	标准差	均值	标准差	均值	标准差
个人变量						
年龄	28.38	7.92	44.41	11.39	40.33	10.72
性别	0.59	0.49	0.66	0.48	0.70	0.46
婚姻状况	0.54	0.50	0.96	0.19	0.93	0.26
文化程度	3.55	1.06	3.04	0.73	3.30	0.86
外出时间长度	7.33	6.27	7.58	7.09	6.71	4.97
家庭变量						
学龄前儿童数	0.35	0.62	0.32	0.62	0.30	0.54
学龄儿童数	0.33	0.66	0.78	0.93	0.79	0.90
老人数	0.30	0.62	0.25	0.55	0.27	0.59
劳动力数	4.15	1.22	3.28	1.34	3.19	1.19
家庭土地面积	4.89	6.94	6.16	9.08	4.74	8.71
土地流转						
转入土地面积	1.67	7.07	2.26	9.88	3.71	13.32
转出土地面积	0.65	2.19	0.48	1.96	0.50	1.92
社区变量						
本地经济发展水平	22.47	2.43	22.83	2.54	23.08	2.78
到县城的距离	34.71	22.70	37.14	21.43	27.57	22.14
到镇的距离	3.16	2.78	3.98	2.44	3.03	2.59
丘陵	0.42	0.49	0.36	0.48	0.27	0.45
山区	0.28	0.45	0.41	0.49	0.28	0.45
样本量（个）	571		180		126	

（数据来源：云浮农户调查）

回流务农劳动力的家庭土地面积最多（平均6.16亩），回流非农劳动力的最少（平均4.74亩）。但回流非农就业劳动力家庭转入土地面积最多，平均为3.71亩，这应与个别家庭的大量转入有关，而并不能说明该类型劳动力的总体水平，从其高达13.32的标准差值即可印证这一判断。此外，三类劳动力家庭转出土地面积差距不甚明显。

2.回归结果分析

根据农户调查数据，本部分构建农村劳动力回流就业选择的多元Logistic模型。在三种就业选择中，本书以留城就业为参照组，探讨个人、家庭、土地流转和社区环境等变量对劳动力回流务农和回流非农就业决策的影响。

（1）个人特征。

与留城就业相比，农村外出劳动力回流非农就业和回流务农的影响因素存在明显差别（表7-5）。

表7-5　劳动力回流就业选择的多元Logistic回归结果

变量	回流非农就业		回流务农	
	回归系数	概率比	回归系数	概率比
个人变量				
年龄	0.193	1.213***	0.230	1.258***
性别	0.409	1.506	0.057	1.058
婚姻状况	1.091	2.976**	1.206	3.340**
文化程度	−0.221	0.802	−0.514	0.598**
外出时间长度	−0.009	0.991	−0.336	0.715***
外出时间长度平方	−0.011	0.989***	0.004	1.004**
家庭变量				
学龄前儿童数	0.022	1.022	0.674	1.963**
学龄儿童数	0.520	1.681**	0.390	1.477*
老人数	−0.564	0.569**	−0.511	0.600**
劳动力数	−0.536	0.585***	−0.567	0.567***
家庭土地面积	0.015	1.015	0.049	1.050**
土地流转				
转入土地面积	0.029	1.029	0.020	1.020
转出土地面积	−0.028	0.972	−0.093	0.911

变量	回流非农就业		回流务农	
	回归系数	概率比	回归系数	概率比
社区变量				
本地经济发展水平	0.096	1.101*	0.091	1.095
到县城的距离	−0.008	0.992*	0.014	1.014*
到镇的距离	0.148	1.160***	0.128	1.136**
丘陵	−1.281	0.278***	−0.334	0.716
山区	−1.070	0.343**	−0.222	0.801
N(N=1)	697（126）		751（180）	
Log likelihood	−164.22		−160.63	
R^2	0.5014		0.6116	

注：*、**和***分别表示10%、5%和1%的显著性水平。（数据来源：云浮农户调查）

1）年龄的增加提高了劳动力回流就业的概率,对回流务农的影响更大。

年龄对回流务农和从事非农就业都具有重要影响。农户调研发现，农村劳动力在外务工的时间约为7.3年（其中，回流务农劳动力在外务工平均7.58年，回流非农就业劳动力在外务工平均6.71年）。年龄越大，回流务农或从事非农就业的可能性越高（图7-8）。与留城就业相比，年龄每增加1岁，回流务农的概率就提高25.8%，回流从事非农就业的概率就提高21.3%，回归系数在1%水平上显著。说明随着外出劳动力年龄的增大，在外获取迁移收益的时间不断缩减，在成本与收益的综合权衡下，外出者往往选择回流就业（Sjaastad，1962）。

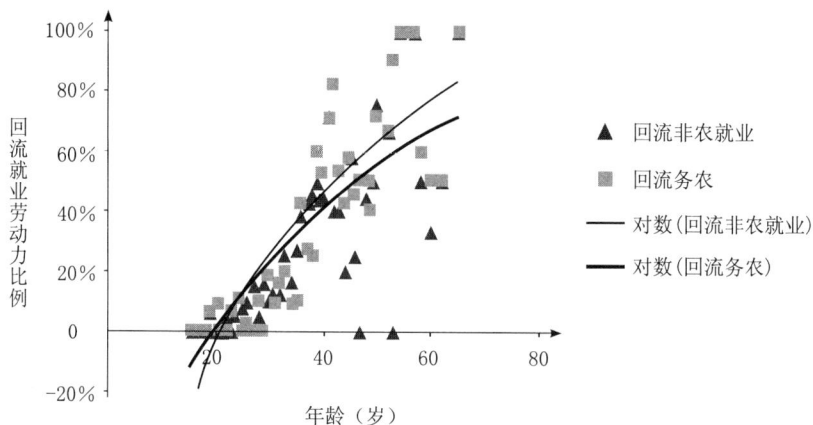

图7-8　年龄与回流就业劳动力比例关系

中国进城务工劳动力长期以来就职于劳动密集型产业，加剧了年龄对农村劳动力外出就业的影响。由于劳动密集型产业技术含量低，多数工作是简单的重复性作业，农民工很容易学会。但这些工作对劳动者的体力、反应灵敏度或操作精确度有较高的要求。随着劳动力年龄的增大，体力、反应灵敏度等下降，工作效率逐渐降低（章铮等，2008），其在城市劳动力市场的竞争力不断下降，失业的风险增大，导致许多外出劳动力回流家乡。

2）较高的文化程度降低了劳动力回流务农的概率，但对回流非农就业影响不显著。

人力资本对劳动力迁移就业选择具有重要影响。其中，文化程度主要影响了外出劳动力的回流务农就业，对回流非农就业影响不明显。文化程度越高，回流务农的可能性越小。与留城就业相比，文化程度每提升1个级别，回流务农的可能性降低40.2%，回归结果在5%水平上显著。文化程度对回流非农就业同样产生负向影响，但回归结果不显著。

文化程度对劳动力回流就业的负向影响与盛来运（2008）和李楠（2010）的研究相一致，但与赵耀辉的结论相反。Zhao（2002）利用1999年农业部观察点数据分析发现，教育与回流的概率之间为正相关关系，即受教育程度越高的外出劳动力回流的概率越大，作者将其归因于较高文化程度的劳动力难以在城市找到与其自身要求相对应的工作。本研究并不支持这一观点。文化程度越高的劳动力越容易受到雇主的青睐，其接受新知识、学习新技能的能力也越强。在当前城市产业结构升级调整的大背景下，城市经济对具有较高文化程度的劳动力应具有更大的需求，因此，文化程度越高的外出劳动力，越不可能回流家乡，尤其是回流务农。

文化程度对回流从事非农就业的影响不显著。文化程度水平是劳动者人力资本的重要体现，较高的文化程度意味着外出就业技能与获取就业信息的能力更强。与务农相比，外出就业往往具有更高的教育回报率，因此，文化程度越高，在外就业的概率也更大。相对而言，回流从事非农就业的收益相对较高，留城与回流非农就业的收益差不及留城与回流务农的收益差，导致文化程度对外出者的回流非农就业影响不显著。云浮调研发现，回流非农就业劳动力的文化程度与留城就业差距并不明显。高中及以上文化程度的占回流非农就业劳动力的29.3%，而留城就业的这一比例为33.6%。

3）外出时间越长，劳动力回流非农就业的概率越小，回流务农的概率先减小后增大。

外出时间变量对两类回流就业选择的影响略有不同。对回流非农就业的影响显著负相关，而对回流务农的影响呈U形关系（图7-9）。也就是说，随着外出时间的增加，外出劳动力选择回流从事非农就业的可能性不断减小，但选择回流务农的可能性呈先减少后增大的趋势。这一结果应与两类劳动力本身的差异有关，那些回流从事非农就业的劳动力多以技能型为主，较长的外出经历有利于增强迁移者抗风险能力并积累社会资本（Massey，1987），随着进城务工时间的延长，其就业技能获得提升，社会资本、人力资本水平不断提高，而城市劳动力市场更高的人力资本回报促使其回流家乡从事非农就业的可能性减小。

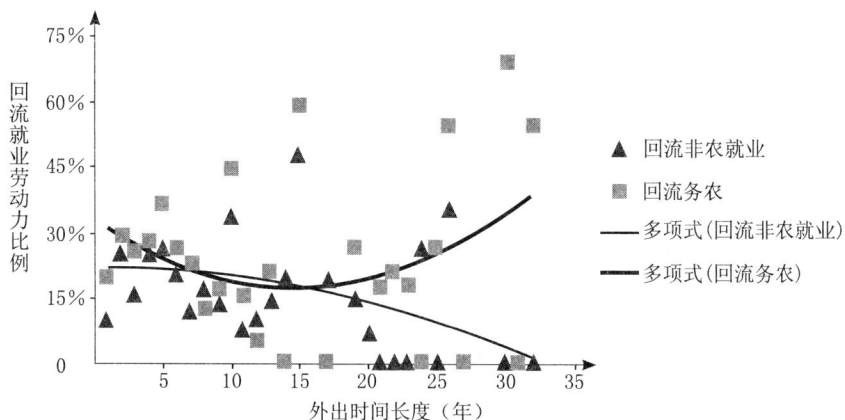

图7-9 外出时间长度与回流就业劳动力比例关系

而回流务农的劳动力以体力型为主，由于初入城市劳动力市场时较为年轻，竞争力较强，回流的可能性较小。而随着外出时间的增加，体力开始下降，务工收入相应减少，由于在外以体力型劳动为主，人力资本的积累有限，回流务农的可能性增大。统计分析发现，外出15年是其选择的重要临界点，回流务农劳动力大约在外务工15年后，其回流务农的概率出现明显上升。

已婚外出劳动力回流就业的可能性明显更大。已婚意味着更多的家庭责任与家庭负担，促使外出者回流农村，以照顾家庭。与留城就业相比，已婚外出者回流从事非农就业的概率比未婚的高197.6%，回流务农的概率比未婚的高234.0%。回归结果均在5%水平上显著。此外，性别对两类回流就业的影响均不显著。

（2）家庭因素。

1）家庭儿童数量越多，回流就业的概率越大，老人数量越多，回流的概率越小。

家庭负担方面，家中儿童数对两类回流就业都具有正向作用。其中，学龄儿童数主要影响了回流非农就业，学龄前儿童数主要影响回流务农。儿童数量越多，外出劳动力回流就业的概率就越高。表明现有城乡二元结构限制了农村人口对城市福利的分享，许多农村儿童不得不留守农村，随着年龄的增大，他们在外务工的父母不得不选择回流到家乡就业，以便于照顾儿童。这与已有的许多研究结果相似。如Wang和Fan（2006）利用1999年农业部农村经济研究中心对安徽、四川的抽样调查数据分析发现，因结婚、生小孩或带小孩等家庭原因的回流最为常见。

因家庭原因回流不仅反映出城市公共服务对农村外出人口的排斥，更凸显了农村社会保障的缺乏。在传统的二元体制影响下，农村公共服务基本靠自身解决。随着家庭土地承包制的广泛推行，农民作为公共服务的供给者之一始终承担着沉重的负担，加上县级以下政府财政支出不足导致农村公共服务供给的缺乏（胡畔 等，2010），公共服务设施水平与居民需求的差距十分明显（宁越敏 等，2002）。许多外出者在经历了一段外出务工岁月后，往往选择回乡发展，照顾家庭，以弥补农村公共服务供给的不足（李郇，殷江滨，2012）。

老人数量对两类回流就业产生了显著的负向影响，这与理论假设及已有研究的结论恰好相反（Zhao，2002）。老人数量越多，回流的可能性越小。与留城就业相比，家中老人每增加1人，劳动力选择回流从事非农就业的概率降低43.1%，选择回流务农的概率降低40.0%，两项回归结果均在5%水平上显著。说明在目前的农村家庭中，老人并不是作为一种家庭负担而存在，他们更多的是扮演照顾儿童、处理家务的角色，而不是被照顾者，他们对外出劳动力回流就业具有一定的替代作用，这与前文关于劳动力外出就业的结论相似。

2）家中劳动力的缺乏促使劳动力回流就业。

家庭劳动力资源禀赋对两种回流就业均具有显著影响。家庭劳动力越少，回流就业的可能性越大（图7-10）。与留城就业相比，家庭劳动力每减少1人，回流务农的可能性增加43.3%，回流从事非农就业的概率降低41.5%，回归结果在1%水平上显著。

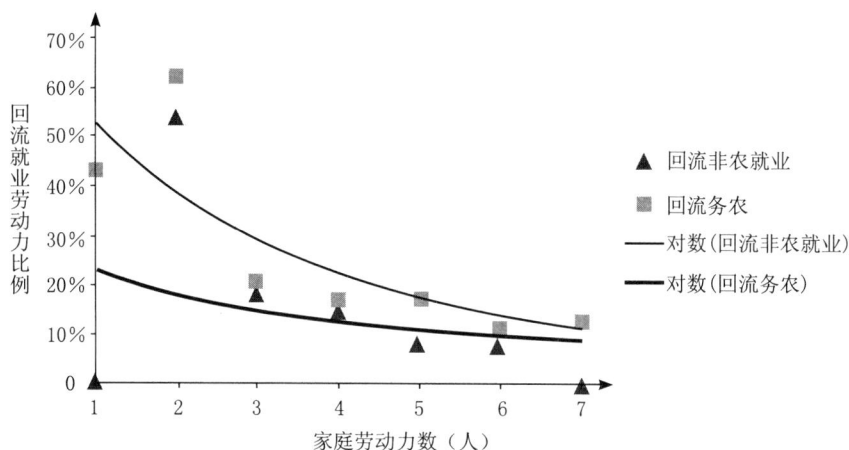

图7-10 家庭劳动力数与回流就业劳动力比例关系

家中较多的劳动力有利于家庭成员在多个地点就业，以减少家庭风险，实现收入多元化，而较少的劳动力将促使外出劳动力回流以照顾家庭等。这与新迁移经济学关于通过迁移实现家庭目标的假设是一致的。在云浮的调研发现，留城就业劳动力家庭平均劳动力数量为4.15人，分别比回流务农和回流就业劳动力家庭多0.87人和0.96人。而随着我国人口结构的转变，家庭平均劳动力不断减少，可以预见，外出劳动力回流家乡的步伐将进一步加快。

3）较多的土地资源促进了劳动力回流务农，但不影响回流非农就业。

家庭土地面积对回流务农具有显著的正向作用，与留城就业相比，家庭土地面积每增加1亩，劳动力回流务农的可能性增加5.0%，回归结果在5%水平上显著。家庭土地面积变量虽然与回流非农就业呈正相关关系，但回归结果不显著。农村人地矛盾促使剩余劳动力外出就业，家庭土地面积不足和劳动力过剩被证明是农村劳动力外出就业的决定性因素（Zhao，1999）。而随着大量劳动力的外出，剩余劳动力不断减少，同时，随着农村税费的免收，农村生产条件改善，农村人地关系好转，由此促进了那些家庭土地资源相对丰富的外出者回流从事农业生产。

家中拥有较多的土地资源，是开展农业适度规模经营的前提。由于云浮地处粤西山区，山地多，耕地少。拥有更多土地尤其是山地的家庭，才有足够的空间开展土地的规模经营，外出劳动力回流的可能性也越大。如在郁南县磨山村调研时发现，全村2900多人，仅有旱地76亩，水田412.5亩，山地12 073.8亩。较多的山地吸引了不少外出劳动力回乡从事沙糖橘、肉桂的种植。目前，全村山地有1/3种果树，1/3种肉桂，剩余的种松木。

（3）土地流转。

土地流转对劳动力回流就业的影响并不显著。家庭年内转入土地面积与回流就业呈正相关关系，年内转出土地面积与回流就业呈负相关关系，但两项回归结果均不显著。说明现阶段那些回流后务农的劳动力仍主要使用家中土地，承包他人土地的情况尚不多见。可能的原因是：目前农村土地流转市场发育还不完善，许多承包或转包土地行为并不规范。实地调研发现，很少农户是通过签订合同实现土地流转的。而由于城镇的社保体系还不完善，许多外出务工的农户怕丧失土地的基本生存保障权，这也降低了土地流转的意愿，导致农村土地流转发展仍较缓慢，对于那些外出务工者而言，将回流务农的打算寄希望于通过土地流转实行规模经营就显得不切实际。因此，土地流转对回流就业的影响并不显著。

（4）社区环境。

社区环境因素对于农村外出劳动力回流非农就业的影响明显大于回流务农。家乡非农经济发展水平、区位条件和自然地理条件对外出劳动力回流从事非农就业均具有显著影响，对回流务农影响较大的是村庄的区位条件。

1）家乡经济发展水平的提高促进了劳动力的回流非农就业。

与外出就业不同，本地经济发展水平对农村劳动力回流到本县内就业具有显著的正向作用。家乡经济发展水平越高，外出劳动力回流从事非农就业的可能性就越大。与留城就业相比，村民在本地从事非农就业比重每增加1个百分点，外出劳动力回流进行非农就业的概率就高10.1%，回归系数在10%水平上显著。本地经济发展水平对于回流务农的影响不显著。

新兴县在云浮各地承接产业转移起步最早，目前的发展水平也最高，其产业转移园区——佛山顺德（云浮新兴新成）产业转移工业园为全市仅有的两个省级产业转移园区之一。相应的，新兴县劳动力回流后从事非农业活动的比例也最高，达46.8%。在该县的一家产业转移企业调研发现，回流劳动力已占企业一线员工的一半以上。除通过产业转移企业雇佣员工，吸引劳动力回流以外，产业转移企业还通过乘数效应，带动越来越多的在外务工人员回流就业。

本地经济发展水平之所以显著影响了劳动力的回流就业，而对外出就业影响不明显，可能的原因在于，对于外出劳动力而言，其外出的首要目的不仅仅是赚钱或增加收入，更多的是通过在城市的工作与生活，实现人力资本的积累。大城市的这种人力资本外部性和知识溢出效应是县域城镇无法比拟的（Lucas，2004）。但对于回流劳动力而言，在经历一段时期的外出工作后，年龄、家庭等多方面的变化使其工作的主要目的不再是追求"长见识""增加知识与技能"，作为家庭的经济支柱，他们更强调工作的稳定性。因此，家乡经济的发展和就业机会的增加无疑对其是一个巨大的吸引。在云浮的实地访谈中，笔者曾多次了解到"在外务工找不到更好的工作，发展空间有限，回乡虽然待遇不及外地，但方便照顾家人，所以，选择回流发展"。

2）到县城的区位条件越好，劳动力回流非农就业的概率越高，镇的区位作用有限。

外出劳动力所在村庄的区位条件对于其两类回流就业均产生重要影响。就回流非农就业而言，所在村庄距离本县县城越近，回流从事非农就业的可能性越高（图7-11）。与留城就业相比，到县城距离每减小1公里，回流从事非农就业的概率就提高0.8%，而到本镇镇区距离每增加1公里，回流从事非农就业的概率就提高16.0%，表明目前县城作为农村地区的经济、社会和文化中心，为农村居民提供了主要的非农就业机会，对农村外出劳动力的回流非农就业决策起着更为重要的作用，随着农村交通条件的改善，这一作用将更加凸显，而镇显然还无法扮演这种角色。

第七章
劳动力外出与回流的影响因素

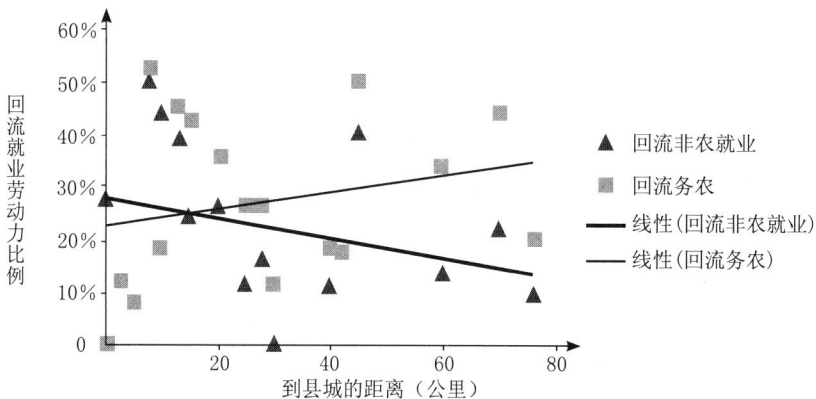

图7-11　到县城的距离与回流就业劳动力比例关系

就回流务农而言，到县城和镇区的距离越远，劳动力回流务农就业的可能性越大。与留城就业相比，到县城和镇区的距离每增加1公里，回流务农的可能性分别增加1.4%和13.6%。说明偏僻的村庄区位不利于劳动力获得非农就业机会，从而促使其选择从事农业经营。

在新兴县的调研发现，到县城的区位条件对劳动力回流非农就业的重要影响表现得十分明显（图7-12）。如在距离县城10公里的六祖镇许村，回流非农劳动力占全村所有具有外出经历劳动力的比重达31.3%，而距离县城40公里的水台镇石龙岗村，这一比重仅为7.4%，该村劳动力回流比重较少，少量回流劳动力也以务农为主。

到县城的区位条件与县域主体功能区影响下县城在县域经济格局中的核心地位密不可分。通过县域主体功能区划实践，县城依靠自身优越的资源、交通条件，并利用政府给予的用地、财政等政策优势，在招商引资、发展县域经济的过程中逐渐形成了其绝对主导地位，而其他镇由于本身的资源、交通区位劣势，在主体功能区配套政策的影响下，发展重点逐渐从之前的招商引资、大力发展工业转向发展特色农业、生态旅游等，从而实现了县域非农产业和就业机会在空间上的集中布局。

产业转移、土地流转与农村劳动力回流
土地利用与空间规划丛书

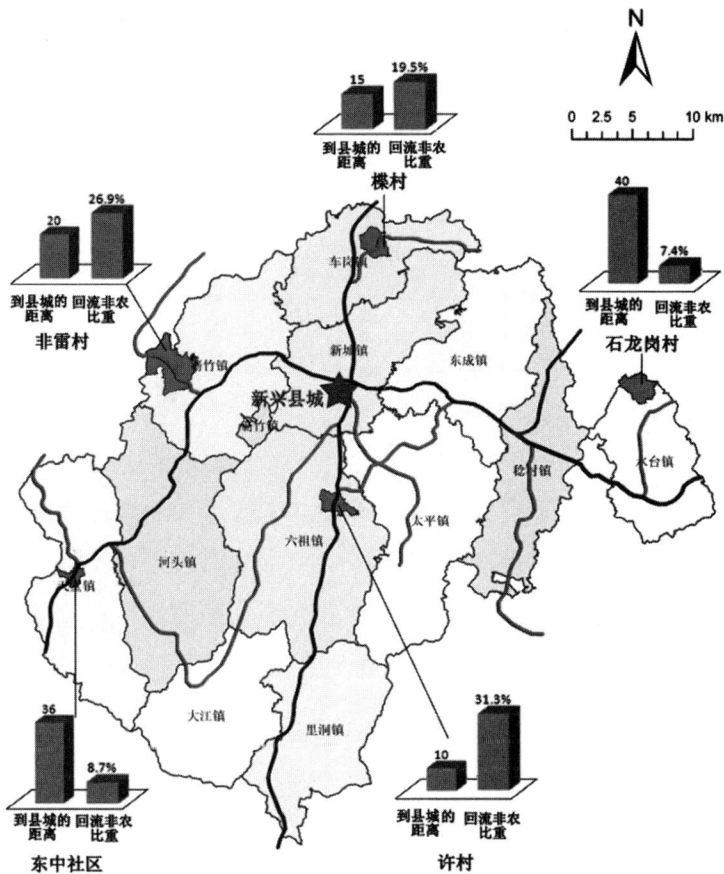

图7-12　新兴县劳动力回流非农比重与村庄区位关系
（数据来源：云浮农户调查）

3）崎岖的地形条件限制了劳动力的回流非农就业。

地形条件显著影响了外出劳动力的回流非农就业，对回流务农的影响不明显。较为崎岖的村庄地形明显不利于外出劳动力回流从事非农就业。与留城就业相比，那些来自丘陵和山区外出劳动力回流进行非农就业的概率比来自平原的劳动力分别降低72.2%和65.7%，回归结果分别在1%和5%水平上显著。而丘陵或山区地区的村庄尽管平地不多，但山地资源往往较为丰富，可开展林果业等农

第七章
劳动力外出与回流的影响因素

业多种经营，因此，地形条件虽然对劳动力回流务农具负作用，但其影响并不显著。

对比外出劳动力回流非农就业与务农决策影响因素的异同，不难发现，无论是回流参与非农活动，还是回流务农，外出者年龄、婚姻状况、家庭劳动力数量、儿童和老人数量均具有重要影响。年龄较大、已婚、家庭劳动力和老人数量较少、儿童数较多的外出者更有可能选择回流就业。这是两类回流就业决策动因的相似之处。两者的差异是明显的，如人力资本方面，文化程度主要影响了回流务农，而对回流非农就业影响不大。外出时间对两类就业的影响方向也不尽相同，其对回流非农就业的影响为显著负相关，但对回流务农的影响呈U形曲线关系。此外，对于回流非农就业而言，外出者主要关注家乡经济发展水平、村庄区位条件和地形条件，而那些选择回流务农的外出者更多的是看重家中土地资源禀赋状况和村庄的偏僻程度。此外，土地流转状况对劳动力两类回流就业的影响均不明显。

四、小结

外出与回流共同构成了中国农村劳动力的城乡双向流动格局，对城镇化进程产生巨大影响。本章从劳动力个体流动就业行为的微观视角出发，通过构建劳动力外出与回流的多元Logistic模型，探讨劳动力个体特征、家庭因素、土地流转及家乡社会经济环境对其外出与回流就业的影响。实证分析发现：

（1）年龄是影响劳动力流动就业的重要因素。年龄越大，农村劳动力外出的可能性越小，那些已经外出的劳动力，回流的可能性也越大。这一结果与理论假设是一致的。与留村就业相比，年龄每增加1岁，农村劳动力选择县外务工和县内务工的概率分别降低

产业转移、土地流转与农村劳动力回流
土地利用与空间规划丛书

16.1%和8.7%。调研发现，农村劳动力的平均在外务工时间为7.3年。与留城就业相比，年龄每增加1岁，已外出劳动力选择回流务农和回流非农就业的概率分别增加25.8%和21.3%。这一方面意味着劳动力外出与回流存在着生命周期的循环特征，农村劳动力在年轻时往往选择外出就业，而经过一段时间的打拼后，随着年龄的增大，就开始回流农村。另一方面，也印证了农村地区劳动力相对较老的年龄结构。留村就业的如此，在本县内从事非农经济活动的也是如此。

（2）男性外出的可能性更大，已婚的回流概率更高。在外出过程中，男性由于自身特征、家庭角色等方面原因，往往比女性更有可能外出，无论是县外务工，还是在本县内。与留村就业相比，男性劳动力选择县外务工和县内务工的概率分别比女性高134.6%和89.8%。而在回流过程中，性别的影响并不明显，但已婚的比未婚的回流家乡的可能性更大。与留城就业相比，已婚者选择回流务农和回流非农就业的概率比未婚者分别高234.0%和197.6%。说明在中国现有户籍制度及由此导致的城乡二元福利分割下，随着外出劳动力逐渐进入婚育阶段，其回流农村具有一定的必然性。

（3）照顾小孩是影响劳动力回流就业与县外就业的重要因素，但并不影响劳动力县内务工。与婚姻状态对劳动力回流的影响相吻合，回流以便于照顾小孩是回流就业的重要原因。与此同时，家中小孩的存在也限制了劳动力的县外务工。而由于县内务工一般离家较近，县内务工受其影响不大。但劳动力的缺乏促进了劳动力在县内的务工和回流就业，其中缘由均可从城乡人口福利的分割中得到解释。以上结论恰好说明了农村劳动力市场的诸多特征：年龄结构偏老，绝大多数已进入结婚生子、成家立室的阶段，与年轻劳动力相比，他们的家庭负担更重，由于带眷系数高，其对县域城镇产生了更多的基础教育、医疗等公共服务需求，这是县域城镇化发展过程中不容忽视的问题。

（4）一个值得注意的现象是，现阶段，老人在照顾农村家庭方面的作用十分突出，他们是家庭的看守人，而不是通常所认为的"被照顾者"。他们在很大程度上承担了本应由青壮年所承担的工作，如照顾小孩、耕种部分土地等。家乡老人越多，劳动力外出的可能性越大，回流的可能性也越小。这与前文理论假设恰好相反。

（5）更高的受教育水平促使农村劳动力外出就业，并抑制了其回流务农。与留村就业相比，文化程度每提高1个级别，劳动力选择县外务工和县内务工的概率分别提高93.6%和82.5%。而那些高文化程度的外出者回流务农的概率极小，他们要么选择继续留在城市发展，要么选择回流从事非农工作。与留城就业相比，文化程度每提高1个级别，劳动力选择回流务农的概率降低40.2%。文化程度对回流就业的负向影响与 Zhao（2002）利用10余年前数据实证的结果相反。在当前发达地区城市产业加快升级转型的背景下，具有较高文化程度的外出劳动力无疑更受欢迎，其回流家乡的可能性很小。总体上，在县内从事非农业活动的农村劳动力文化程度与县外务工劳动力大致相当，而务农劳动力文化程度较低，这无疑阻碍了农业产业化的发展和县域城镇化发展的质量。

（6）家庭土地资源的匮乏促进了劳动力的外出务工，限制了劳动力回流务农，但对回流非农就业影响不显著。与留村就业相比，家庭土地每增加1亩，劳动力选择县外务工和县内务工的概率分别降低3.7%和9.2%。而那些已在外务工的劳动力，回流务农的概率也随之上升。可见，土地资源对于现阶段中国农村劳动力迁移的重要性。尤其是在典型的农业地区，土地是农业生产的前提条件，而随着近年来云浮农业产业化的发展，农民从事农业经营的积极性明显提高，较低的土地资源无疑增加了其留村务农的概率，并吸引了部分外出劳动力

产业转移、土地流转与农村劳动力回流
土地利用与空间规划丛书

回乡发展。

（7）土地流转显著影响了劳动力的外出就业，但对回流就业的影响不明显。土地转入促进了劳动力的留村就业，而减少了外出务工的概率，与留村就业相比，家庭年内转入土地面积每增加1亩，劳动力选择县外务工的概率降低3.5%，选择县内务工的概率降低3.3%。土地转出促进了劳动力的县外务工，与留村就业相比，家庭年内转出土地面积每增加1亩，劳动力选择县外务工的概率增加12.8%。总体上，土地流转对劳动力外出的影响印证了本研究的假设，但对回流就业的影响与假设不一致。

（8）县域非农经济的发展对吸引劳动力回流具有重要作用，但对农村劳动力外出的影响不大。发达地区产业的大规模转移极大地推动了落后地区县域经济的发展，但实证分析发现，县域非农产业的发展对于农村外出劳动力的吸引十分有限。劳动力外出不再是本地务工之后的次优选择。这既与县域产业以资本密集型为主的产业结构有关，更与县内城镇与大城市在人力资本积累和城镇生活环境方面的巨大差距密不可分。城市是进行人力资本积累的最佳场所，作为一个集聚体，大城市往往通过庞大的劳动力市场为劳动力提供了相互接触的机会和便利条件，加速劳动力之间的学习过程，减少知识传播的成本，实现知识的溢出。与此同时，城市生活更加丰富多彩，这对于许多农村劳动力，尤其是年轻劳动力是一个巨大的吸引。相对而言，欠发达地区的县域城镇在这些方面存在明显的差距。尽管对外出劳动力的吸引力有限，但县域非农经济的发展对于回流劳动力的吸引十分明显。这既可以看作是外出劳动力在个体、家庭等方面被迫回乡的一种次优选择，也可看作是他们在外实现资本积累后，由于城市劳动力市场的分割导致城市资本回报率低于农村，从而促使其实现回流就业。

（9）县城在农村地区的中心地位显著，在吸引劳动力外出与回流过程中扮演重要角色。所在村庄距县城越近，劳动力去县外就业的可能性越低，已在外务工的劳动力回流从事非农活动的可能性也越高，与留村就业相比，到县城的距离每增加 1 公里，劳动力到县外务工的概率就提高 1.2%，在本县内务工的概率则降低 2.5%。这印证了前文关于县域主体功能区实践影响下，县城作为县域工业化发展核心地位的结论。在外来资本与农村劳动力等要素均向欠发达地区的县城集聚的影响下，以县城为中心的县域城镇化格局也将逐渐形成。

第八章 劳动力外出与回流影响因素的代际差异

中国农村劳动力流动过程中出现的一个重要现象是劳动力内部出现分化，新生代农民工增多，并开始成为外出劳动力的主体。国家统计局在10个省进行了新生代农民工专项调查发现，新生代农民工总人数为8487万，占全部外出农民工总数的58.4%，[①]而根据国务院发展研究中心课题组于2010年在安徽、湖北、山东等七省市开展的以"农民工市民化"为主题的大型问卷调查，发现新生代农民工的比重高达66.9%（金三林，2011）。

已有研究表明，与老一代农民工相比，新生代农民工在受教育程度、务农经历、迁移动机、就业分布、发展意愿等方面都存在显著差异。尽管许多研究认为市民化与城市融入是新生代农民工的根本出路，但这不仅仅是由新生代农民工极强的留城意愿所能决定的，而是

---

①《新生代农民工的数量、结构和特点》，http:www.stats.gov.cn/ztjc/ztfx/fxbg/201103/t20110310_16148.htm1，2011-03-11。

受个人因素、制度因素等一系列因素的综合影响（姚俊，2010）。事实上，在云浮的调研发现，已有新生代农民工选择回乡发展，尽管目前这一群体的数量不多，但可以看出，融入大城市并非是其未来发展的唯一出路，而由于其在人力资本、就业特征、对城市的态度等方面与老一代存在的诸多差异，其回流发展对县域城镇化无疑将产生深远影响。那么，哪些因素影响了其回流就业？回流务农与回流非农就业的影响因素又存在怎样的区别？

基于此，本章运用2011年云浮农户调查数据，将新老农民工区分开，探讨个人、家庭、土地流转及家乡社会经济环境等因素对两代农民工回流的影响，对比两者的异同。同时，本章还探讨了新老农民工的外出行为，将回流与外出就业做对比分析，以期更全面系统地掌握两代劳动力的流动行为。从代际差异视角的实证分析不仅有助于丰富劳动力流动理论，而且对于更准确理解中国劳动力的流动规律，对欠发达地区经济发展与城镇化建设均具有重要意义。

一、劳动力外出影响因素的代际差异

两代劳动力外出就业模型方法与变量选择和总体样本分析相一致，仍以留村就业为参照，主要是将新老两代劳动力分为两个模型，以考察两代劳动力在县外务工和县内务工决策的影响因素的异同。

1.两代外出劳动力的变量特征

新老两代农民工在外出就业选择上存在明显差异。经处理，最终进入模型的新一代留村就业劳动力57人，县外务工457人，县内务工96人。老一代留村就业498人，县外务工114人，县内务工144

产业转移、土地流转与农村劳动力回流
土地利用与空间规划丛书

人（图8-1）。不难看出，绝大多数老一代农村劳动力选择在本县内就业。其中，选择留村就业的比例高达65.9%，选择县内务工的比例为19.0%。仅有15.1%的老一代农民工选择去县外务工。相比而言，绝大多数新生代农民工选择县外务工（74.9%），选择留村就业的新生代农村劳动力不足一成（9.4%），另有15.7%的新生代农村劳动力选择在本县内务工。通过对劳动力的变量特征统计分析发现，两代农民工在三类就业的变量特征上存在明显差异，尤其是个人和家庭特征方面。

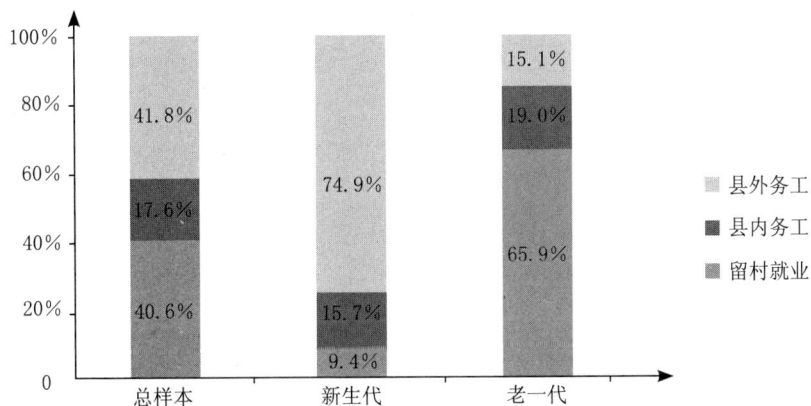

图8-1 两代农民工外出就业构成对比
（数据来源：云浮农户调查）

个人特征方面，新生代农村劳动力文化程度明显更高，结婚比例更低且性别比更为均衡（表8-1）。统计发现，三类就业状态中，新生代农村劳动力的文化程度均高于老一代，其中，县内务工的差距最大，留村就业的差距相对较小。几乎所有的老一代农民工都已结婚，而新生代的结婚比例明显更低，其中，县外务工的最低，为42%。此外，与老一代相比，新生代劳动力的性别比更为均衡。如新生代留村就业劳动力的男性比例为49%（老一代为40%），县外务工的男性比例为57%（老一代为68%）。

第八章
劳动力外出与回流影响因素的代际差异

表8-1 两代劳动力外出就业模型自变量的描述性统计

自变量	留村就业		县外务工		县内务工	
	新生代	老一代	新生代	老一代	新生代	老一代
个人特征						
年龄	25.70	53.01	25.19	41.17	26.81	46.25
性别	0.49	0.40	0.57	0.68	0.55	0.55
婚姻状况	0.68	0.99	0.42	0.98	0.68	0.99
文化程度	3.07	2.70	3.67	3.07	3.79	3.15
家庭因素						
学龄前儿童数	0.60	0.35	0.38	0.19	0.49	0.23
学龄儿童数	0.44	0.44	0.18	0.92	0.32	0.63
老人数	0.18	0.35	0.17	0.81	0.36	0.55
劳动力数	4.21	3.74	4.26	3.71	3.40	3.14
家庭土地面积	6.28	5.53	4.99	4.51	2.56	1.29
土地流转						
转入土地面积	3.92	2.34	1.98	0.40	1.84	0.45
转出土地面积	0.79	0.39	0.58	0.96	0.33	0.26
社区环境						
本地经济发展水平	22.29	22.68	22.40	22.73	22.86	22.77
到县城的距离	29.38	31.50	34.77	34.44	11.85	13.20
到镇的距离	4.11	3.49	3.26	2.74	1.41	0.85
丘陵	0.40	0.39	0.44	0.37	0.17	0.31
山区	0.39	0.30	0.28	0.26	0.18	0.06
样本量（个）	57	498	457	114	96	144

（数据来源：云浮农户调查）

　　家庭因素方面，新生代农村劳动力的家庭劳动力资源更为丰富，承担的家庭负担更轻。新生代留村就业劳动力家庭平均劳动力规模为4.21人，县外务工家庭为4.26人，县内务工家庭为3.40人，分别比老一代多0.47人、0.55人和0.26人。这应与两代劳动力所处的生命阶段有关，新生代劳动力多为20多岁的年轻人，其父母一般在50岁左右，大多仍是家中主要的劳力，而老一代年龄在30岁以上，许多人的子女尚未成年，家庭劳动力数量自然较少。新生代劳动力家庭尽管学龄前儿童数比老一代稍多，但学龄儿童数和老人数明显更少，总体上，其家庭负担不及老一代劳动力。此外，新生代劳动力家庭土地面积和转入土地面积与老一代相比稍多。两代劳动力在社区环境方面的差距不明显。

产业转移、土地流转与农村劳动力回流
土地利用与空间规划丛书

2.回归结果分析

以1978年改革开放为界，将农村外出及留村劳动力划分为新生代和老一代农村劳动力，对两代农村劳动力分别构建外出就业选择模型，回归结果如表8-2所示。本节分别就两类外出就业的影响因素进行分析，探讨新老两代农民工在其中的异同。

表8-2　两代劳动力外出就业选择的多元Logistic回归结果

变量	新生代（概率比）		老一代（概率比）	
	县外务工	县内务工	县外务工	县内务工
个人特征				
年龄	1.038	1.010	0.814***	0.892***
性别	0.951	1.454	5.379***	2.400***
文化程度	2.277***	2.105***	1.399	1.795***
婚姻状况	0.384**	0.959	10.211	1.821
家庭因素				
学龄前儿童数	0.731	1.734	0.518**	0.862
学龄儿童数	0.526***	1.070	1.243	0.782
老人数	1.217	2.212*	3.927***	2.062***
劳动力数	1.175	0.591**	1.386**	0.927
家庭土地面积	1.002	1.031	0.925**	0.820***
土地流转				
转入土地面积	0.975*	0.996	0.835**	0.927*
转出土地面积	0.997	0.822	1.338***	1.269*
社区环境				
本地经济发展水平	0.992	0.970	1.079	1.044
到县城的距离	1.022**	0.969**	1.015*	0.973***
到镇的距离	0.919	0.725**	0.843***	0.671***
丘陵	0.978	0.177**	1.474	1.961**
山区	0.742	1.008	1.594	1.488
N（N=1）	514（457）	153（96）	612（114）	642（144）
Log likelihood	−152.21	−63.41	−143.25	−201.47
R^2	0.1500	0.3724	0.5131	0.4105

注：*、**和***分别表示10%、5%和1%的显著性水平。（数据来源：云浮农户调查）

（1）县外务工。

1）对新生代劳动力影响最为明显的是文化程度与婚姻状况，对老一代影响最大的是年龄与性别。

与留村就业相比，受教育程度每提高1个级别，新生代农村劳动力选择县外务工的概率提高127.7%，回归结果在1%水平上显著，文化程度对老一代农村劳动力的县外务工决策影响不显著（图8-2）。说明对于新生代农村劳动力而言，选择县外务工，更多的是出于个人发展与人力资本积累的考虑，他们在城市务工的行业上也逐渐从建筑等行业退出，而向制造业、管理服务业集中（张永丽，黄祖辉，2008），这些行业对于劳动力的文化程度要求更高，而作为人力资本积累的最佳场所（Lucas，1988），城市的人力资本回报率也明显更高。因此，文化程度的高低对于新生代农村劳动力选择县外务工的影响也更大。而老一代农村劳动力县外务工的主要目的是提高收入水平，他们在城市从事的主要是劳动密集型产业或脏、累的工作，对文化程度的要求不高，导致文化程度对其县外就业的影响不甚明显。

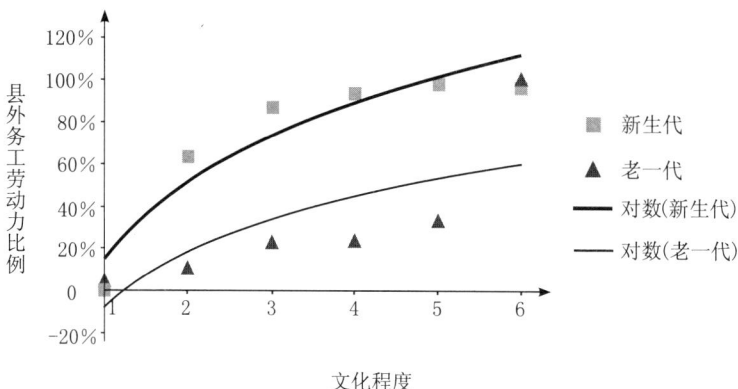

图8-2　文化程度与两代县外务工劳动力比例关系

年龄变量显著影响了老一代农村劳动力的县外务工决策。与留村就业相比，年龄每增加1岁，老一代劳动力选择县外务工的概率降低

18.6%，但对新生代劳动力的影响不明显。说明就县外务工而言，新生代劳动力的年龄差距太小，尚不足以影响就业决策，而老一代劳动力的回归结果印证了劳动力迁移人力资本理论关于年龄对迁移的假设（Schultz，1961）。

性别对老一代农村劳动力的县外务工具有显著影响，男性选择县外务工的概率远远高于女性，性别对新生代影响不明显。这应与两代劳动力所处的生命周期有关，老一代基本上已生儿育女，女性往往需照顾家庭，新生代劳动力尚未完全进入这一阶段，也说明新生代农村劳动力在就业中的性别之间更为平等。此外，婚姻状况对新生代劳动力县外就业具有显著影响，未婚的新生代劳动力明显更倾向于县外务工。

2）家庭因素对老一代农村劳动力县外就业的影响明显大于新生代劳动力。

家中劳动力数量、老人数和学龄前儿童数对老一代劳动力均产生重要影响，但对新生代劳动力的影响不大。与留村就业相比，家中劳动力、老人每增加1人，老一代农村劳动力县外务工的概率分别提高38.6%、292.7%，家中学龄前儿童每增加1人，县外务工的概率降低48.2%，三项回归结果分别在5%、1%和5%水平上显著。而对新生代劳动力县外就业决策影响的家庭因素是学龄儿童数，与留村就业相比，学龄儿童每增加1人，新生代劳动力县外就业的概率降低47.4%，回归结果在1%水平上显著。根据新迁移经济学的假设，迁移要综合考虑家庭因素，是在家庭层面"盘算"的结果。从实证结果发现，这一假设仅在老一代农村劳动力的迁移过程中得到印证。

3）两代劳动力外出就业受区位条件影响明显，本地经济发展水平影响不显著。

社区环境方面，到镇的区位主要影响了老一代劳动力的县外就业决策，与留村就业相比，到镇的距离每减少1公里，老一代农村劳动力选择县外务工的概率降低15.7%，回归结果在1%水平上显著，到镇的区位条件变量对新生代的影响不大。说明与新生代劳动力相比，老一代更倾向于借助交通区位以获取外出就业信息。

到县城的区位条件对两代农村劳动力均产生重要影响，本地非农经济发展水平和村庄的地形条件对两代劳动力的县外就业影响均不明显。除到镇的区位条件变量以外，其他各项结果与总体样本结果相一致。

（2）县内务工。

1）老一代县内务工受年龄、性别和文化程度的影响显著，新生代主要受制于文化程度的高低。

个人特征方面，年龄与性别变量主要影响了老一代农村劳动力的县内务工就业，对新生代影响较小。文化程度对两代劳动力均具有重要影响。与县外务工类似，年龄越老，老一代农村劳动力选择县内务工的可能性也越小。与留村就业相比，年龄每增加1岁，老一代劳动力选择县内就业的概率就降低10.8%，回归结果在1%水平上显著。而年龄对新生代劳动力的影响不显著。说明作为外出就业的一种形式，对于老一代劳动力而言，在本县城镇的就业仍然具有很强的年龄选择性。

老一代男性劳动力在本县内务工的可能性较女性明显更大。与留村就业相比，男性选择本县内务工的概率比女性高140.0%，这一结果在1%水平上显著。此外，文化程度对两代劳动力县内务工的影响均呈显著正相关，且对新生代的影响更大。与留村就业相比，文化程度每提高1个等级，新生代选择县内务工的概率就提高110.5%，而老一代县内务工的概率提高79.5%。

2）家庭土地资源主要影响了老一代，而劳动力资源主要影响新生代劳动力。

家庭土地面积越多，老一代劳动力在县内务工的可能性越小。与留村就业相比，家中土地面积每增加1亩，选择县内务工的概率降低

18.0%，而土地变量对新生代劳动力的县内务工影响不显著。说明与新生代相比，老一代农村劳动力具有更强的土地情结，对他们而言，来自土地的收入构成了其本地城镇就业的机会成本，因此，家庭土地越多，其在本县内务工的可能性越小。而新生代农村劳动力往往缺乏务农经历，其从事与土地相关的农业活动的意愿不强（刘传江，程建林，2008），因此，家中土地的多少对其县内务工决策尚不构成影响。两类儿童的数量对两代劳动力的影响均不显著。

家庭劳动力数量对农村劳动力县内务工的负向影响主要发生在新生代劳动力身上。与留村就业相比，家中劳动力每增加1人，新生代选择县内务工的概率就降低40.9%，回归结果在1%水平上显著。此外，老人数量越多，两代劳动力县内务工的可能性更高。与留村就业相比，家中老人每增加1人，新生代和老一代劳动力选择县内务工的概率分别提高121.2%和106.2%，回归结果分别在10%和1%水平上显著。

3）土地流转显著影响了老一代劳动力，但对新生代影响不明显。

家庭年内转入土地面积变量对老一代劳动力县内务工具有显著的负向影响，年内转出土地面积对其具有显著的正向影响。转入土地面积越多，老一代在县内务工的可能性越小。转出土地面积越多，老一代越有可能在县内务工。与留村就业相比，年内转入土地面积每增加1亩，老一代在本县内务工的概率降低7.3%，转出土地面积每增加1亩，老一代在本县内务工的概率提高26.9%。

新生代县内务工行为受土地流转的影响不显著。可能的原因是新生代农民工务农经历少，对农业生产缺乏兴趣。刘传江和程建林（2008）发现，老一代农民工务农经验丰富，其平均务农时间为11.4年，而新生代农民工没有或缺乏务农经验，平均务农时间只有2.1年，其中37.9%的新生代农民工从来没有务农经验。因此，家中土地的转入或转出对新生代的流动决策影响并不明显。

社区环境方面，丘陵地形促进了老一代劳动力在本县内务工，但限制了新生代的这一行为。与留村就业相比，位于丘陵地区的老一代劳动力在本县内务工的概率比平原地区高96.1%，而位于丘陵地区的新生代劳动力选择县内务工的概率比平原地区低82.3%，回归结果均在5%水平上显著。此外，与总样本结果相似，本地经济发展水平对两代农民工外出就业的影响均不显著，村庄的区位条件影响明显，到县城和镇区的距离越近，两代劳动力在本县内务工的可能性就越大。

总体上，新老两代农民工外出就业决策的影响因素存在明显差异。如年龄和性别变量对老一代农村劳动力两类外出就业决策的影响均明显大于新生代。对于老一代劳动力而言，年龄越大，其选择外出就业的可能性明显减小。而女性老一代劳动力外出就业的可能性也大大小于男性。由于新生代年龄普遍较轻，其外出决策受年龄的影响不明显。此外，性别对新生代的影响也较小，说明了新生代劳动力外出就业过程中性别的平等趋势。

新生代农村劳动力在外出动机和外出的行业分布上都与老一代存在一定差异，学习就业技能、实现人力资本积累是其外出的首要动机，在行业分布上，他们向产业工人和商业服务人员集中的趋势明显（段成荣，马学阳，2011），对人力资本要求更高，体现在影响因素上，就是新生代劳动力的县外务工就业受文化程度的影响十分显著，而老一代受其影响不明显。与留村就业相比，文化程度每提高1个级别，新生代选择县外务工的概率就提高127.7%。

老一代劳动力的县外就业决策过程中更强调家庭目标与家庭策略。他们更加关注家庭劳动力数量、学龄前儿童和老人数量的多寡。家中较多的劳动力有利于促进家庭的多样化就业，实现收入最大化和风险最小化，因此，家庭劳动力数量越多，老一代劳动力越倾向于县外就业。此外，家中老人越多，学龄前儿童数越少，家庭负担越小，其县外就业的可能性也越大。

与新生代相比，老一代农村劳动力具有更强的土地情结。在两类外出就业决策过程中，家庭土地资源禀赋对老一代劳动力具有显著影响，对新生代的影响则不显著。由于老一代比新生代拥有更为丰富的务农经验，他们对土地的依赖也更强，因此，与县内务工相比，更多的土地意味着更多的收益，从而促使他们放弃县内务工，而从事与土地相关的经营。

二、劳动力回流影响因素的代际差异

1.两代回流劳动力的变量特征

新老两代农民工在回流就业选择上存在明显差异。经处理，最终进入模型的新一代留城就业劳动力457人，回流务农31人，回流非农就业35人。老一代留城就业劳动力114人，回流务农149人，回流非农就业91人（图8-3）。老一代农民工中，有67.8%选择回流，其中又以选择回流务农的居多（42.1%），从事非农就业的占25.7%。新生代农民工尽管仍以留城就业为主（87.4%），但已出现了部分回流的迹象，回流者选择非农就业的比例稍高，占具有外出经历的新生代劳动力（外出劳动力与回流劳动力之和）的6.7%，务农的比例最低（为5.9%）。

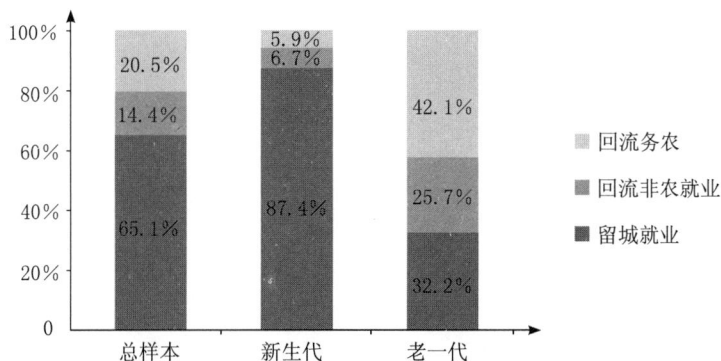

图8-3 两代劳动力回流就业构成对比
（数据来源：云浮农户调查）

通过对比两代农民工的变量特征不难发现，新生代农民工尽管外出时间长度不及老一代农民工，但他们的文化程度更高，男女比例更为均衡，已婚的比例也更低（表8-3）。统计发现，老一代农民工的外出时间较新生代更长，其留城就业劳动力平均外出16.27年，回流务农劳动力平均外出8.23年，回流非农就业劳动力平均外出7.45年，分别比新生代劳动力多11.17年、3.07年和2.65年。新生代回流务农劳动力家庭土地面积更多，而回流非农就业劳动力的土地面积更少。家庭负担总体上新生代更轻，他们家中的学龄儿童和老人数量更少，学龄前儿童数稍多。此外，两代农民工在社区变量上差别不甚明显。

表8-3 两代劳动力回流就业模型自变量的描述性统计

自变量	留城就业		回流务农		回流非农就业	
	新生代	老一代	新生代	老一代	新生代	老一代
个人特征						
年龄	25.19	41.17	28.52	48.38	28.20	45.00
性别	0.57	0.68	0.45	0.71	0.57	0.75
婚姻状况	0.42	0.98	0.87	0.98	0.74	0.99
文化程度	3.67	3.07	3.10	3.01	3.37	3.27
外出时间长度	5.10	16.27	5.16	8.23	4.80	7.45
家庭因素						
学龄前儿童数	0.38	0.19	0.81	0.21	0.46	0.24
学龄儿童数	0.18	0.92	0.45	0.87	0.31	0.98
老人数	0.17	0.81	0.34	0.23	0.11	0.33
劳动力数	4.26	3.71	3.71	3.16	3.77	2.97
家庭土地面积	4.99	4.51	7.34	5.99	2.89	5.45
土地流转						
转入土地面积	1.98	0.40	2.54	2.22	1.37	4.61
转出土地面积	0.58	0.96	1.04	0.37	0.88	0.36
社区环境						
本地经济发展水平	22.40	22.73	22.56	22.91	23.63	22.87
到县城的距离	34.77	34.44	34.10	37.83	21.69	29.84

产业转移、土地流转与农村劳动力回流
土地利用与空间规划丛书

自变量	留城就业		回流务农		回流非农就业	
	新生代	老一代	新生代	老一代	新生代	老一代
到镇的距离	3.26	2.74	4.03	3.98	3.74	2.76
丘陵	0.44	0.37	0.42	0.35	0.23	0.29
山区	0.28	0.26	0.35	0.42	0.23	0.30
样本量（个）	457	114	31	149	35	91

（数据来源：云浮农户调查）

2.回归结果分析

以1978年改革开放为界，将所有具外出务工经历的农村劳动力划分为新生代和老一代农民工，对两代农民工分别构建回流就业选择模型，回归结果如表8-4所示。我们分别就两类回流就业的影响因素进行分析，探讨新老两代农民工在其中的异同。

表8-4　两代劳动力回流就业选择的多元Logistic回归结果

变量	新生代（概率比）		老一代（概率比）	
	回流非农就业	回流务农	回流非农就业	回流务农
个人特征				
年龄	1.315***	1.284***	1.203***	1.356***
性别	1.197	0.566	2.268	2.031
文化程度	0.564**	0.384***	1.239	0.759
婚姻状况	1.786	3.098	1.448	2.165
外出时间长度	1.005	0.848	1.140	0.669***
外出时间长度平方	0.978	0.994	0.984**	1.005*
家庭因素				
学龄前儿童数	1.271	1.864*	0.875	1.436
学龄儿童数	1.737	1.284	1.290	1.821*
老人数	0.667	1.109	0.604	0.411**
劳动力数	0.845	0.624**	0.415***	0.464***
家庭土地面积	0.857	1.020	1.119**	1.149***

变 量	新生代（概率比）		老一代（概率比）	
	回流非农就业	回流务农	回流非农就业	回流务农
土地流转				
转入土地面积	1.010	1.023	1.142	1.133
转出土地面积	1.283*	1.010	0.754*	0.669**
社区环境				
本地经济发展水平	1.160*	1.070	1.021	1.183*
到县城的距离	0.977**	0.996	0.990	1.026**
到镇的距离	1.199**	1.070	1.176	1.198*
丘陵	0.316*	0.833	0.408	0.700
山区	0.839	1.265	0.303	0.599
N(N=1)	492（35）	488（31）	205（91）	263（149）
Log likelihood	−85.07	−79.92	−62.75	−67.19
R²	0.3261	0.3077	0.5506	0.6267

注：*、**和***分别表示10%、5%和 1%的显著性水平。（数据来源：云浮农户调查）

（1）回流非农就业。

1）人力资本水平对两代农民工回流具有重要影响，但对新生代的显著影响主要体现在文化程度上，对老一代则体现在外出时间长度上。

文化程度和外出时间是衡量人力资本水平的重要因素。文化程度越高，劳动力知识与就业技能往往越强，其接受新知识的能力也越强。外出时间越长，劳动力通过"干中学"等途径获得知识溢出的可能性也越大，其工作技能也相对提升。对于两代劳动力的回流决策，人力资本水平对其的影响方式不尽相同。就新生代劳动力的回流非农就业而言，文化程度的影响更大。而老一代受外出时间的影响更加明显。

文化程度越高，新生代劳动力回流非农就业的可能性越小。与留城就业相比，文化程度每提高1个级别，新生代回流非农就业的概率就会降低43.6%，回归结果在5%水平上显著。相应的，文化程度对老一代外出者回流非农就业选择的影响不显著。在城市产业结构升级的背景下，企业对劳动力素质的要求越来越高，文化程度较低的农民工因不能适应产业的需求而被淘汰。由于新生代劳动力多集中在制造业行业，而老一代从事商业、餐饮等低端服务业的比重更高，相比而言，新生代受产业升级的影响更为明显。

对老一代产生显著影响的人力资本因素是外出务工时间长度。外出时间长度与老一代农民工回流非农就业的关系呈倒U形分布。即外出时间越长，回流从事非农就业的概率呈先增大后减小的趋势。此外，与总样本相似，年龄变量对两代农民工都产生了显著影响，年龄越大，回流就业的可能性越高。与留城就业相比，新生代和老一代农民工的年龄每增加1岁，其选择回流从事非农就业的概率分别提高31.5%和20.3%，回归结果在1%水平上显著。

2）家庭资源对老一代外出者的回流非农就业具有重要影响，对新生代的影响不明显。

家庭土地和劳动力资源禀赋是影响老一代农民工的主要因素。对老一代农民工而言，家庭拥有的土地越多，回流从事非农就业的可能性越大（图8-4）。家庭土地面积每增加1亩，老一代回流非农就业的概率提高11.9%，回归结果在5%水平上显著。这一方面表明较多的土地有助于为非农经营提供足够的空间，另一方面也表明许多老一代农民工在回流后进行非农就业时，可能采用"亦工亦农"的模式，从事一定规模的农业经营。而家庭土地面积变量对新生代农民工影响不显著。

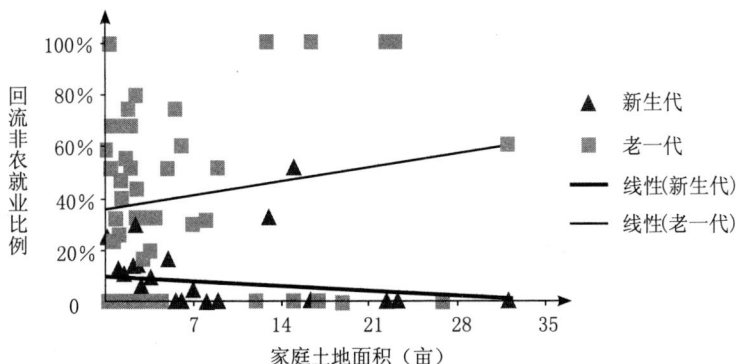

图8-4 家庭土地面积与两代劳动力回流非农就业比例关系

第八章
劳动力外出与回流影响因素的代际差异

对老一代农民工而言，家庭劳动力越多，其回流的可能性越小。与留城就业相比，家中劳动力每增加1人，老一代回流从事非农就业的概率就降低58.5%，回归结果在1%水平上显著。说明家中更多的劳动力有利于家庭在各迁移就业状态中安排劳动力，以最小化家庭风险，这导致老一代农民工回流的可能性减小。但这种家庭策略对新生代农民工并不适用。此外，家中儿童和老人数对两代劳动力的影响均不显著。

3）社区环境因素对新生代的回流具有重要影响，对老一代的影响十分有限。

家乡非农经济发展水平越高，新生代越有可能回流从事非农就业。与留城就业相比，村民在本地从事非农就业比重每增加1个百分点，新生代农民工回流参与非农活动的概率提高16.0%。所在村庄距离县城越近，越能吸引新生代农民工回流（图8-5）。与留城就业相比，到县城的距离每减小1公里，回流从事非农就业的概率就提高2.3%，两项结果在5%水平上显著。此外，来自丘陵地区的外出者回流的可能性较平原地区的明显更小。与留城就业相比，其概率相差68.4%。但对于老一代农民工而言，这些变量的影响较小。

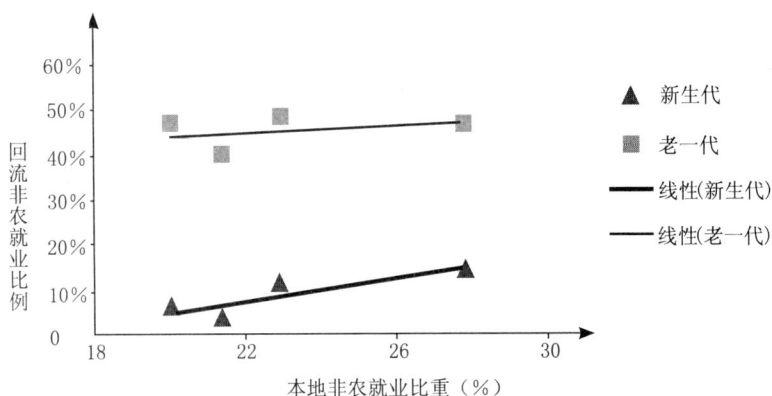

图8-5　经济发展水平与两代劳动力回流非农就业比例关系

产业转移、土地流转与农村劳动力回流

土地利用与空间规划丛书

总之，在做出是否回流家乡从事非农业活动的决策过程中，新生代比老一代更加关注家乡的社会经济发展水平。这与新生代农民工更加追求自身未来发展前景和生活质量有关。可以预见，随着家乡就业机会的增加，交通条件的改善，新生代农民工回流现象将更加普遍。

（2）回流务农。

1）随着外出时间的增加，老一代农民工回流务农的概率先减小后增大。

与回流非农就业决策不同，外出时间长度变量对老一代回流务农就业的影响呈U形关系，即随着外出时间的增加，老一代农民工回流务农的概率先减小后增大（图8-6）。说明对于那些老一代回流务农劳动力而言，在外务工过程中，主要从事低技能、体力型的工作。在外出初期，较好的体力使其工作竞争力较大，回流的可能性不大，但随着在外务工时间的增加，其体质不断衰退，在劳动力市场的竞争力下降，回流的概率不断增大。分析发现，22年是劳动力回流务农的重要临界点，外出务工22年之前，其回流务农的可能性较小，22年之后回流务农的可能性明显增大。

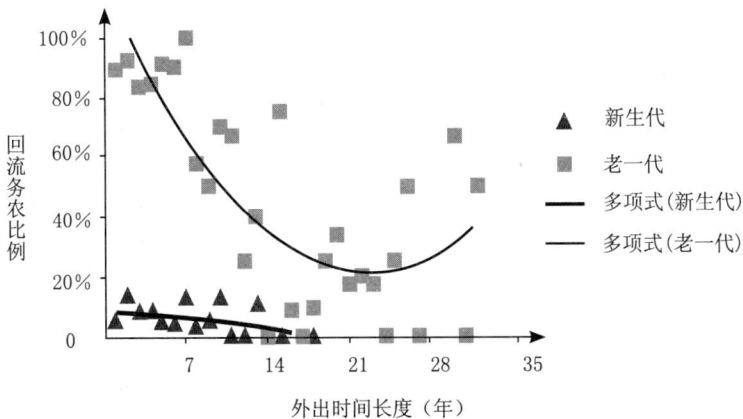

图8-6 外出时间长度与两代劳动力回流务农比例关系

第八章
劳动力外出与回流影响因素的代际差异

此外，年龄变量对两代农民工都产生了显著影响，年龄越大，两代劳动力回流务农的可能性越高。与回流非农就业类似，文化程度变量对于新生代农民工的回流也具有重要影响。文化程度越低，新生代农民工越有可能回流务农。与留城就业相比，文化程度每降低1个级别，新生代农民工回流务农的概率就提高61.6%，这一结果在1%水平上显著。

2）家庭因素对老一代回流的影响明显大于对新生代的影响。

家庭土地面积、劳动力资源禀赋、学龄儿童和老人数均对老一代产生显著影响。而对新生代产生影响的为家庭劳动力和学龄前儿童数变量。

与新生代外出者相比，老一代回流务农决策过程中受家庭儿童和老人多少的影响更为明显。家中学龄儿童越多，老人越少，其回流务农的可能性就越大。相较于留城就业，家中学龄儿童每增加1人，老一代回流务农的概率提高82.1%，家中老人每少1人，其概率增加58.9%，回归结果分别在10%和5%水平上显著。一方面说明照顾小孩对外出者的重要影响，另一方面也说明老人在农村家庭中所扮演的重要角色，他们不仅照顾小孩，而且还经营部分土地。这从现阶段我国农业经营中出现的明显的老龄化趋势可以得到一定印证。

家庭土地越多，老一代外出者回流务农的可能性越大。与留城就业相比，家庭土地每增加1亩，其回流务农的概率提高14.9%，这一结果在1%水平上显著。但土地资源的丰富程度对于新生代回流务农的影响不明显，换言之，那些选择回流务农的新生代农民工，并不在意家庭的土地资源状况，这也说明回流务农并非新生代就业的长久选择，他们更多的是将回流务农看作暂时的安排。

3）老一代农民工受土地流转的影响更大。

家庭年内转出土地面积越多，老一代农民工选择回流务农的可能性就越小。与留城就业相比，转出土地面积每增加1亩，老一代回流

产业转移、土地流转与农村劳动力回流
土地利用与空间规划丛书

务农的概率就降低33.1%，回归结果在5%水平上显著，但新生代受土地流转的影响不显著。

总体上，家庭土地资源、土地流转状况对老一代的影响明显大于新生代，这与两代劳动力的生活与务农经历直接相关。但必须承认的是，目前农村土地流转仍处在初级阶段，流转的市场化、规范化尚有待完善，尤其是耕地的流转进程缓慢，已有的流转规模较小，大规模的土地集中尚不多见，从而在一定程度上影响了变量的解释力。

4）社区环境对新生代回流务农的影响明显不及老一代。

家乡非农经济发展水平对回流务农具有显著的正向影响。家乡非农就业比重每增加1个百分点，老一代外出者回流务农的概率提高18.3%。可能的原因是家乡经济发展水平首先吸引了老一代的回流就业，但在回流后，由于年龄、人力资本等原因导致其未能找到合适的非农工作，不得已而选择务农。从而导致经济发展水平对回流非农就业影响不明显，而对回流务农产生了显著影响。

所在村庄越偏僻，老一代农民工回流务农的概率越高。与留城就业相比，村庄到县城和镇区的距离每增加1公里，老一代农民工回流务农的概率分别提高2.6%和19.8%，两项结果分别在5%和10%水平上显著。区位条件恶劣，远离经济中心让外出的老一代农民工往往只能选择回流务农。而地形条件和家乡非农经济发展水平对两代农民工回流的影响均不显著。

总体上，新老两代农民工回流就业决策的影响因素存在明显差异。如人力资本变量显著影响了两代农民工的回流就业决策，但其影响方式并不相同。对新生代农民工影响较大的是文化程度，较高的文化程度不仅提升了新生代农民工的工作技能，也有利于其在工作过程中实现人力资本积累，从而增强其在城市劳动力市场的竞争力。文化程度变量对老一代农民工影响不明显，这应与老一代农民工文化程度差异较小（绝大多数为初中文化）有关。对老一代农民工影响较大的人力资本因素是外出时间长度。但对两类不同的回流就业，外出时间变量的影响恰好相反。与留城就业相比，随着外出时间的延长，选择回流从事非农就业的可能性先增大后减小，选择回流务农的可能性先减小后增大，说明老一代农民工并非都是简单的体力劳动者（姚俊，2010），而是存在着体力型与技能型之分。随着外出时间的增加，那些体力型农民工体质逐渐下降，在城市的竞争力减弱，因此，往往选择回到原有的经济结构中，从事传统的农业经营。而那些技能型农民工在务工过程中通过"干中学"等方式实现人力资本积累。目前我国城乡二元劳动市场的存在，导致农民工大部分只能从事那些对人力资本回报不高的脏、累、差的工作，而家乡的非农经济活动则对人力资本有着更高的回报，从而促使技能型农民工选择回流家乡，从事非农就业。

与新生代农民工相比，老一代农民工对土地具有明显的偏好。无论是回流务农，还是从事非农活动，家庭土地面积对老一代农民工都产生显著影响。土地对新生代农民工的影响极小，即使是回流务农也是如此。说明老一代农民工具有更强的土地情结，而较多的土地也为开展农业或非农经营提供了足够的空间，或直接实行"亦工亦农"式的经营，而新生代农民工往往缺乏务农经验，在参与非农经济活动时，很少会选择兼营农业。来自云浮的农户调查数据证实了上述判断。在回流的老一代农民工中，从事非农就业时兼营农业的比重高达30.4%，而新生代农民工中这一比例仅为13.6%。

老一代农民工具有更强的家庭目标，无论是回流非农就业，还是务农，家庭劳动力数量对老一代农民工均具有重要作用，而对于新生代农民工的影响仅限于回流务农。在回流就业决策时对家庭劳动力的权衡，说明老一代农民工更注重将迁移决策上升为家庭层面，通过对不同空间、不同就业形态的家庭劳动力进行统筹安

产业转移、土地流转与农村劳动力回流

排，有利于实现家庭收入多元化，降低家庭风险，实现家庭目标。此外，家庭儿童和老人数对于回流务农的影响也十分显著。相比而言，新生代农民工对家庭因素的关注较小，但这并不意味着新生代农民工只注重自身的发展。事实上，这应与他们所处的生命历程有关（梁宏，2011）。他们目前年纪尚轻，结婚生子的比例不高，所承受的家庭负担相对较小。

在外出者的回流非农就业决策过程中，新生代比老一代农民工更看重家乡社会经济环境。家乡经济发展水平的高低、到县城的区位条件以及地形条件的优劣均是新生代农民工回流参与非农经济的重要影响因素。相应的，这些因素对老一代农民工回流决策的影响微乎其微。这源自新老农民工在身份认同、发展取向等方面的差异。与老一代农民工相比，新生代农民工对自己城里人社会身份的认同感在提高，他们对城市工作与生活方式以及市民身份更加向往（刘传江，2010），当城市压力促使其回流就业时，家乡的非农就业就成为他们的首选（张永丽，黄祖辉，2008），而这无疑取决于当地的经济发展水平。此外，在许多欠发达地区，得益于原有的社会经济基础和近年来来自发达地区的产业转移，县城一直是县域经济、文化、教育中心，是县域范围内最接近城市的聚落形态（田明 等，2000），因此，到县城的区位条件就成为新生代农民工回流非农就业决策时所要考虑的重要因素之一。

尽管两代农民工回流就业决策的影响因素存在诸多差异，但有一个明显的共同点值得引起重视，即年龄变量的影响。从回归结果而知，无论是新生代，还是老一代农民工，随着年龄的增大，其回流参与非农就业与务农的概率都大大提高。这说明了在当前中国制度环境等的影响下，外出劳动力的回流具有一定的必然性。城市对农村外出劳动力"经济接纳，社会排斥"的做法并未在新生代农民工身上有所改变，他们依然被排斥在城市社会保障和公共服务体系之外，年龄的增加促使他们最终又回流到家乡（文军，2001）。

三、小结

改革开放以来，中国农村向城市大规模流动的农村劳动力内部出现明显分化，新生代农民工逐渐增多，并成为外出劳动力的主体。尽管向城市大量迁移并留在城市发展依然是新生代农民工的首选，但回流家乡也是其未来的重要选择之一。事实上，在云浮的调研发现，已有部分新生代农民工开始回乡，他们要么务农，要么进厂或自己创业，由于新生代农民工在诸多方面与老一代具有明显差别，其回流对于县域城镇化的重要影响不言而喻。那么，哪些因素影响了其回流就业？基于此，本章运用云浮农户调查数据，将新老农民工区分开，分别考察两代农民工回流的影响因素，探讨其中存在的差异。同时，本章还考察了新老农民工的外出行为，将回流与外出就业做对比分析，以期更全面系统地掌握两代劳动力的流动行为。实证分析发现：

（1）新生代劳动力比老一代受文化程度的影响更大。

无论是外出就业，还是回流就业，文化程度越高，新生代劳动力选择外出就业的可能性越高，外出劳动力选择回流的可能性也越小。与留村就业相比，受教育程度每提高1个级别，新生代劳动力选择县外务工和县内务工的概率分别提高127.7%和110.5%。与留城就业相比，受教育程度每提高1个级别，新生代劳动力选择回流务农和回流非农就业的概率分别降低61.6%和43.6%。相应的，老一代劳动力受其影响相对较小。这与两代劳动力在外务工过程中从事行业的变化有关。新生代在制造业的就业比重高，而老一代更多的是从事建筑、餐饮等行业。在城市产业升级的背景下，从事于制造业行业的新生代农民工受文化程度的影响就更大。

产业转移、土地流转与农村劳动力回流
土地利用与空间规划丛书

（2）老一代劳动力比新生代更强调家庭目标与家庭策略。

在劳动力外出与回流决策过程中，他们更加关注家庭劳动力数量、学龄前儿童和老人数量的多寡。如在回流务农决策中，相较于留城就业，家中学龄儿童每增加1人，老一代回流务农的概率提高82.1%，家中老人每减少1人，其概率增加58.9%。对这些因素的关注说明老一代农民工更加考虑需照顾的家庭成员，有利于实现家庭收入多元化，并降低家庭风险，实现家庭目标。相对而言，新生代劳动力受这些因素的影响较小。

（3）与新生代劳动力相比，老一代具有更强的土地情结。

无论是回流就业还是外出就业，家庭土地资源禀赋均对老一代劳动力具有显著影响，对新生代的影响则不明显。在回流决策中，与留城就业相比，家庭土地面积每增加1亩，老一代选择回流务农和回流非农就业的概率分别提高14.9%和11.9%。在外出决策中，与留村就业相比，家庭土地面积每增加1亩，老一代选择县外务工和县内务工的概率分别降低7.5%和18.0%。由于老一代比新生代拥有更为丰富的务农经验，他们对土地的依赖也更强，对他们而言，更多的土地意味着更多的收益，而较多的土地也为开展农业或非农经营提供了足够的空间，或直接实行"亦工亦农"式的经营，而新生代农民工往往缺乏务农经验，在参与非农经济活动时，很少会选择兼营农业。随着新生代外出劳动力逐渐主导农村劳动力市场，这一特征将有助于农村土地的流转与规模经营，从而为农村劳动力向县域非农产业和城镇的完全转移提供了基础条件。

（4）在回流过程中，新生代劳动力比老一代更加关注家乡经济社会发展状况。

与留城就业相比，村民在本地从事非农就业比重每增加1个百分点，新生代农民工回流参与非农活动的概率提高16.0%。所在村庄距离县城越近，越能吸引新生代农民工回流。到县城的距离每减小1公里，回流从事非农就业的概率就提高2.3%。由于新生代农民工对自己城里人的社会身份的认同感更强，与老一代相比，他们对城市工作与生活方式以及市民身份更加向往，当各种因素促使其回流就业时，家乡经济发展水平、交通区位条件等因素均是其重点考虑的。正因为如此，县域经济与城镇化发展过程中，尤其应关注新生代农民工在这些方面的需求变化，在提供更有吸引力的就业机会的同时，还应极力改善县域城镇交通条件，丰富城镇生活内容，提升城镇生活品质，为其提供一个安居乐业的生活环境。

产业转移、土地流转与农村劳动力回流

土地利用与空间规划丛书

第九章　劳动力回流对县域城镇化的影响

在农村劳动力新的流动格局下，回流劳动力成为县域经济和城镇化实现快速发展的重要动力。实证研究也发现，县域经济发展水平的提高主要吸引了农村回流劳动力，而对外出劳动力的吸引有限。因此，在新时期，对于县域城镇而言，除少量外出劳动力进入以外，回流劳动力是其发展的主要增量。对县域企业的调研也证实了这一判断。鉴于回流劳动力对县域城镇化发展的重要作用，本章从回流劳动力的人口规模、就业与公共服务需求角度，探讨劳动力回流对县域城镇化的影响。

一、规模

农村劳动力的回流直接促进了县域城镇人口的增长。通过对云浮市农户调查发现（表9-1），回流劳动力样本量为306人，占具有县外务工经历劳动力（县外务工劳动力与回流劳动力之和）的34.9%。

回流劳动力中，回流到家乡县城的劳动力为41人，占回流总量的13.4%；回流到镇区的劳动力34人，占11.1%。

表9-1 云浮农村劳动力回流与外出状况

	回流劳动力人数（人）	比重（%）	回流到县城劳动力数（人）	比重（%）	回流到镇区劳动力数（人）	比重（%）
云浮	306	34.9	41	13.4	34	11.1
	外出人口（人）		外出到本县人口（人）		外出到县外人口（人）	
云浮	659 718		110 154		549 564	

（数据来源：云浮农户调查、广东省2010年人口普查资料）

随着时间的推移，回流劳动力向家乡县城和镇区集中的空间趋势更加明显（图9-1）。1995年以前，回流劳动力流向县城和镇区的比重均为9.3%，绝大部分劳动力回流至农村，他们要么务农，要么打散工搞建筑、做点小生意。1996—2000年，劳动力回流至镇区的比重升至13.4%，在县城的比重依然较低，仅为7.5%。2001—2005年，回流劳动力流向县城的比重明显增加，达14.8%。2006年以后，已有21.4%的回流劳动力在县城生活或工作。总体上，流向镇区的比重变化不大，其比重维持在10%左右。

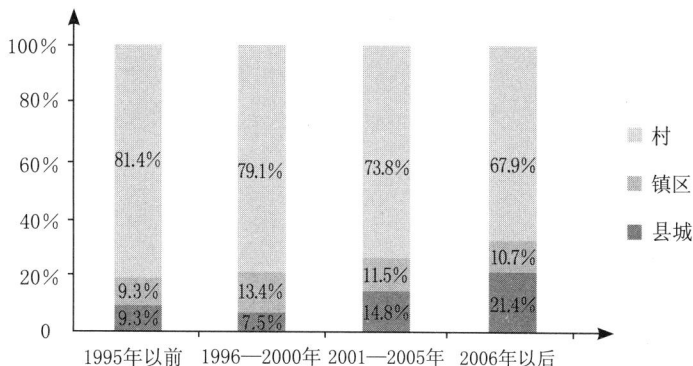

图9-1 不同回流年份劳动力的空间分布
（数据来源：云浮农户调查）

产业转移、土地流转与农村劳动力回流
土地利用与空间规划丛书

新生代回流劳动力向县城集中的趋势与不同时期回流的趋势相吻合。统计发现，向县城集中的新生代回流劳动力占总量的21.4%，而老一代回流劳动力这一比例仅为10.4%（图9-2）。老一代回流者流向镇区的比重稍大。新生代向县城的集中，一方面与县域非农产业的发展在县城的集中，从而导致其对年轻劳动力的需求有关；另一方面也说明县城作为县域城镇中等级最高的聚落形态（李卫东，2010），其生活方式与城市最为接近，从而吸引年轻人向县城的集中。

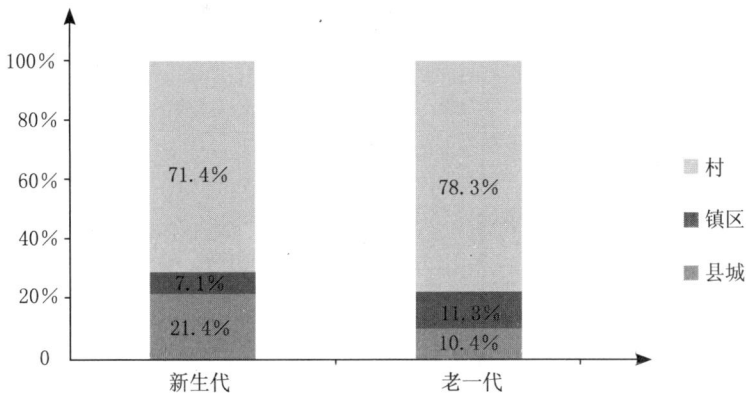

图9-2 两代劳动力回流后的空间分布对比
（数据来源：云浮农户调查）

根据第六次人口普查数据统计发现，2010年，除市辖区云城区外，云浮市外出半年以上人口659 718人，其中，外出到县外人口549 564人（表9-1）。据农户调查得出的劳动力回流比重可估算，将有191 798个县外务工劳动力回流家乡。按2006年以后回流劳动力的空间分布状况推算，已有外出劳动力回流到家乡县城的数量约为41 045人，回流到镇区的数量约为20 522人，如此一来，本地城镇人口将直接增加61 567人，回流后当地城镇化水平将从原有的30.9%升至33.9%（图9-3）。

第九章
劳动力回流对县域城镇化的影响

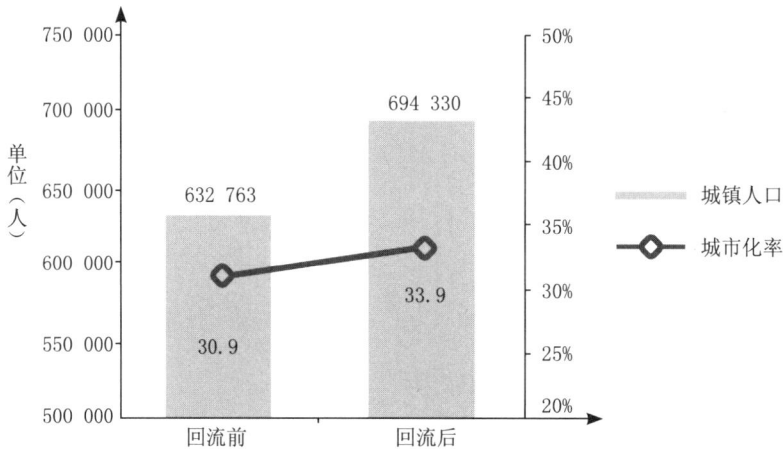

图9-3 云浮市劳动力回流后的城镇化水平模拟
（数据来源：云浮农户调查、广东省2010年人口普查资料）

二、就业

单从数据上看，回流劳动力对家乡县域城镇人口增长的推动作用似乎并不明显，但必须认识到，回流劳动力多为青壮年劳动力，与外出劳动力主要通过汇款行为促进农村收入的增加不同，回流劳动力由于在外务工过程中不仅积累了资金，开阔了视野，增加了知识和技能，物质资本、人力资本和社会资本均获得了一定的提升，因此，理论上更有可能发挥资本优势实现职业的转换，从事非农产业（Piracha，Vadean，2010）。可以说，回流劳动力在就业和经济发展方面对家乡县域城镇化的推动作用更大。

已有许多研究证实回流劳动力在开展个体经营、促进家乡经济多样化发展方面具有重要作用（Murphy，1999；王西玉 等，2003；Démurger，Xu，2011），但部分研究发现，劳动力回流后，绝大部分"回到了传统经济结构中"，回流劳动力也并不比留村劳动力更多地从事非农产业（Zhao，2002；白南生，何宇鹏，2002）。

此前许多关于劳动力回流的研究多基于10余年前的农户调查，然

产业转移、土地流转与农村劳动力回流
土地利用与空间规划丛书

而近年来，沿海地区的产业转移、国家新一轮农村改革与惠农政策的推行等，均对劳动力回流产生了重要影响。云浮调研发现，回流劳动力在就业上，一方面，具有明显的向非农产业转移的趋势，从而促进了县域工业化的发展；另一方面，回流劳动力通过发展规模经营，促进了现代农业的发展，并推动了县域农产品加工业和农业服务业的增长，为县域城镇化提供了新的服务业动力。

1.回流劳动力加速向非农产业转移，促进县域工业化发展

从事非农产业，实现就业结构的非农化转化是城镇化的重要表现（钱纳里，赛尔昆，1988）。云浮市农村回流劳动力在就业结构上表现出明显的非农化趋势，随着时间的推移，越来越多的农村劳动力在回流后分布于工业和建筑、商业餐饮等服务业，从事传统农业的劳动力逐渐减少（图9-4）。1995年以前，回流劳动力主要从事传统农业，其比重为56.7%，从事非农产业的仅占30.9%。1996—2000年的回流者从事传统农业的比重降至50.0%，非农活动从业比重升至35.3%。2001—2005年，从事非农产业的回流者比重进一步增加至44.3%。2006年以后，回流劳动力将近一半（49.4%）从事非农业活动，传统务农者下降至31.8%。

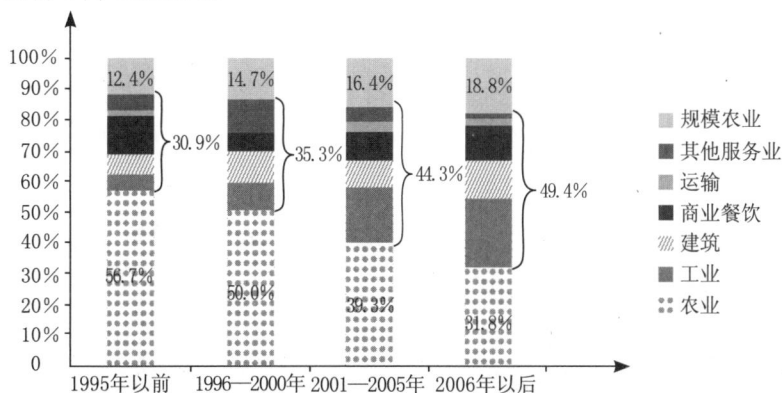

图9-4　不同回流年份劳动力的行业分布
（数据来源：云浮农户调查）

第九章
劳动力回流对县域城镇化的影响

在回流劳动力从事行业的内部，工业从业者比重的增长最为明显。1995年以前，回流劳动力从事工业行业的仅占5.2%。1996—2000年，这一比重为8.8%。2000年以后，工业从业者比重增加明显。2001—2005年，约有18.0%的回流劳动力从事工业部门。2006年之后，这一比重增至22.4%。不难看出，回流劳动力对工业的参与是和近年来地方工业化进程相一致的。

回流劳动力对县域工业化进程的推动与10余年前的情形截然不同。农业部农村经济研究中心于1997年开始，进行了为期4年的农村劳动力回流问题调查，发现回流创业劳动力以从事商业、服务业为主，劳动力的回流对于农村工业化进程的贡献很小（刘光明，宋洪远，2002）。在经历了10余年的发展后，国内外环境已发生重大变化，尤其是在发达地区产业大规模转移的背景下，近年来云浮各地方政府积极招商引资，承接产业转移。"十一五"期间，云浮工业增加值年均增长17.6%，其中，规模以上工业增加值年均增长25.7%，远快于第一产业的4.9%和第三产业的13.5%。[①]

新生代回流劳动力向非农产业集中的趋势比老一代更为明显。在云浮市调研中发现（图9-5），新生代回流劳动力中，选择从事传统农业生产的比重仅为38.6%，从事非农产业活动的占50.0%。相比而言，老一代回流者务农的比重达46.3%，从事非农活动的仅为37.9%。

新生代回流者向非农产业的集中既与其自身的就业偏好有关，也与县域工业部门的需求密不可分。新生代回流劳动力在拥有外出务工经历后，对城市现代生产方式具有更强的适应力和偏好。而工业部门对劳动力体质和素质的要求也增加了新生代回流者从事非农行业的概率。

对比不同回流时期劳动力的空间分布与行业分布（图9-1、图

---

① 数据来源：《云浮统计年鉴 2011》。

产业转移、土地流转与农村劳动力回流
土地利用与空间规划丛书

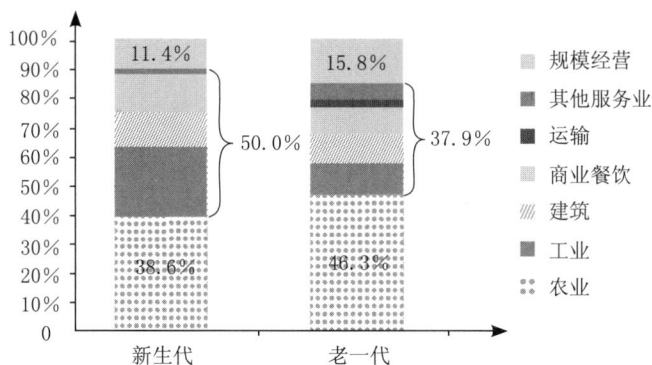

图9-5　两代劳动力回流后的行业分布对比
（数据来源：云浮农户调查）

9-4）不难发现，2001年以后，县城对回流劳动力吸引力的增强主要得益于其工业部门的快速发展。县城作为农村地区传统的政治、文化中心，正逐渐成为农村非农就业的重要载体，其经济中心的地位在不断增强。而县城以外的镇由于非农产业的停滞不前导致对劳动力的吸纳力有限。而回流劳动力向非农产业的转移无疑为家乡提供了急需的要素资源，推动了县域工业化的发展。

2.回流促进规模农业发展，为县域城镇发展提供新的经济动力

现代农业是与高人力资本投入相联系的（Schultz，1968）。青壮年劳动力的回流改善了农业劳动力长期以来年龄严重老化的局面（图9-6、图9-7），提高了农业劳动力的整体人力资本水平，促进了农业规模经营和现代农业发展，为县域城镇发展提供了新的经济动力。当年轻劳动力大量涌入外地城市后，中国农业劳动力普遍面临劳动力年龄结构严重老化的问题。

在云浮市调研中发现，以农业为主要经济活动的留村劳动力以女性为主，年龄多在45岁以上，这一年龄段的留村劳动力占留村劳动力总量的73.7%。而回流劳动力以30～50岁的青壮年为主（占回流

第九章
劳动力回流对县域城镇化的影响

劳动力总量的62.4%），男性居多，他们多在外实现了一定的人力资本积累，这部分劳动力的回流从整体上提升了农村劳动力的人力资本状况（Ma，2001），促进了农业产业化的发展。从前文关于劳动力回流的影响因素分析可知，家庭土地资源禀赋对外出劳动力的回流决策产生了重要影响。那些家庭土地较多的农户，回流务农的可能性更大，说明回流后从事农业，尤其是规模化农业是返乡劳动力的主要去向之一。

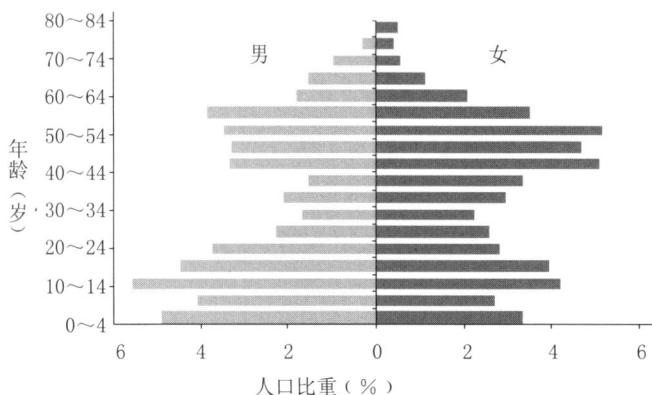

图9-6 不计回流的云浮农村人口金字塔
（数据来源：云浮农户调查）

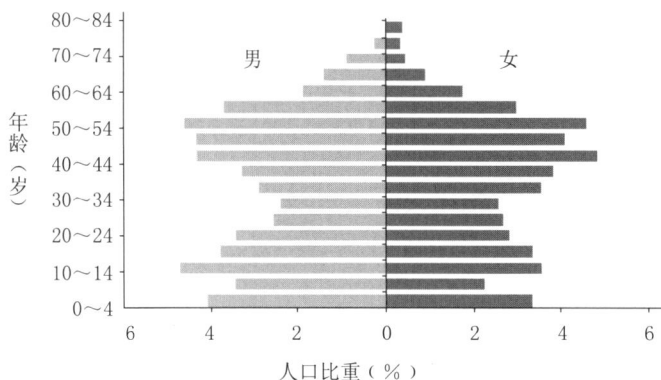

图9-7 计入回流的云浮农村人口金字塔
（数据来源：云浮农户调查）

产业转移、土地流转与农村劳动力回流
土地利用与空间规划丛书

通过对云浮市农户调研发现，回流劳动力参与规模经营的比重的确在不断增加。1995年以前的回流劳动力从事农业规模经营的比重仅为12.4%，2006年以后，这一比重已上升至18.8%（图9-4）。老一代回流劳动力比新生代更倾向于开展规模经营。统计发现，老一代从事农业规模经营的比重为15.8%，高于新生代回流劳动力的11.4%（图9-5）。回流劳动力通过从事规模经营，推动了县域农业产业化水平的提高。

回流劳动力通过农业规模经营，与龙头企业、合作社等组织合作，形成了"公司+农户""公司+基地+农户""合作社+农户"等类型的农业产业化经营模式。其中，"公司+农户"模式最为典型的是与温氏合作养殖；"公司+基地+农户"模式典型的有云安县的南盛镇农业发展有限公司所带动的沙糖橘种植基地；"合作社+农户"模式较为典型的有罗定市罗镜镇的梅菜专业合作社、新兴县天堂镇的蔬菜专业合作社等。

农业规模经营和农业产业化的发展促进了县域农产品加工业的兴起，推进了县域工业化进程。与此同时，随着越来越多的农户参与到农业产业化进程中，农业专业化及组织化程度提高，对县城金融保险、信息服务等现代服务业的需求开始增加，从而为县城传统的以商贸、物流为主导的服务业注入新的内容，为小城镇发展提供新的服务业动力。2010年，全市农产品加工企业已达1986家。①如在郁南，依托丰富的山林资源优势发展起来的无核黄皮、沙糖橘、肉桂等特色农产品基地，促进了县城林产化工、果酒等农产品深加工业的发展，农副产品加工业已成为郁南的特色产业之一。农业产业化发展还带来农村金融的繁荣。2005—2010年，郁南金融业增加值年均增速达30%。

农业规模经营和农业产业化的发展还通过带动农业龙头企业的壮

---

① 印发云浮市农业发展"十二五"规划的通知，http://www.yunfu.gov.cn/website/html/001/003/215043_0.htm，2012-08-31。

大和集中，促进以县城为中心的城镇发展。尽管规模农业的分布极为分散，但农业龙头企业由于生产经营特性，往往集中于县城或少数区位条件较好的镇区，从而促进了县域城镇的发展。以罗定市为例，全市39家重点农业龙头企业中，20家位于罗定市区，此外，那些分布在各镇的企业也有不少企业在市区设有销售部等部门（图9-8）。

图9-8 罗定市重点农业龙头企业分布
（资料来源：根据罗定市农业局资料整理）

农业规模经营还大幅提高了农民收入，加快了农村人口的城镇化进程。在新兴县，许多回流劳动力选择与农业龙头企业温氏集团合作养殖，由于公司提供鸡苗、负责疫情防治，并保障销路，合作农户收入较高且相对稳定。2011年，温氏带动农户5.21万户，户均获利6.32万元。在郁南县，大量回流劳动力通过种植沙糖橘提高了家庭收入。在新兴、郁南等地调研发现，许多在农村从事规模经营的回流劳动力已开始在县城买房居住。在对新兴县最大的房地产企业翔顺集团的调研中发现（图9-9），2008—2010年，来自本县县城以外人口购房的比重逐年增加。农村人口进城购房的超过一半，他们当中相当一部分都在农村从事规模养殖业。

产业转移、土地流转与农村劳动力回流
土地利用与空间规划丛书

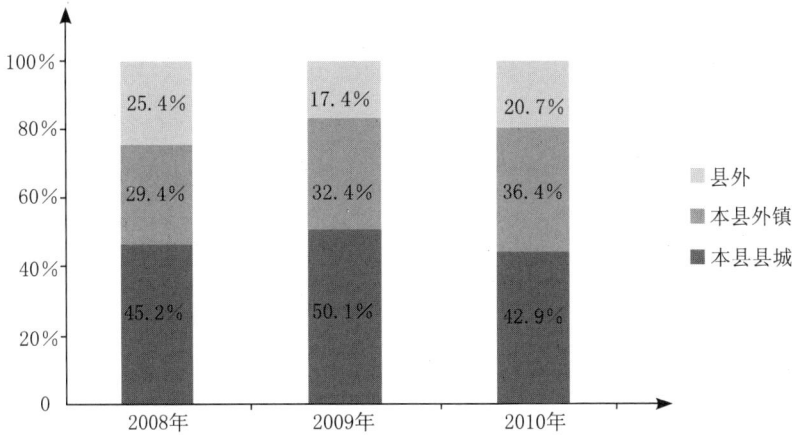

图9-9 新兴县翔顺小区购房者的来源地变化
（数据来源：翔顺集团调研资料）

农业规模经营释放了更多的农业劳动力，为县域城镇发展提供了劳动力保障。经济增长过程正是现代农业发展下农村人口不断减少，城镇人口不断增加的过程（Fei, Rains, 1964）。由于云浮市地处山区，人均耕地少，农户田块分割、分布零散，难以实现农业的机械化耕作。通过土地流转实现规模经营，使得农业机械化水平明显提高。2010年，云浮农业机械总动力达到95.13万千瓦，水稻机械耕种水平达87.9%，机械收获水平达61.8%，分别比2005年增长60.9万千瓦、40.47%和59.31%。农业机械化水平的提高释放出的农业劳动力为城镇发展提供了保障。

在加快落后地区经济发展和区际产业转移的背景下，县城凭借自身原有基础和交通、区位、用地等政策优势，成为承接产业转移的主要载体，获得了比其他乡镇更大的发展。而近年来云浮各地实施的主体功能区划更加快了县域非农产业向县城集中的步伐，导致回流非农就业劳动力向县城的集中。与此同时，回流劳动力通过从事农业规模经营，为县域城镇发展提供服务业动力，促进了县域城镇经济的发展和人口增长，这改变了我国长期以来中小城镇增长乏力的局面，并对区域城镇体系格局产生重要影响。

总体上，各地人口向以县城为中心的少数镇集中的趋势较为明显。少数镇人口比重上升，多数镇的人口比重出现下降（图9-10）。其中，新兴县城和郁南县城是所在县比重上升最为明显的。新兴县的12个镇中，10年间人口比重下降的镇有9个，上升的仅3个；郁南县的15个镇中，下降的有11个，上升的仅4个。云安县由于县城与全县大部分地区距离较远，且工业以水泥、硫化工等污染较重的行业为主，导致县城对常住人口的吸引能力有限。此外，云浮市区临近全县各镇，从而分流了云安县城相当部分的常住人口，导致县城人口比重出现下降。

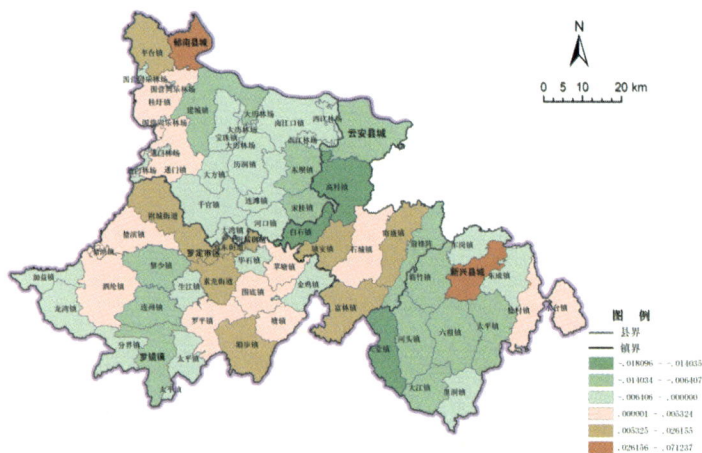

图9-10　各镇10年间常住人口占全县比重变化
（数据来源：各地第五次、第六次人口普查资料）

三、居住

　　人口的城镇化不仅表现为就业结构的转化，还体现在居住空间的转移，即从农村聚落向城镇聚落集中的过程（许学强 等，1988；Zhu，2000）。20世纪80年代后，在珠三角、长三角等农村城市化快速发展地区，都曾出现农村人口居住空间的转弯滞后于就业结构的转弯，导致不完全城镇化或半城镇化等问题（郑弘毅，1998；Yan，1999）。

回流劳动力在居住空间上具有更强的集中化趋势，他们往往伴随着就业空间而发生居住空间的转移。尽管仍有超过一半在县城就业的回流者选择在农村居住，但这一比例明显低于一直在县内务工的劳动力。调研发现，在县城就业的回流劳动力49.4%选择在县城居住，而那些从未外出的县内务工劳动力的这一比例仅为39.0%（图9-11）。说明外出务工经历对于回流劳动力的居住地选择产生了一定的影响，在经历了县外城市的打工生活后，农村劳动力已习惯并适应了城市生活方式，县城作为欠发达地区县域城镇的核心，其生产生活方式与县外大城市最为相近，自然吸引了在县城就业的回流劳动力在此居住。

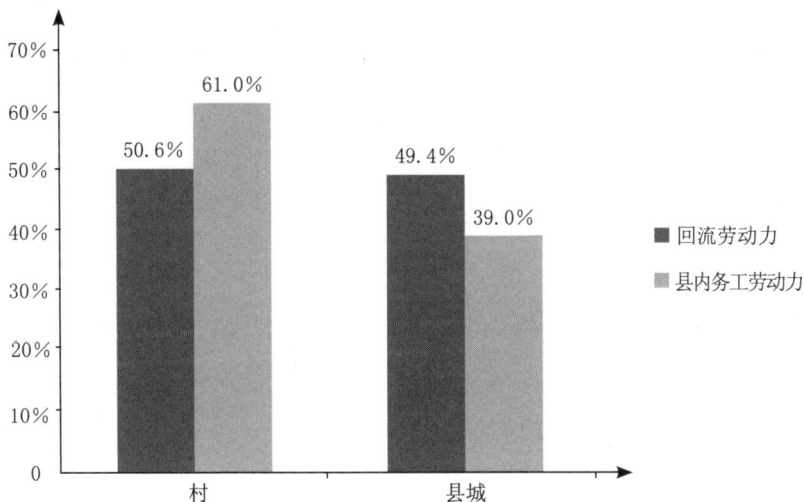

图9-11　回流劳动力和县内务工劳动力居住地的对比

回流劳动力在居住空间上向县城的集中，使得农村非农就业劳动力的就业与居住空间更为匹配，并有助于改善长期存在的农村地区半城镇化格局，促进以县城为中心的县域城镇化健康发展。

村庄距离和年龄等因素，对回流劳动力的居住地选择具有重要影响。劳动力所在村庄到县城越近，在县城居住的就越少（图9-12）。村庄到县城距离在13公里以内的回流劳动力，基本上会选择在村里居住。通勤方式也以摩托车为主，通勤时间在15分钟左右。距离在13公

第九章
劳动力回流对县域城镇化的影响

里以上的村庄，回流劳动力多数会选择在县城居住。

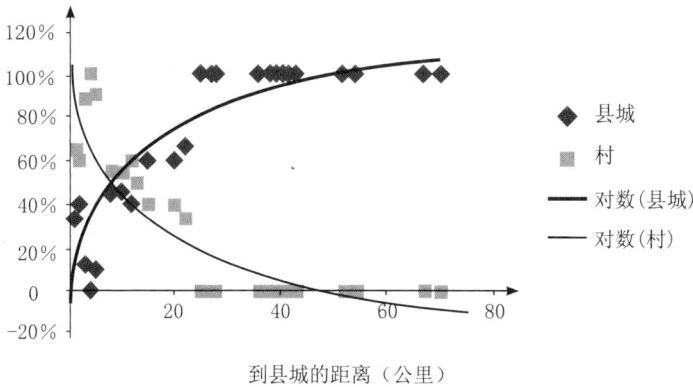

图9-12 到县城的距离与县城就业回流劳动力居住地选择的关系

年龄是影响回流劳动力居住地选择的重要因素。新生代回流劳动力比老一代具有更强的县城居住意愿。随着年龄的增大，回流劳动力选择县城居住的概率逐渐减小（图9-13）。统计发现，新生代县城就业回流劳动力有51.6%会选择在县城居住，老一代劳动力的这一比例为44.0%（图9-14）。说明与老一代相比，年轻的回流劳动力对城市现代生活方式更为向往。随着时间的推移，这部分外出劳动力的回流将促进县城常住人口的增加，并对城镇基础设施建设和城镇生活的繁荣产生积极的推动作用。

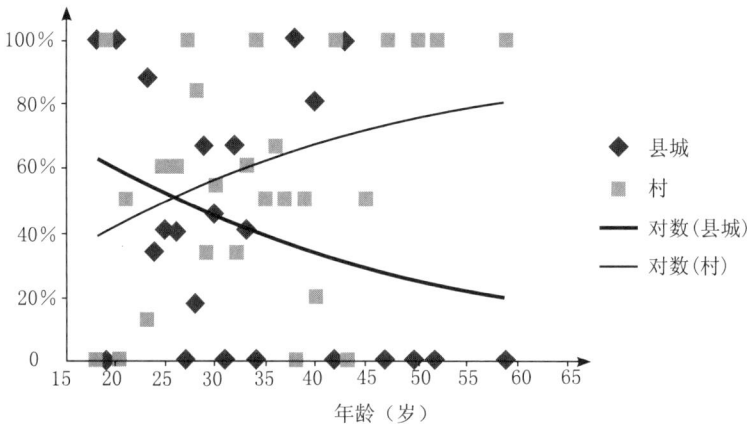

图9-13 年龄与县城就业回流劳动力居住地选择的关系

产业转移、土地流转与农村劳动力回流
土地利用与空间规划丛书

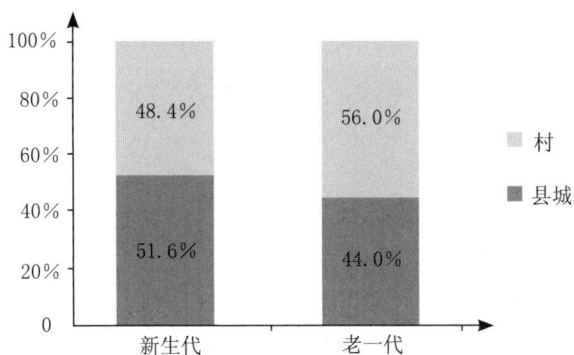

图9-14　两代县城就业回流劳动力居住地选择的对比

　　文化程度对回流劳动力的居住地选择影响不大。即使是那些拥有较高文化程度的回流劳动力，仍有相当部分选择在村中居住（图9-15）。说明在村中居住是劳动力在多种因素权衡后理性选择的结果。由于欠发达地区县域范围内，农业与非农业户口在社会福利等方面的差距不大，尚不足以让农村劳动力放弃农村中的土地而选择进城落户。如前文所析，对于那些进城只是为了居住，而不落户的农村劳动力而言，住房问题是限制其在县城居住的主要原因。

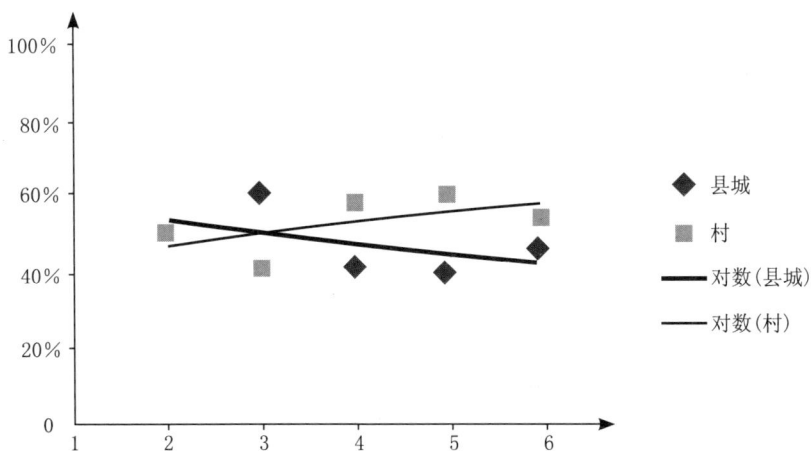

图9-15　文化程度与县城就业回流劳动力居住地选择的关系

四、公共服务

公共服务建设是城镇建设的重要方面，我国县域城镇长期以来面临公共服务设施建设滞后、结构单一等问题（宁越敏 等，2002；陈振华，2010），其制约了对农村人口的吸引力和县域城镇的健康发展。近年来，农村外出劳动力的回流不仅在就业上通过参与县域非农产业，发展农业规模经营，推动县域经济和县域城镇化的发展，还在公共服务需求上拉动县域公共服务设施建设，促进县域公共服务在量与质两方面得到提升。

1.回流劳动力以青壮年为主，对县域城镇住房、职业教育等提出更多需求

以青壮年为主的农村劳动力回流改变了农村原有的人口结构，通过对比计入回流劳动力前后的农村人口金字塔（图9-6、图9-7）不难看出，回流劳动力明显增加了30～50岁人口数量，改变了农村人口结构，这部分人口的增加对县域城镇的住房、职业教育、公共交通、休闲娱乐等公共服务产生了更多的需求。

回流劳动力增加了县域城镇住房的需求。人口结构变化与住宅需求变化直接相关。一般而言，25～35岁之间的人群对住房的需求量较大，是购房的主力军（赵君丽，2002）。在云浮市调研中发现，回流劳动力以青壮年为主，他们的平均在外务工时间为7.3年，回流时的平均年龄为30.75岁。他们在回流时多已成家立室，生儿育女，对工作和生活的稳定性要求高，对住房的需求更多。这与那些走出校门即进入大城市劳动力市场的年轻劳动力具有明显差异。但必须看到，近年来城市房价过高的趋势已蔓延至各欠发达地区县城，云浮各地县城

产业转移、土地流转与农村劳动力回流
土地利用与空间规划丛书

商品房价格也一路走高，目前多在3000元/平方米以上①，调研发现，许多在县城务工的回流劳动力一般月工资在1500~2000元。可见，对于大多数回流劳动力而言，在县城买房是难以承受的。②而县城的保障性住房建设尚处在起步阶段，且主要针对城镇居民，这无疑限制了回流劳动力的城镇化进程。

劳动力回流要求县域城镇提供更多的职业教育机会。教育、培训是人力资本积累的重要手段。职业教育与培训对流动人口经济地位的影响与他们所接受正规教育的作用相差无几（赵延东，王奋宇，2002）。现阶段中国进城务工劳动力参加技术培训的比重普遍较低。国家统计局发布的2011年我国农民工调查监测报告显示，农民工中接受过农业技术培训的占10.5%，接受过非农职业技能培训的占26.2%，既没有参加农业技术培训也没有参加非农职业技能培训的农民工占68.8%。③农村回流劳动力大多数正值青壮年阶段，无论在城镇从事非农业活动，还是开展农业规模经营，均需要县域城镇提供相应的职业教育和培训设施与机会，提高劳动力的就业能力。

劳动力回流要求完善县域公共交通体系建设。前文实证分析发现，到县城的区位条件对于农村劳动力回流就业具有显著影响。到县城距离越近，回流劳动力参与非农就业的概率越高，对新生代农民工而言，县域区位条件的影响更为明显。在云浮市调研中发现，目前各地县域公共交通设施建设存在明显不足，那些来自县城周边村庄的回流劳动力主要的通勤方式为摩托车，很少开通县城至乡镇

---

① 据云浮市住房城乡建设局统计，2011年，商品房销售均价新兴县3143元/平方米、罗定市3893元/平方米、郁南县2800元/平方米。《市住房和城乡建设局2011年工作总结暨2012年工作设想》，http://www.yunfu.gov.cn/website/html/001/013/205125_0.htm，2012-03-30。

② 据各地政府工作报告，2011年，农民人均纯收入新兴县8754元、罗定市8108元、郁南县7826元、云安县7856元。

③ 《2011年我国农民工调查监测报告》，http://www.stats.gov.cn/ztjc/ztfx/fxbg/201204/t20120427_16154.html，2012-04-27。

的公共交通。公共交通设施的缺乏限制了县城对劳动力的吸引。劳动力回流要求建设以县城为中心的县域城镇公共交通体系，缩短通勤时间，提高便捷性。

回流劳动力还对县域城镇的休闲娱乐等服务设施提出了更多的需求。在经历了一段时期外地城市的打工生活后，农村劳动力尤其是新生代劳动力已习惯并适应了城市的现代生活方式，由于他们年龄较轻，回流后对于县域城镇的休闲娱乐等公共服务设施提出了更多需求。

2. 回流劳动力对子女教育、医疗等公共服务的需求层次更高

回流劳动力对县域城镇公共服务需求的影响不仅体现在住房、职业教育等服务设施的"量"上，还体现在子女教育、商业、医疗卫生等公共服务设施的"质"上，即与那些从未外出的劳动力相比，回流劳动力对这些基本公共服务的需求层次更高，这对改善县域公共服务结构单一的局面，为县域城镇特别是县城的公共服务设施提供了新的动力。

回流劳动力家庭更倾向于去县城购物。通过对农村劳动力家庭进行分类，主要分为有回流非农就业劳动力家庭、有回流务农劳动力家庭、有外出劳动力家庭和既无外出也无回流劳动力家庭四类。如一个家庭存在多种就业类型，则按上述顺序，做优先归类处理。例如，家中既有回流从事非农就业劳动力，又有外出劳动力，则归入有回流非农劳动力家庭。对比不同类型的农村劳动力家庭主要购物地点的选择可以看出（图9-16），有回流非农就业劳动力家庭去县城购物的比重最高，在90户家庭中有26户将县城作为主要的购物地点，占28.9%。而那些既无外出也无回流劳动力的家庭，主要在村中购物。镇区是各类劳动力最主要的购物地点，其比重均在60%以上。

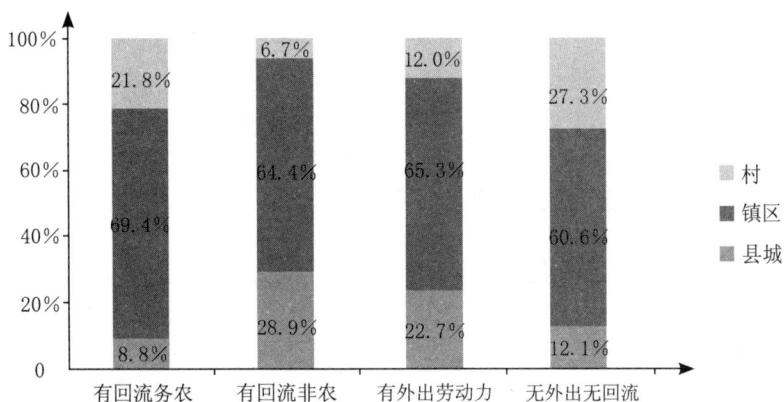

图9-16　不同类型家庭主要购物地点的选择
（数据来源：云浮农户调查）

　　家中有回流非农就业劳动力的家庭，子女上小学时更倾向于在县城和镇区就读。这一比例明显高于那些从未外出的家庭和有回流务农劳动力家庭，而与有外出劳动力家庭持平。统计发现，云浮所有有回流非农劳动力家庭中，共有47个小学生，其中，在县城就读的为13个，占27.7%，为各类家庭中最高（图9-17）；在村中就读的有21个，占44.7%，为各类家庭中最低。此外，各类家庭在子女初中、高中就学地点的选择上差异不大，其中，初中主要在镇区就读，高中则在县城就读。

　　有回流非农就业劳动力的家庭，家庭成员更倾向于到县城医院就医，而不是去镇区卫生院。调研发现，各类家庭对于感冒发烧等一般性疾病，超过一半的家庭选择在村卫生所就医（图9-18）。但有回流非农就业劳动力家庭去县城就医的比重较高，占17.8%，明显高于无外出无回流劳动力家庭和回流务农劳动力家庭。此外，对于那些需动手术等所谓的"大病"，各类家庭的就医地点选择差距不大，主要为县城医院或县外大城市。

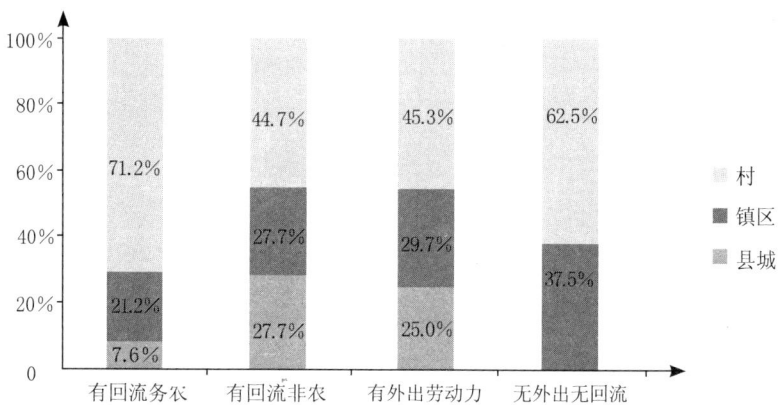

图9-17　不同类型家庭子女小学就学地点比较
（数据来源：云浮农户调查）

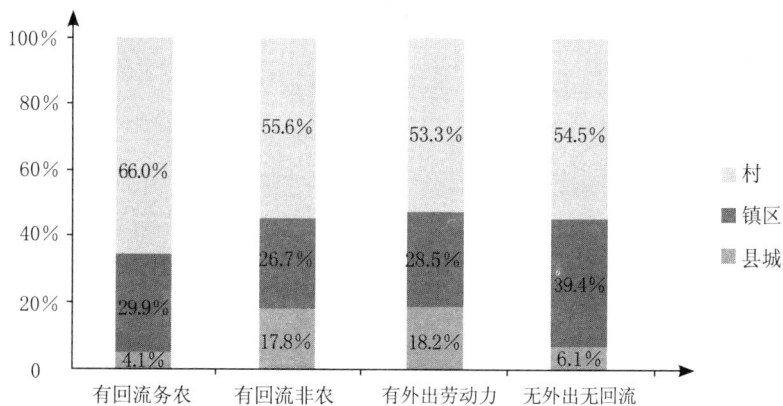

图9-18　不同类型家庭主要就医地点的选择
（数据来源：云浮农户调查）

回流劳动力，尤其是回流非农就业劳动力家庭在公共服务上表现出层次更高的需求与其外出务工经历密不可分。通过外出务工经历，他们增长了见识，开阔了眼界，并习惯了城市现代生活方式和消费观念。县城作为欠发达地区县域城镇的核心，其生产生活方式与县外大城市最为相近，公共服务质量相对较高，从而吸引了大量回流非农劳

产业转移、土地流转与农村劳动力回流
土地利用与空间规划丛书

动力。

　　尽管回流劳动力对于推动县域城镇公共服务设施建设方面产生了重要作用，但必须看到，现阶段城镇公共服务设施总体上仍不能满足农村人口的大量需求，从而阻碍了农村人口向县域城镇的有效转移。县域范围内较为普遍的亦工亦农的就业模式就说明了这一问题。在云浮市调研中发现，县域工业的发展虽然增加了城镇就业规模，但居住人口的增加相对缓慢。由于县城居住成本过高，许多在城镇工作的农村劳动力并不选择在城镇居住，他们往往耕作自家土地，从事少量农业经营，形成亦工亦农的就业模式，农户调查统计发现，回流非农就业劳动力兼营农业的比例达41.2%。这种就业模式导致了每天往返于县域城镇与村庄的钟摆式的交通，造成县域"半城镇化"现象严重。如在新兴县，在距县城15公里的六祖镇许村，大多数进入县城务工的农村劳动力基本上选择使用摩托车作为交通工具，白天在县城务工，晚上则回家居住。这种流动模式不仅加大了地区交通压力，而且由于减少了对城镇服务业的需求，无疑不利于县域城镇化的健康发展。

五、小结

　　本章着重从回流劳动力规模、就业、居住和公共服务四方面，考察劳动力回流对县域城镇化发展的影响。研究发现，劳动力回流不仅直接推动县域城镇人口增长，将家乡县域城镇化水平提高3个百分点。而且通过参与家乡非农产业，实现农业规模经营，为县域城镇快速发展提供了新的经济动力。县城作为县域经济中心地位进一步强化，其在吸引就业人口、公共服务特别是高层次公共服务上的优势更加突出，大多数镇的就业功能不断萎缩，转而主要承担农村基本公共服务中心功能。

研究发现，随着时间的推移，回流劳动力向家乡县城和镇区集中的趋势十分明显，2006年以后，已有21.4%的回流劳动力在县城工作。在就业行业上，回流劳动力表现出明显的向非农产业，尤其是工业集中的趋势。2006年以后的回流劳动力有49.4%从事非农业活动，从事工业的比重达22.4%。此外，新生代回流劳动力向非农产业和县城集中的趋势比老一代更为显著。不难发现，回流劳动力的这一趋势与县城作为县域经济发展主要载体的地位密切相关。尤其在地方政府积极承接产业转移、开展主体功能区划实践的背景下，县城成为县域工业化发展的主战场。在资本和劳动力向县城集中的趋势推动下，以县城为中心的县域城镇人口增长十分明显。

　　分析表明，回流劳动力极大地改善了农村劳动力明显老化的局面，提高了农村劳动力整体人力资本水平。他们利用在外积累的资金和技能，开展农业规模经营。2006年以后，回流劳动力从事规模经营的比重已上升至18.8%。与新生代相比，老一代回流劳动力更倾向于从事农业规模经营，其比重达15.8%。回流劳动力通过开展农业规模经营，推动农业产业化的发展，促进了县域农产品加工业的兴起，成为县域工业经济的重要组成部分。农业规模经营还带动了农村金融、农产品市场和农业物资销售等的发展，为县域城镇增长提供了新的服务业动力。此外，通过现代农业的发展，回流劳动力实现了收入的增加，并释放了更多劳动力，为县域城镇发展提供了劳动力保障。总体上，回流劳动力通过参与非农产业和规模农业，促进了以县城为中心的县域城镇化格局的形成。

　　研究发现，以青壮年为主的回流劳动力改变了农村人口结构，他们多已成家立室，生儿育女，对县域城镇住房产生了更多需求。他们正处在人生职业发展的重要阶段，对职业教育和培训具有更多需求，他们对县域城镇的公共交通设施和休闲娱乐设施的需求也较多。由于在外务工经历，回流劳动力习惯并适应了城市的生产生活方式，回流后他们在子女基础教育、医疗卫生、商业等公共服务方面，需求层次更高，他们更倾向于去公共服务相对完善的县城购物、就医等，从而推动了县域城镇尤其是县城的公共服务设施建设。回流劳动力的公共服务需求促进县域城镇公共服务在量与质两方面得到提升。

但必须指出，现阶段城镇公共服务设施总体上仍不能满足农村人口的大量需求，从而阻碍了农村人口向县域城镇的有效转移。许多在城镇工作的农村劳动力并不选择在城镇居住，他们往往耕作自家土地，从事少量农业经营，形成亦工亦农的就业模式，导致了每天往返于县域城镇与村庄的钟摆式的交通，造成县域"半城镇化"现象严重，不仅加大了地区交通压力，而且由于减少了对城镇服务业的需求，不利于县域城镇化的健康发展。

第十章　研究结论与展望

近年来农村劳动力回流现象不断增多,并表现出向家乡县城集中的趋势,为长期以来增长乏力的欠发达地区县域城镇化发展带来难得的机遇。本研究选择广东省西部山区云浮市为案例地,以劳动力流动为核心,构建新时期的中国劳动力流动分析框架,从区际产业转移、农村土地流转改革等城乡外部环境,劳动力个人及家庭等内部因素的角度,分析劳动力回流的动力机制,探讨这一新的劳动力流动格局下回流对于县域城镇化发展的影响。

一、主要研究结论

运用2011年云浮市农户调查数据分析发现,农村劳动力外出比重高,但回流现象已十分普遍。县外务工占农村劳动力总量的34.2%,回流劳动力占具有外出务工经历劳动力的34.9%。年轻劳动力绝大多数都

产业转移、土地流转与农村劳动力回流
土地利用与空间规划丛书

选择去县外务工，但平均外出7.3年后，许多外出者选择回流家乡，他们回流时的平均年龄为30.75岁。目前，回流劳动力年龄多在30～50岁之间，他们大多已结婚生子，以男性为主，总体文化素质高于从未外出的留村劳动力，回流后有超过四成在家乡从事非农业活动。

实证分析发现，区际产业转移通过提高县域经济发展水平，促进了农村劳动力的回流，但对劳动力的外出就业影响不明显。与留城就业相比，在本地从事非农工作比重每增加1个百分点，外出劳动力回流进行非农就业的概率提高10.1%。劳动力外出不再是本地务工之后的次优选择。这既与县域产业以资本密集型为主的产业结构有关，更与县内城镇与大城市在人力资本积累和城镇生活环境方面的巨大差距密不可分。因此，无论本地就业机会是否增加，许多年轻劳动力在初次进入劳动力市场时，往往跳过县域城镇，直接去县外大城市务工。但在外一段时期后，人力资本水平获得一定提升，随着年龄和家庭因素的变化，家乡经济的发展和就业机会的增加对其逐渐构成吸引，从而促进了回流的发生。

土地流转显著影响了劳动力的外出就业，但对回流就业的影响不显著。土地转入促进了劳动力的留村就业，而减少了外出务工的概率，土地转出则促进了劳动力的县外务工。土地流转对劳动力回流就业不显著。表明在现阶段土地流转市场发育不完善的情况下，那些外出务工者并不将农业规模经营寄希望于通过土地流转实现，他们更多的是利用自己家中的土地。分析表明，家中土地越多，劳动力回流务农的可能性越大。与留城就业相比，家庭土地面积每增加1亩，劳动力回流务农的概率提高5.0%。

县城在农村地区的中心地位显著，在吸引劳动力回流和外出过程中扮演重要角色。所在村庄距县城越近，劳动力去县外就业的可能性越低，劳动力回流从事非农活动的可能性也越高，与留村就业相比，到县城的距离每减少1公里，劳动力到县外务工的概率就降低

1.2%，与留城就业相比，到县城距离每减少1公里，劳动力回流从事非农就业的概率就提高0.8%。在外来资本与农村劳动力等要素均向欠发达地区的县城集聚的影响下，以县城为中心的县域城镇化格局也将逐渐形成。

劳动力年龄、文化程度等个人因素对劳动力回流和外出具有重要影响。年龄越大，劳动力回流的可能性越大，外出的可能性也越小。与留城就业相比，年龄每增加1岁，劳动力回流务农和回流非农就业的概率分别增加25.8%和21.3%。与留村就业相比，年龄每增加1岁，劳动力选择县外务工和县内务工的概率分别降低16.1%和8.7%。更高的受教育水平促使农村劳动力外出就业，并抑制了其回流务农。那些文化程度较高的劳动力要么选择继续留在城市发展，要么选择回流从事非农工作。

家庭因素是影响劳动力回流的重要方面。因结婚、照顾小孩等原因选择回流就业的现象极为普遍。家中儿童数量越多，外出劳动力回流就业的概率就越高。家中劳动力的缺乏也促进了劳动力的回流。但老人并非传统上所认为的"被照顾者"，他们在照顾小孩和家庭中扮演重要角色，老人数量越多，劳动力回流的概率越小，其外出的概率也越大。家庭因素对回流的重要影响不仅反映出城市公共服务对农村外出人口的排斥，更凸显了农村社会保障的缺乏。

在农村劳动力回流与外出就业决策过程中，新老两代劳动力存在明显差异：新生代劳动力受文化程度的影响更大，而老一代受外出时间长度的影响更为明显。与新生代不同，老一代的回流和外出就业更强调家庭目标与家庭策略，他们对土地的依赖更强。在回流非农就业决策过程中，新生代则比老一代更加关注家乡经济社会发展状况。

劳动力回流为县域城镇化发展提供了新的动力。研究发现，劳动力回流不仅直接推动县域城镇人口增长，将家乡县域城镇化水平提高3个百分点。而随着时间的推移，回流劳动力越来越倾向于从事非农业活动，并向县城集中。2006年以后的回流劳动力有49.4%从事非农业活动，在县城就业的比重达21.4%。此外，新生代回流劳动力向非农产业和县城集中的趋势比老一代更为显著。回流劳动力极大地改善了农业劳动力老化的局面，提高了农业劳动力整体人力资本水平。他们利用在外积累的资金和技能，开展农业规模经营。2006年以后，回流劳动力从事规模经营的比重已上升至18.8%。通过开展规模经营，推动农业产业化的发展，促进了县域农产品加工业的兴起，并带动了农村金融、农产品市场和农业物资销售等的发展，为县域城镇增长提供了新的经济动力。研究发现，以青壮年为主的回流劳动力改变了农村人口结构，他们多已成家立室，处在人生职业发展的重要阶段，对县域城镇住房、职业教育与培训、公共交通和休闲娱乐设施产生了更多需求。与留村劳动力相比，回流劳动力在子女基础教育、医疗卫生、商业等公共服务方面，需求层次更高，从而推动县域城镇公共服务在量与质两方面得到提升。

二、主要创新点

首先，基于云浮农户调查，运用多元Logistic模型分析方法，在区际产业转移、农村土地流转改革、县域主体功能区规划等背景下，考察了不同类型回流就业的影响因素。运用多元Logistic模型分析方法，发现了新时期产业转移对促进回流的重要作用，而土地流转的影响并不明显。而在平均外出7.3年后外出劳动力选择回流，年龄及家庭因素的影响至关重要。

其次，从劳动力回流入手，通过劳动力的规模、就业选择、居住选择、公共服务需求等方面的分析，探讨农村劳动力流动对欠发达地区县域城镇化发展的影响发现，劳动力回流不仅直接推动县域城镇人口增长，而且通过参与家乡非农产业，开展农业规模经营，为县域城镇快速发展提供了新的经济动力，县城作为县域非农就业和公共服务中心的地位进一步强化，大多数镇的就业功能不断萎缩，转而主要承担农村基本公共服务中心功能。

最后，本书充分考虑中国现阶段农村劳动力内部出现的分化趋势，引入代际视角，在劳动力外出与回流的动力机制、劳动力流动对县域城镇化的影响等方面，强调新生代与老一代农村劳动力在行为决策上的差异，探析这一差异对县域城镇化发展前景的作用，为相关研究提供了一个新的视角。

三、研究不足与展望

首先，不同地区的产业转移、土地流转改革、主体功能区规划等进程存在明显差异。许多地区才刚刚起步，由于时间的限制，许多潜在影响尚未表现出来。在一定程度上影响了本书研究结论的科学性。

其次，仅分析云浮市，未对广东省其他欠发达地区开展调查，研究结论的普适性还有待商榷。

最后，劳动力回流对城镇化发展的影响是多方面的，现阶段回流的许多影响尚未表现出来，从需求角度考察劳动力回流对城镇化的影响，研究结构存在一定局限。

城镇化对于中国经济持续健康发展和社会进步的重要意义不言而喻，但现有研究主要关注人口向大城市的流动及其城镇化议题，忽视了对人口迁出地城镇化的深入研究。随着改革开放的不断深入，区域城镇化发展过程中的核心要素——劳动力发生了重大变化，从而对长期以来被忽略的欠发达地区城镇化带来显著影响，这将深刻影响中国城镇化的格局。然而，长期来看，推动这一格局变化的内在机理是怎样的，劳动力与工业资本，劳动力与土地、农业资本又是如何作用并影响城镇化进程的，均有待今后的进一步研究。

产业转移、土地流转与农村劳动力回流
土地利用与空间规划丛书

参考文献

Au C C, Henderson J V. 2006. How migration restrictions limit agglomeration and productivity in China. Journal of Development Economics, 80（2）: 350-388.

Becker G S. 1964. Human capital: a theoretical and empirical analysis. New York: Columbia University Press for National Bureau for Economic Research.

Bogue D T. 1959. Internal migration//Hauser P M, Duncan O D. The study of population: an inventory and appraisal. Chicago: University of Chicago Press.

Cassarino J P. 2004. The orising return migration: the conceptual approach to return migrants revisited. International Journal on Multicultural Societies(IJMS), 6（2）: 253-279.

Chan K. 1994. Determinants of urbanization in China: empirical investigations//Day L H, Ma Xia. Migration and Urbanization in China. New York: M.E.Sharpe.

Chen Aimin, Coulson N E. 2002. Determinants of urban migration: Evidence from Chinese cities. Urban Studies, 39（12）: 2189-2197.

de Brauw A, Huang Jikun, Rozelle S, et al. 2002. The evolution of China's rural labor markets during the reforms. Journal of Comparative Economics, 30（2）: 329-353.

de Haas H, Fokkema T, Fihri M F. 2014. Return migration as failure or success?. Journal of International Migration and Integration: 1-15.

de Janvry A, Gordillo G, Sadoulet E. 1997. Mexico's second agrarian reform: household and community responses, 1990-1994. [S.l.]: Center for U.S.-Mexican Studies.

Démurger S, Xu Hui. 2011. Return migrants: the rise of new entrepreneurs in rural China. World Development, 39（10）: 1847−1861.

Dixon G I J.1950. Land and human migrations. American Journal of Economics and Sociology, 9（2）: 223−234.

Dustmann C, Kirchkamp O. 2002. The optimal migration duration and activity choice after re-migration. Journal of Development Economics, 67（2）: 351−372.

Dustmann C, Weiss Y. 2007. Return migration: theory and empirical evidence from the UK. British Journal of Industrial Relations, 45（2）: 236−256.

Eaton J, Eckstein Z. 1997. Cities and growth: theory and evidence from France and Japan. Regional Science and Urban Economics, 27（4）: 443−474.

Emerson R D. 1989. Migratory labor and agriculture. American Journal of Agricultural Economics, 71（3）: 617−629.

Fan C S, Stark O.2008. Rural-to-urban migration, human capital, and agglomeration. Journal of Economic Behavior & Organization, 68（1）: 234−247.

Fei J C H, Rains G, 1964. Development of labor surplus economy. Homewod, Ⅲ: Richar D.Iruin Inc.

Frey W H. 1988. Migration and metropolitan decline in developed countries: a comparative study. Population and Development Review, 14（4）: 595−628.

Garasky S. 2002. Where are they going? A comparison of urban and rural youths' locational choices after leaving the parental home. Social Science Research, 31（3）: 409−431.

Glaeser E, Mare D. 2001. Cities and skills. Journal of Labor Economics, 19（2）: 316−342.

Guang Lei, Zheng Lu. 2005. Migration as the second-best option: local power and off-farm employment. The China Quarterly, 181: 22−45.

Gubert F, Nordman C J. 2011. Return migration and small enterprise development in the Maghreb//Sonia P, Dilip R. Diaspora for development in Africa. Washington, D.C.: The World Bank: 103−126.

Hare D. 1999. "Push" versus "pull" factors in migration outflows and returns:

determinants of migration status and spell duration among China's rural population. The Journal of Development Studies, 35（3）：45—72.

Harris J R, Todaro M P. 1970. Migration, unemployment and development: a two-sector analysis. The American Economic Review, 60（1）：126—142.

Hatton T J. 1995. A model of UK emigration, 1870—1913. The Review of Economics and Statistics, 77（3）：407—415.

Ho P S, Lin G. 2003. Emerging land markets in rural and urban China: policies and practices. The China Quarterly, 175：681—707.

Ilahi N. 1999. Return migration and occupational change. Review of Development Economics, 3（2）：170—186.

Khan A A M. 1982. Rural-urban migration and urbanization in Bangladesh. Geographical Review, 74（4）：379—394.

Knight J, Song L. 2003.Chinese peasant choices: migration, rural industry or farming. Oxford Development Studies, 31（2）：123—148.

Kojima R. 1996. Introduction: population migration and urbanization in developing countries. The Developing Economies, 34（4）：349—369.

Lanzona L A. 1998. Migration, self-selection and earnings in Philippine rural communities. Journal of Development Economics, 56（1）：27—50.

Ledent J. 1982. Rural-urban migration, urbanization, and economic development. Economic Development and Cultural Change, 30（3）：507—538.

Lee E.1966. A theory of migration. Demography 3（1）：47—57.

Lewis W A. 1954. Economic development with unlimited supplies of labour. The Manchester School, 22（2）：139—191.

Li Haizheng, Zahniser S. 2002. The determinants of temporary rural-to-urban migration in China. Urban Studies, 39（12）：2219.

Liang Zai, Chen Y P, Gu Yanmin. 2002. Rural industrialisation and internal migration in China. Urban Studies, 39（12）：2175—2187.

Liang Zai, Wu Yingfeng. 2003. Return migration in China: new methods and findings// Annual Meeting of the Population Association of America: Minneapolis, MN.

参考文献
reference

Lin G C S. 2002. The growth and structural change of Chinese cities: a contextual and geographic analysis. Cities, 19（5）: 299−316.

Lucas R E. 1988 . On the mechanics of economic development. Journal of Monetary Economics, 22（1）: 3−42.

Lucas R E. 1998. Internal migration and urbanization: recent contributions and new evidence: Boston, Boston University, Institute for Economic Development.

Lucas R E. 2004. Life earnings and rural-urban migration. Journal of Political Economy, 112（1）: 29−59.

Ma L J C, Fan M. 1994. Urbanization from below: the growth of towns in Jiangsu, China. Urban Studies, 31（10）: 1625−1645.

Ma Zhongdong. 2001. Urban labour-force experience as a determinant of rural occupation change: evidence from recent urban-rural return migration in China. Environment and Planning A, 33（2）: 237−256.

Mabogunje A L. 1970. Systems approach to a theory of rural-urban migration. Geographical Analysis, 2（1）: 1−18.

Massey D S. 1987. Understanding Mexican Migration to the United States. American Journal of Sociology, 92（6）: 1372−1403.

Mazumdar D. 1987. Rural-urban migration in developing countries //Mills E S. Handbook of regional and urban economics .Amsterdam: North-Holland.

Mines R, Massey D S. 1985. Patterns of migration to the United States from two Mexican communities. Latin American Research Review, 20（2）: 104−123.

Moretti E. 2004. Human capital externalities in cities. Handbook of Regional and Urban Economics, 4: 2243−2291.

Mukherji S. 1985. The syndrome of poverty and wage labour circulation: the Indian scene//Prothero R M, Chapman M. Circulation in third world countries. London: Routledge.

Murphy R. 1999. Return migrant entrepreneurs and economic diversification in two counties in south Jiangxi, China. Journal of International Development, 11（4）: 661−672.

Olowa O W, Awoyemi T T. 2012. Determinants of migration and remittances in rural

Nigeria. Journal of Development and Agricultural Economics, 4（7）: 191–198.

Oi J C, Walder A G. 1999. Property rights and economic reform in china.California: Stanford University Press.

Piracha M, Vadean F. 2010. Return migration and occupational choice: evidence from Albania. World Development, 38（8）: 1141–1155.

Ravenstein E G. 1885. The laws of migration. Journal of the Statistical Society of London, 48（2）: 167–235.

Reardon T, Berdegué J, Escobar G. 2001. Rural nonfarm employment and incomes in Latin America: overview and policy implications. World Development, 29（3）: 395–409.

Schultz T W. 1961. Investment in human capital. The American Economic Review, 51（1）: 1–17.

Schultz T W. 1968. Economic growth and agriculture. New York: McGraw-Hill.

Schwartz A. 1973. Interpreting the effect of distance on migration. The Journal of Political Economy, 81（5）: 1153–1169.

Sjaastad L A. 1962. The costs and returns of human migration. The Journal of Political Economy, 70（5）: 80–93.

Speare A, Harris J. 1986. Education, earnings, and migration in Indonesia. Economic Development and Cultural Change, 34（2）: 223–244.

Stark O, Levhari D. 1982. On migration and risk in LDCs. Economic Development and Cultural Change, 31（1）: 191–196.

Stark O, Taylor J E. 1991. Migration incentives, migration types: the role of relative deprivation. The Economic Journal: 1163–1178.

Taylor J R. 1988. Rural employment trends and the legacy of surplus labour, 1978–1986. China Quarterly, 116: 736–766.

Todaro M P. 1969. A model of labor migration and urban unemployment in less developed countries. The American Economic Review, 59（1）: 138–148.

Topel R. 1986. Local labor markets. The Journal of Political Economy, 94（3）: 111–143.

Tunali I. 1996. Migration and remigration of male household heads in Turkey, 1963–

参考文献
reference

1973. Economic Development and Cultural Change, 45（1）：31-67.

Vanwey L K. 2003. Land ownership as a determinant of temporary migration in Nang Rong, Thailand. European Journal of Population, 19（2）：121-145.

Vanwey L K. 2005. Land Ownership as a determinant of international and internal migration in Mexico and internal migration in Thailand 1. International Migration Review, 39（1）：141-172.

Wang W W, Fan C C. 2006. Success or failure：selectivity and reasons of return migration in Sichuan and Anhui, China. Environment and Planning A, 38：939-958.

Williamson J G.1988. Migration and urbanization// Chenery H B, Srinivasan T N. Handbook of development economics. Amsterdam：Elsevier Science Publishers.

Willmore L, Cao Guiying, Xin Lingjie. 2012. Determinants of off-farm work and temporary migration in China. Population and Environment, 33（2-3）：161-185.

World Bank. 1984. World development report 1984：population change and development . New York：Oxford University Press.

World Bank. 2007.World development report 2008：agriculture for development. Washington D.C.：The World Bank.

Yan Haihua. 1999. The impact of rural industrialization on urbanization in China during the 1980s. Washington State：University of Washington.

Yang Quanhe, Guo Fei. 1996. Occupational attainments of rural to urban temporary economic migrants in China, 1985-1990. International Migration Review, 30（3）：771-787.

Zhang K H, Song S. 2003. Rural-urban migration and urbanization in China：evidence from time-series and cross-section analyses. China Economic Review, 14（4）：386-400.

Zhao S X B, Chan R C K. Sit K T O. 2003. Globalization and the dominance of large cities in contemporary China. Cities, 20（4）：265-278.

Zhao Yaohui. 1999. Leaving the countryside：rural-to-urban migration decisions in China. American Economic Review, 89（2）：281-286.

Zhao Yaohui. 2002. Causes and consequences of return migration：recent evidence from China. Journal of Comparative Economics, 30（2）：376-394.

产业转移、土地流转与农村劳动力回流
土地利用与空间规划丛书

Zhu Nong. 2002. The impacts of income gaps on migration decisions in China. China Economic Review，13（2）：213-230.

Zhu Yu. 2000. In situ urbanization in rural China：case studies from Fujian Province. Development and Change，31（2）：413-434.

白南生，何宇鹏. 2002. 回乡，还是外出？：安徽四川二省农村外出劳动力回流研究. 社会学研究，（3）：64-78.

白南生，宋洪远. 2002. 回乡，还是进城？：中国农村外出劳动力回流研究. 北京：中国财政经济出版社.

保罗·诺克斯，琳达·迈克卡西. 2009. 城市化. 顾朝林，汤培源，杨兴柱，等，译. 北京：科学出版社.

布赖恩·贝利. 2008. 比较城市化：20世纪的不同道路. 顾朝林，汪侠，俞金国，等，译. 北京：商务印书馆.

蔡昉. 1996. 劳动力迁移和流动的经济学分析.中国社会科学季刊：春季卷：120-135.

蔡昉. 2000. 中国流动人口问题. 郑州：河南人民出版社.

蔡昉. 2001. 劳动力迁移的两个过程及其制度障碍. 社会学研究（4）：44-51.

蔡昉. 2010. 人口转变、人口红利与刘易斯转折点. 经济研究（4）：4-13.

蔡昉，都阳. 2003. 转型中的中国城市发展：城市级层结构、融资能力与迁移政策. 经济研究（6）：64-71.

蔡昉，王德文. 1999. 中国经济增长可持续性与劳动贡献. 经济研究（10）：62-68.

曹素红. 2011. 中国农村土地流转和劳动力转移研究：以江苏省为例. 南京：南京大学.

陈吉元，胡必亮. 1994. 中国的三元经济结构与农业剩余劳动力转移. 经济研究（4）：14-22.

陈剑波. 1999. 市场经济演进中乡镇企业的技术获得与技术选择. 经济研究（4）：34-44.

陈振华. 2010. 城乡统筹与乡村公共服务设施规划研究. 北京规划建设（1）：43-46.

崔功豪，马润潮. 1999. 中国自下而上城市化的发展及其机制. 地理学报（2）：106-115.

参考文献
reference

丁金宏，刘振宇，程丹明，等. 2005. 中国人口迁移的区域差异与流场特征. 地理学报（1）：106-114.

段成荣，马学阳. 2011. 当前我国新生代农民工的"新"状况. 人口与经济（4）：16-22.

段成荣，杨舸. 2009. 我国流动人口的流入地分布变动趋势研究. 人口研究，33（6）：1-12.

樊杰. 2007. 我国主体功能区划的科学基础. 地理学报，62（4）：339-350.

费孝通. 1984. 小城镇 大问题. 瞭望周刊（5）：24-26.

冯健，周一星. 2003. 1990年代北京市人口空间分布的最新变化. 城市规划，27（5）：55-63.

付晓东. 2007. 中国流动人口对城市化进程的影响. 中州学刊（6）：89-94.

顾朝林，蔡建明，张伟，等. 1999. 中国大中城市流动人口迁移规律研究. 地理学报，54（3）：204-212.

顾朝林，于涛方，李王鸣，等. 2008. 中国城市化：格局·过程·机理. 北京：科学出版社.

郭庆旺，贾俊雪. 2006. 地方政府行为、投资冲动与宏观经济稳定. 管理世界（5）：19-25.

国务院发展研究中心课题组. 2010. 农民工市民化对扩大内需和经济增长的影响. 经济研究（6）：4-16；41.

国务院发展研究中心课题组. 2011. 农民工市民化进程的总体态势与战略取向. 改革（5）：5-29.

国务院发展研究中心《农民工回乡创业问题研究》课题组. 2008. 农民工回乡创业现状与走势：对安徽、江西、河南三省的调查. 改革（11）：15-30.

国务院发展研究中心《中国城市发展研究》课题组. 1992. 中国：世纪之交的城市发展. 沈阳：辽宁人民出版社.

韩俊. 2009. 中国农民工战略问题研究. 上海：上海远东出版社.

胡畔，谢晖，王兴平. 2010. 乡村基本公共服务设施均等化内涵与方法：以南京市江宁区江宁街道为例. 城市规划（7）：28-33.

黄善林，卢新海. 2010. 土地制度对农村劳动力转移影响研究综述. 中国地质大学学报：社会科学版，10（5）：22-27.

产业转移、土地流转与农村劳动力回流
土地利用与空间规划丛书

黄玉. 2009. 乡村中国变迁中的地方政府与市场经济. 广州：中山大学出版社.

黄忠怀，吴晓聪. 2012. 建国以来土地制度变迁与农村地域人口流动. 农村经济（1）：45-48.

黄祖辉，王朋. 2008. 农村土地流转：现状，问题及对策：兼论土地流转对现代农业发展的影响. 浙江大学学报：人文社会科学版，38（2）：38-47.

贾康. 2008. 中国财税改革30年：简要回顾与评述. 财政研究（10）：2-20.

贾康，张鹏，程瑜. 2009. 60年来中国财政发展历程与若干重要节点. 改革（10）：17-34.

金三林. 2011. 农民工现状特点及意愿诉求：基于对7省市农民工的调查研究. 经济研究参考（58）：41-67.

蓝宇蕴，张汝立. 2005. 城中村成因的探析：以广州市石牌村为例的研究. 中国农村经济（11）：68-74.

黎云，陈洋，李郇. 2007. 封闭与开放：城中村空间解析：以广州市车陂村为例. 城市问题（7）：63-70.

李炳坤. 1993. 乡镇企业改革开放十五年的历程回顾与前景展望. 管理世界（5）：156-165.

李郇. 2012. 中国城市化的福利转向：迈向生产与福利的平衡. 城市与区域规划研究（2）：24-49.

李郇，丁行政. 2007. 空间集聚与外商直接投资的区位选择：基于珠江三角洲地区的实证分析. 地理科学，27（5）：636-641.

李郇，符文颖，刘宏锋. 2009. 经济全球化背景下的产业空间重构. 热带地理，29（5）：454-459.

李郇，黎云. 2005. 农村集体所有制与分散式农村城市化空间：以珠江三角洲为例. 城市规划，29（7）：39-41；74.

李郇，殷江滨. 2012. 劳动力回流：小城镇发展的新动力. 城市规划学刊（2）：47-53.

李克强. 2010. 关于调整经济结构促进持续发展的几个问题. 求是（11）：3-15.

李立勋. 2001. 广州市城中村形成及改造机制研究. 广州：中山大学规划设计研究院.

李玲. 1995. 广东人口迁移机制、特征与走向. 热带地理，15（1）：40-48.

李楠. 2010. 农村外出劳动力留城与返乡意愿影响因素分析. 中国人口科学
　（6）：102-108；112.

李强. 2003. 影响中国城乡流动人口的推力与拉力因素分析. 中国社会科学
　（1）：125-136.

李强，龙文进. 2009. 农民工留城与返乡意愿的影响因素分析. 中国农村经济
　（2）：46-54；66.

李王鸣，王纯彬. 2006. "温州模式"主导下城市化地区弱中心现象分析：乐清市
　个案研究. 城市规划，30（3）：45-47.

李卫东. 2010. 新生代农民工市民化与中小城市、小城镇发展. 思想政治工作研究
　（3）：20-22.

李小建，时慧娜. 2009. 务工回乡创业的资本形成、扩散及区域效应：基于河南
　省固始县个案的实证研究. 经济地理（2）：209-214.

梁宏. 2011. 生命历程视角下的"流动"与"留守"：第二代农民工特征的对比
　分析. 人口研究（4）：18-28.

廖世同，郑梓桢. 1986. 经济改革中三埠镇的人口迁移和流动问题分析. 广东社会
　科学（3）：64-68.

林初昇，马润潮. 1990. 我国小城镇功能结构初探：以广东省为例. 地理学报
　（4）：412-420.

林青松，威廉·伯德. 1989. 中国农村工业：结构、发展与改革. 北京：经济科学
　出版社.

凌耀初. 2003. 中国县域经济发展分析. 上海经济研究（12）：3-11.

刘传江. 2010. 新生代农民工的特点、挑战与市民化. 人口研究，34（2）：34-39；
　55-56.

刘传江，程建林. 2008. 第二代农民工市民化：现状分析与进程测度. 人口研究，
　32（5）：48-57.

刘光明，宋洪远. 2002. 外出劳动力回乡创业：特征、动因及其影响：对安
　徽、四川两省四县71位回乡创业者的案例分析. 中国农村经济（3）：65-
　71.

刘海泳，顾朝林. 1999. 北京流动人口聚落的形态、结构与功能. 地理科学，19
　（6）：497-503.

产业转移、土地流转与农村劳动力回流

土地利用与空间规划丛书

刘淑春. 2008. 改革开放以来中国农村土地流转制度的改革与发展. 经济与管理，22（10）：23-27.

刘云刚，燕婷婷. 2013. 地方城市的人口回流与移民战略：基于深圳-驻马店的调查研究. 地理研究，32（7）：1280-1290.

宁越敏. 1998. 新城市化进程：90年代中国城市化动力机制和特点探讨. 地理学报，53（5）：470-477.

宁越敏，李健. 2009. 泛长三角地区城镇化的机制、模式与战略. 南京社会科学（5）：8-14.

宁越敏，项鼎，魏兰. 2002. 小城镇人居环境的研究：以上海市郊区三个小城镇为例. 城市规划（10）：31-35.

裴小林. 1999. 集体土地制：中国乡村工业发展和渐进转轨的根源. 经济研究（6）：45-51；70.

钱纳里，赛尔昆. 1988. 发展的型式1950—1970. 李新华，徐公理，迟建平，译. 北京：经济科学出版社.

覃成林，熊雪如. 2012. 区域产业转移的政府动机与行为：一个文献综述. 改革（7）：73-78.

秦尊文. 2001. 小城镇道路：中国城市化的妄想症. 中国农村经济（12）：64-69.

秦尊文. 2004. 小城镇偏好探微：兼答陈美球同志之商榷. 中国农村经济（7）：66-72.

申端锋. 2009. 从大都市到小县城：80后农民工返乡的一个路径. 学习与实践（3）：128-132.

沈立人，戴园晨. 1999. 我国"诸侯经济"的形成及其弊端和根源. 经济研究（3）：12-19；67.

盛来运. 2007. 中国农村劳动力外出的影响因素分析. 中国农村观察（3）：2-15.

盛来运. 2008. 流动还是迁移：中国农村劳动力流动过程的经济学分析. 上海：上海远东出版社.

孙群燕，李婉丹. 2011. 广东省区际产业转移效应分析. 南方经济（12）：70-78.

田明，常春平. 2003. 小城镇发展存在的障碍及制度创新的要点. 城市规划，27（7）：22-26.

田明，张小林，汤茂林. 2000. 县城在乡村城市化中的优势分析. 人文地理

参考文献
reference

（5）：19-23.

王春光. 2001. 新生代农村流动人口的社会认同与城乡融合的关系. 社会学研究
　　（3）：63-76.

王春兰，丁金宏，杨上广. 2006. 大城市青年农民工的就业特征及存在的若干问
　　题：以上海市闵行区为例. 华东师范大学学报：哲学社会科学版，38（3）：
　　111-117.

王桂新. 2004. 改革开放以来中国人口迁移发展的几个特征. 人口与经济（4）：
　　1-8；14.

王桂新，戴贤晖. 2005. 外来人口与上海市的发展：影响、趋势与对策. 中国人口
　　科学（S1）：7-15.

王西玉，崔传义，赵阳. 2003. 打工与回乡：就业转变和农村发展：关于部分进
　　城民工回乡创业的研究. 管理世界（7）：99-109；155.

王小鲁. 2010. 中国城市化路径与城市规模的经济学分析. 经济研究（10）：20-
　　32.

王宗萍，段成荣. 2010. 第二代农民工特征分析. 人口研究，34（2）：39-44；55-
　　56.

韦吉飞，李录堂，苏智淙. 2006. 农村人力资本性别差距、原因及对策探析. 农村
　　经济（3）：105-106.

魏后凯. 2011. 论中国城市转型战略. 城市与区域规划研究（1）：1-19.

魏后凯，贺灿飞，王新. 2001. 外商在华直接投资动机与区位因素分析：对秦皇
　　岛市外商直接投资的实证研究. 经济研究（2）：67-76；94.

文军. 2001. 从生存理性到社会理性选择：当代中国农民外出就业动因的社会学
　　分析. 社会学研究（6）：19-30.

吴莉娅，顾朝林. 2005. 全球化、外资与发展中国家城市化：江苏个案研究. 城市
　　规划，29（7）：28-33.

吴良镛. 2008. 发展模式转型与人居环境科学探索//《中国城市发展报告》编委
　　会. 中国城市发展报告：2007. 北京：中国城市出版社.

武剑. 2002. 外国直接投资的区域分布及其经济增长效应. 经济研究（4）：27-35.

谢守红，宁越敏. 2003. 城市化与郊区化：转型期都市空间变化的引擎：对广州
　　的实证分析. 城市规划，27（11）：24-29；38.

谢微. 1992. 八十年代我国农业和农村工作的主要成就与问题. 党政论坛（2）: 47-49.

许传新. 2010. 农民工的进城方式与职业流动: 两代农民工的比较分析. 青年研究 （3）: 1-12; 94.

许学强, 胡华颖. 1988. 对外开放加速珠江三角洲市镇发展. 地理学报, 43 （3）: 201-212.

许学强, 李郇. 2009. 珠江三角洲城镇化研究三十年. 人文地理, 24（1）: 1-6.

许学强, 刘琦, 曾祥章, 等. 1988. 珠江三角洲的发展与城市化. 广州: 中山大学 出版社.

许学强, 周一星, 宁越敏. 2009. 城市地理学. 2版. 北京: 高等教育出版社.

薛凤旋, 杨春. 1997. 外资: 发展中国家城市化的新动力: 珠江三角洲个案研究. 地理学报, 52（3）: 193-206.

杨菊华. 2010. 对新生代流动人口的认识误区. 人口研究, 34（2）: 44-53; 55-56.

杨子慧, 萧振禹. 1996. 流动人口与城市化. 人口与经济（5）: 33-38; 12.

姚俊. 2010. "路在何方": 新生代农民工发展取向研究: 兼与老一代农民工的 比较分析. 青年研究（6）: 31-38; 94-95.

姚洋. 2004. 土地、制度和农业发展. 北京: 北京大学出版社.

叶嘉安, 徐江, 易虹. 2006. 中国城市化的第四波. 城市规划（S）: 13-18.

叶剑平, 蒋妍, 丰雷. 2006. 中国农村土地流转市场的调查研究: 基于2005年17省 调查的分析和建议. 中国农村观察（4）: 48-55.

郁南县地方志编纂委员会. 1995. 郁南县志. 广州: 广东人民出版社.

原新. 2005. 乡城流动人口对大城市人口年龄结构影响分析: 以京、津、沪为例. 人口学刊（2）: 3-8.

悦中山, 李树苗, 费尔德曼, 等. 2009. 徘徊在"三岔路口": 两代农民工发展 意愿的比较研究. 人口与经济（6）: 58-66.

张军. 2002. 增长、资本形成与技术选择: 解释中国经济增长下降的长期因素. 经 济学: 季刊, 1（2）: 301-338.

张林秀, 霍艾米, 罗斯高, 等. 2000. 经济波动中农户劳动力供给行为研究. 农业 经济问题（5）: 7-15.

张敏，顾朝林. 2002. 农村城市化："苏南模式"与"珠江模式"比较研究. 经济
　　地理，22（4）：482-486.

张骁鸣，保继刚. 2009. 旅游发展与乡村劳动力回流研究：以西递村为例. 地理科
　　学（3）：360-367.

张晓山，胡必亮. 2002. 小城镇与区域一体化. 太原：山西人民出版社.

张永丽，黄祖辉. 2008. 新一代流动劳动力的特征及流动趋势：来自甘肃省10个
　　样本村的调查与分析. 中国人口科学（2）：80-87；96.

章铮，杜峥鸣，乔晓春. 2008. 论农民工就业与城市化：基于年龄结构-生命周期
　　分析. 中国人口科学（6）：8-18.

赵君丽. 2002. 人口变化与房地产需求：人口结构变化与房地产周期相关性研究.
　　城市开发（8）：53-55.

赵延东，王奋宇. 2002. 城乡流动人口的经济地位获得及决定因素. 中国人口科学
　　（4）：8-15.

赵耀辉. 1997. 中国农村劳动力流动及教育在其中的作用：以四川省为基础的研
　　究. 经济研究（2）：37-42.

郑弘毅. 1998. 农村城市化研究. 南京：南京大学出版社.

郑子青. 2014. 土地制度变迁对农村人口流动的影响研究：以湖南省平江县某村
　　民小组为例. 中国人民大学学报（2）：73-82.

中国发展研究基金会. 2010. 中国发展报告2010：促进人的发展的中国新型城市
　　化战略. 北京：人民出版社.

周春山，王晓珊，盛修深，等. 2011. 1990年代以来广东省县域经济差异研究. 地
　　域研究与开发，30（2）：27-32.

周飞舟. 2006. 分税制十年：制度及其影响. 中国社会科学（6）：100-115；205.

周干峙. 1988. 促使小城市在城镇化过程中发挥更大的作用. 城市规划，12
　　（4）：3-5.

周一星. 1990. 中国城市发展方针的反思. 城镇经济研究（1）：1-16.

周一星，曹广忠. 1999. 改革开放20年来的中国城市化进程. 城市规划，23
　　（12）：8-13.

周一星，于艇. 1988. 对我国城市发展方针的讨论. 城市规划（3）：33-36.

朱传耿，马荣华，甄峰，等. 2002. 中国城市流动人口的空间结构. 人文地理，17

（1）：65–68.

朱琳，刘彦随. 2012. 城镇化进程中农民进城落户意愿影响因素：以河南省郸城县为例. 地理科学进展（4）：461–467.

朱农. 2005. 中国劳动力流动与"三农"问题. 武汉：武汉大学出版社.

朱轶，吴超林. 2010. 中国工业资本深化的区域特征与就业效应：兼论分权体制下资本深化态势的应对. 南开经济研究（5）：125–139.

朱宇. 2001. 城市化的二元分析框架与我国乡村城市化研究. 人口研究，25（2）：53–60.

邹农俭. 1987. 小城镇区域分析. 北京：中国统计出版社.

参考文献
reference

后　记

　　本书是在我2012年12月提交的中山大学博士学位论文基础上修改而成的。攻读博士学位是一段漫长的过程，其间既有困惑苦恼，又充满求知的欢乐。回首三年多的博士求学经历，我由衷地感谢曾经给予我指导、帮助和支持的师长、同窗与亲人。

　　首先要感谢的是我的博士导师李郇教授。李老师具有丰富的人生阅历和研究积累，在经济地理、城市地理领域造诣颇深。在论文的选题、结构设计、实地调研、论文写作和观点提炼、修改完善等方面，都得到了李老师的悉心指导。老师敏锐的思维、扎实的学术功底和宽广的学术视野总能让我拨云见日、茅塞顿开。不仅在学业上，老师在我遇到困难和挫折时给予的诸多鼓励和帮助，在为人处事上的谆谆教导，都使我受益终身。师恩深重，无以为报！在此，向老师表示深深的感谢！

　　感谢中山大学地理科学与规划学院老师们给予指导和帮助。感谢许学强老师、周春山老师、薛德升老师、曹小曙老师、袁奇峰老师、林耿老师、李志刚老师、刘云刚老师等在论文构思、写作及修改过程中给予指点和教导。感谢论文评审专家给予宝贵意见。感谢华南师范大学朱竑副校长大力举荐，让我有机会来到中山大学。感谢我的硕士导师、华南师范大学肖玲老师一直以来对我的关爱。感谢美国明尼苏

产业转移、土地流转与农村劳动力回流
土地利用与空间规划丛书

达大学曹新宇老师在成书过程中给予宝贵意见。

本项研究的实地调研得到了云浮市相关部门的大力支持和帮助。感谢云浮市委办康峰、市委政研室张其鉴，云安县委办刘锦洪和张计开、县委政研室严泽荣，云城区委政研室梁宇、李烨、李伟钊，罗定市委政研室宋富文、发改局梁学文、经信局胡向东，郁南县委办王贤华、县委调研室吴伟强和袁石买、规划局廖国强，新兴县委办梁坛益、县委政研室彭庆林、规划局黎鑫华和叶玉仪等。如果没有他们的帮助，要完成如此大规模的调研工作几乎是不可想象的。

正如李老师经常教导的，博士论文并不是一个人完成的。感谢中山大学道恒工作室的各位同门：刘炜、金利霞、李凤珍、符文颖、谢石营、胡杨、李先锋、洪国志、郭友良等。工作室良好的学习氛围深深影响了我，和同门的每次讨论都能给我新的思路和想法，让我受益匪浅。同门师兄弟姐妹的感情更给予我家庭般的温暖，让原本平淡的博士求学生活丰富多彩。

感谢我现在的工作单位陕西师范大学西北国土资源研究中心主任曹小曙教授。正是曹老师的关心和催促，使本书能尽快从学位论文提升为专著。曹老师在工作和生活上给予的鼓励和帮助，让我很快实现了从学生到教师的转变。

感谢陕西师范大学出版总社的刘东风社长和编辑们在本书出版过程中付出的辛勤劳动。

最后，感谢我的妻子黄晓燕，无论是在精神上还是学术上都给了我莫大的鼓励与帮助。感谢小女殷子辂小朋友，你的出生给了爸爸努力的动力，你的每一声欢笑都能将爸爸的各种压力化于无形。感谢一直以来默默支持我的父母、哥嫂、姐姐和姐夫一家，在我二十多年漫长的求学期间自始至终给予无私的帮助和极大的支持，使我顺利完成学业。

心中千言万语，下笔却是难言。就此停住，祝你们永远幸福！

殷江滨

2014年10月于陕西师范大学

产业转移、土地流转与农村劳动力回流
土地利用与空间规划丛书